성숙한 그리스도인의 영적 기초

당신이 하나님을 더 깊이 알아가고 더 널리 알리는 사람이 되는 것, 이 책에 담겨진 예수전도단의 마음입니다. 말씀을 통해 저자가 깨닫고, 원고를 통해 저희가 누릴 수 있었던 그 감동이 책을 통해 당신에게도 전해지기 원합니다. 그리고 당신을 통해 그 기쁨과 은혜가 더 많은 이들에게 계속해서 흘러가기를 기도하겠습니다. 이 책을 통해 당신이 받은 은혜를 다른 분들께도 나눠주십시오. 사랑하고 축복합니다.

성숙한 그리스도인의 영적 기초

THE SPIRITUAL BASICS
of
THE MATURE CHRISTIAN

예수전도단

| 프롤로그 |

영적 실체를 발견하고, 성숙하도록 돕는 가이드

　　　　　　내가 '영적 성숙'이라는 강의를 처음 들은 것은 20년 전 한국에서 예수제자훈련학교(DTS)를 할 때였다. 그때 이 강의를 듣고는 내 삶과 마음을 강하게 만져 주시는 주님의 은혜를 체험하면서 영적 성숙에 깊은 관심을 가지게 되었다. 그후 성경에서 말하는 영적 성숙에 대해 묵상하면서 '영적 성숙'이라는 주제로 강의를 하기 시작했다. 교회와 주님께 헌신된 그리스도인들이 강의를 통해 변화에 대한 강한 동기를 부여받는 것을 보고 이 강의의 필요성을 더욱 절감할 수 있었다.

　그런데 영적 성숙이라는 주제 자체가 광범위하고 강의 내용이 너무 방대하다 보니 강의를 들은 사람들이 한 번 듣고 이해하기가 어렵다고 말했다. 그래서 강의를 좀더 충분하게 이해시키고 삶 가운데 적용점을 찾을 수 있도록 돕기 위해 글을 쓰게 되었다.

　이 책은 영적 성숙의 수준을 네 단계로 나눠 각 단계의 특징들을 성경적인 관점에서 볼 수 있도록 함으로써 각 사람이 자신의 영적 나이와 실체를 발견할 수 있도록 했다(요일 2장 참고). 당신은 이 책을 읽으며 현재 자신의 영적 상태의 심각성을 인식하면서 지금까지 쌓아온 신앙 경륜에 대해 고민하고 갈등할 수 있을 것이다. 성경에서 보여 주는 자신의 영적 단계를 인정하고 싶지 않을 수도 있다. 하지만 겸손하게 자신의 영적 실체를 직시할 때 성숙을 향해 이끄시는 주님의 손길을 경험할 수 있을 것이다.

이 책은 각 단계별로 자신의 영적 수준과 실체가 어느 위치에 있는가 보여주는 것에 그치지 않고 다음 단계로 어떻게 자랄 수 있는지 그 길을 제시하고 있다. 각 단계마다 하나님께서 영적 성숙을 위해서 주시는 은혜와 영적인 기반이 무엇인지를 다루고 있다. 이를 알지 못하면 성숙을 위해서 대가를 지불하고 노력하는 다양한 훈련을 할지라도 기대하고 목표하는 충분한 결과를 얻지 못할 것이다.

또한 이 책은 영적 성숙을 방해하는 본질적인 문제들이 무엇인지 성경적으로 접근해 해결하고자 했다. 전체적인 흐름을 파악하고 읽으면 도움이 될 것이다. 처음부터 끝까지 연결되어 있기 때문이다. 이 책을 통해서 자신의 신앙 상태를 점검할 뿐 아니라, 지금까지 살아온 삶의 과정도 함께 돌아보아 주님 안에서 앞으로 어떻게 새로 시작해야 하는지 충분히 동기 부여를 받고 도전할 수 있는 기회가 되었으면 좋겠다.

이 책은 전체 분량 중 갓난아이와 어린아이 단계가 대부분을 차지하고 있다. 갓난아이 단계에서 다루는 정체성과 어린아이 단계로 들어가는 과정에서 치유의 중요성을 강조했기 때문이다. 성숙을 향해 가는 과정에서 정체성 회복과 내면의 상처를 다루는 일은 필수적이다. 이 두 단계의 특징을 상세하게 다루면서 어떻게 성숙의 길을 갈 수 있는지, 성숙한 사람에게서 나타나는 특징이 무엇인지 충분하게 이해할 수 있도록 했다.

청년과 아비의 단계가 앞의 두 단계에 비해 상대적으로 짧은 또 하나의 이유가 있다면 책을 내는 나 자신도 아직 충분하게 성숙한 사람이 아니기 때문이다. 다만 성경에 등장하는 성숙한 삶을 살았던 하나님의 사람들에 대해 몇 가지 특징만 적어 놓았음을 이해해 주기 바란다.

아무쪼록 이 책이 영적인 성장과 성숙을 위해서 갈등하고 고민하는 그리스도인들에게 새로운 시작을 위한 격려와 도움이 되기를 간절히 바란다. 이 책을 읽는 모든 사람들에게 성숙으로 인도하시는 주님의 크신 은혜가 함께하기를 진심으로 기도하며, 우리 안에 착한 일을 시작하신 주님께서 자신의 헌신과 열정을 통해서 그 일을 능히 이루실 줄 확신한다.

이 책이 나오기까지 내 삶에 영적인 영향력을 주었던 믿음의 형제들에게 특별한 감사를 드린다. 하나님 나라의 동역자로 함께 주의 길을 걸어왔던 홍성건, 정연우, 이용주 형제님 그리고 오랜 시간 함께 삶을 공유하며 나누었던 토론토 베이스 간사들과 밴쿠버 베이스 모든 간사들에게 진심으로 감사드린다.

이 책이 나올 수 있도록 격려와 기도로 섬겨 준 이창기 형제님과 편집부 식구들 특별히 이 책을 편집해 주신 윤필교 실장님에 대한 감사도 빼놓을 수 없다. 그리고 내 인생의 힘들고 어려운 시간들을 변함없이 지금까지 함께해 준 사랑하는 아내와, 우리 가정에 큰 기쁨과 소망이 되고 있는 아이들 기창, 한나, 에스더, 기림에게 고마움을 전한다.

김순호

| 목차 |

| 프롤로그 | 영적 실체를 발견하고, 성숙하도록 돕는 가이드
| 추천의 글 | 오대원 목사, 홍성건 목사, 강준민 목사
| 들어가는 글 | 정체성과 치유, 영성 회복을 위해

1. 영적 갓난아이, 흔들리는 사람

영적 갓난아이의 특징 1 요동한다 · 27

영적 갓난아이의 특징 2 경쟁의식이 강하다 · 32

영적 갓난아이의 특징 3 그리스도의 의를 선물로 받다 · 47

영적 갓난아이의 특징 4 다섯 가지 어둠의 견고한 진 · 67

    1) 악독 2) 궤휼 3) 외식 4) 시기 5) 비방

영적 갓난아이의 특징 5 진리를 사모하는 마음 · 152

    1) 순전함 2) 신령함

2. 영적 어린아이, 분별력 있는 사람

영적 어린아이의 특징 1 죄 사함의 확신이 있다 · 168

영적 어린아이의 특징 2 아버지를 안다 · 170

영적 어린아이의 특징 3 빛과 어둠을 분별한다 · 180

영적 어린아이의 특징 4 성령의 기름 부음이 있다 · 183

영적 어린아이의 특징 5 하나님의 무조건적 사랑을 안다 · 209

3. 영적 청년, 삶의 모범이 되는 사람

영적 청년의 특징 1 영적 전쟁에서 승리한다 · 218
영적 청년의 특징 2 삶의 모범이 된다 · 219
영적 청년의 특징 3 대인관계의 기본 원리를 안다 · 224
영적 청년의 특징 4 자족하는 마음이 있다 · 225
영적 청년의 특징 5 하나님의 사람이 된다 · 228
영적 청년의 특징 6 정욕의 유혹을 피한다 · 232
영적 청년의 특징 7 하나님의 뜻을 행한다 · 235

4. 영적 아비, 성숙한 하나님의 사람

영적 아비의 특징 1 지혜가 장성한 사람이다 · 243
영적 아비의 특징 2 창조주 하나님을 안다 · 243
영적 아비의 특징 3 하나님을 섬기는 법을 안다 · 246
영적 아비의 특징 4 주님의 고난에 참여한다 · 247
영적 아비의 특징 5 열매를 맺는다 · 249

| 에필로그 | 당신이 있는 그곳에서부터 자라가라

| 추천의 글 |

김순호 선교사의 「성숙한 그리스도인의 영적 기초」를 여러분에게 소개하게 된 것이 제게는 굉장한 특권입니다. 나는 그의 영적 여정 속에서 주님과의 동행이 보다 깊어지고 견고해지는 것을 보아 왔습니다. 또한 '영적 성숙'에 대한 그의 가르침에 점점 더 기름 부음이 넘쳐나는 것을 보았습니다.

하나님과 그 백성들을 향한 뜨거운 사랑을 품은 김순호 선교사는, 세계 복음화를 위해 사람들이 그리스도와 성숙한 관계를 맺도록 하는 데 부르심을 받았습니다. 많은 이들이 이 귀한 책을 읽게 되기를, 그리고 여기에 담긴 축복을 누리기를 진심으로 소망합니다.

오대원
예수전도단 설립자, 「묵상하는 그리스도인」의 저자

에이든 토저 (A. W. Tozer) 목사는 하나님이 주신 선견적인 예리함과 분별력으로 20세기 교회를 일깨웠다. 그는 오늘날의 교회가 세 가지 심각한 문제를 가지고 있다고 했다.

첫째는 교회가 목회자 중심으로 진행된다는 것이다. 이는 마치 축구 경기를 연상하게 한다. 목회자들은 운동장에서 경기하는 선수이고 소위 평신도라 불리는 모든 그리스도인들은 스탠드에 앉아서 구경하거나 응원하는 사람들이다. 교회가 건강하게 성장하려면 모든 목회자들이 모든 성도들을 훈련시키고 무장시켜 봉사의 일을 하게 하는 것이다. 목회자가 봉사하는 것이 아니라 성도들이 봉사하는 교회는 힘이 있고 성장한다.

둘째는 교회가 일치하지 않고 분열한다는 것이다. 교회가 서로 연합할 때, 그리스도인들이 마음으로 하나가 될 때 하나님의 축복이 비로소 거기에 머문다고 성경은 말한다.

셋째는 그리스도인들이 자라지 않고 어린아이로 머물러 있다는 것이다. 성경은 계속하여 말하기를 우리가 자라나야 한다고 한다. 물론 이것은 영적인 성장을 말한다.

성경은 거듭나서 그리스도인이 되는 것이 전부가 아님을 말하고 있다. 마치 사람이 태어나면 성장하는 것이 정상이듯 그리스도인들도 영적으로 자라나야 한다. 성경에는 그리스도인들의 성장 과정을 갓난아이와 어린아이, 그리고 청년과 아비로 구분하고 있다.

모든 그리스도인들은 영적으로 자라야 한다. 가정에 갓난아이들과 어린아이들로만 가득하고 청년이나 아비가 없다면 어찌될 것인가?

이는 생각만 해도 끔찍하다. 각종 문제들이 발생할 것이다. 그 자체가 부정적인 것은 아니지만 가정에 청년들과 아비들이 있다면 모든 것이 달라진다. 오히려 갓난아이와 어린아이들도 더 안정되고 건강하고 밝게 자라게 될 것이다.

토저 목사가 말한 대로 오늘날의 교회가 어린아이들로만 가득하다면 이를 심각하게 여겨야 한다.

예수를 영접하고 믿은 연수가 곧 영적 성장의 기간이라고 생각하면 오해다. 교회 내에서 직분을 가지고 있고 교회 사역에 대한 지식이 있다는 것이 영적 성장의 척도가 될 수 없다. 성경에는 우리가 어느 정도의 성장 과정에 있는지를 충분히 설명하고 있다.

우리가 자신을 잘 파악하고 자신이 어느 과정에 있는지 이해한다면 거기서부터 영적 성장은 시작된다.

이 책은 이러한 면에서 모든 그리스도인들에게 큰 관심거리가 될 것이다. 우리 자신의 영적 성장의 척도를 제시하며, 각 성장 단계에서의 특징들을 잘 설명하고 있다.

이 책은 단지 우리가 어느 단계에 있는가를 말하는 것으로 그치지 않고 앞으로 어떻게 성장하여야 할 것인가를 제시하고 있다. 이 책은 또한 저자가 오랫동안 많은 교회들을 섬기며 나눈 것을 바탕으로 씌어진 것이다.

나는 저자인 김순호 선교사를 오랫동안 알고 또 가까이 사귈 수 있는 은혜를 누렸다. 나는 저자가 자신의 영적 성장에 관심을 가지고 그로 인하여 갈등하며 하나님의 지혜와 은혜를 구하는 시간들, 그 과정들을 직간접적으로 함께 가졌다. 이 책은 저자가 그러한 과정에서 배우고 익힌 가운데 씌어진 것이어서 더욱 값지다. 저자의 겸손함과 순수함, 그리고 하나님을 향한 갈망은 늘 나에게 감동을 준다.

  나는 즐거이 이 책을 추천한다. 그러나 무엇보다도 이 책의 저자와 그의 삶을 여러분에게 소개한다. 그는 하나님을 경외하며 하나님의 뜻을 따라 살고 싶어하는 하나님의 사람이다.

홍성건 목사
YWAM 동아시아 지역 책임자, 제주 열방대학 책임자

  좋은 책과의 만남은 훌륭한 저자와의 만남을 의미합니다. 좋은 책과의 만남은 저자가 만난 말씀과의 만남을 의미합니다. 또한 저자가 만난 하나님과의 만남을 의미합니다. 그런 면에서 좋은 책과의 만남은 깊은 차원의 만남입니다. 김순호 선교사님이 쓰신 「성숙한 그리스도인의 영적 기초」는 우리로 하여금 저자의 영혼과 만나고, 저자가 만난 말씀과 하나님을 만날 수 있도록 도와주는 책입니다.

  좋은 책은 기본을 다루는 책입니다. 깊은 영성은 기본에 있습니다. 탁월한 영성가는 기본으로 거듭 돌아갑니다. 기본은 초심(初心)이며 기초(基礎)입니다. 기본이 잘 확립될 때 지속적으로 성장할 수 있습니다. 기본이 흔들리면 모든 것이 흔들립니다. 기본은 원리입니다. 원리 중심의 책은 생명과 같은 책입니다. 원리는 변하지 않기 때문입니다. 원리를 붙잡으면 지속적으로 성장할 수 있습니다. 저자는 이 책에서 영적 성숙을 위한 기본 단계에 많은 지면을 할애하고 있습니다. 기본이 가장 중요하기 때문입니다.

좋은 책은 내면을 다룬 책입니다. 영혼을 다루고, 영원을 다룬 책입니다. 보이는 것보다는 보이지 않는 것을 다룬 책이 좋은 책입니다. 그런 면에서 「성숙한 그리스도인의 영적 기초」는 좋은 책입니다. 왜냐하면 보이지 않는 영혼의 성숙과 영원을 다루고 있기 때문입니다.

김순호 선교사님이 쓰신 「성숙한 그리스도인의 영적 기초」는 저자가 오랜 세월 동안 제자들을 양육하면서 가르친 내용입니다. 오랜 세월 동안의 가르침을 통해 익힌 생각의 열매입니다. 단순한 지식이나 이론이 아니라 경험을 통해 터득한 원리를 담은 책입니다. 무엇보다도 저자의 영혼이 어떻게 성숙했는가를 깨닫고, 다른 사람을 도와주는 책입니다. 깜짝 놀랄 만큼 진솔한 저자의 고백이 독자를 당황하게 하지만 그 투명성이 이 책의 생명을 더해 주고 있습니다.

자신이 어떻게 변화되었는가를 경험한 사람만이 다른 사람의 변화를 도울 수 있습니다. 저자는 자신이 어떻게 변화되었는가를 알고 있습니다. 변화의 과정을 알고 있고, 성장의 과정을 알고 있습니다. 저는 영적 성숙의 과정을 보여 주는 책을 즐겨 읽습니다. 영적 성숙의 과정을 아는 영적 안내자는 마치 좋은 지도를 가지고 있는 것과 같습니다. 좋은 지도를 보여 준다는 것은 좋은 길을 안내해 주는 것과 같습니다. 영적 성숙의 4단계를 보여 주는 이 책은 영적 성숙의 정로를 가르쳐 주는 좋은 지도와 같은 책입니다.

훌륭한 교사는 배우는 법을 가르쳐 주는 교사입니다. 배운다는 것은 지식 축적을 의미하기보다는 변화를 의미합니다. 배움은 변화입니다. 곧 배우는 법을 가르쳐 준다는 것은 변화하는 법을 가르쳐 주는 것입니다. 이 책은 배움을 통해 우리가 어떻게 변화될 수 있는 가를 가르쳐 줍니다. 우리가 어떻게 예수님의 장성한 분량에 이를 수 있는가를 가르쳐 줍니다.

밝은 영성과 맑은 영성을 소유하신 김 선교사님의 책「성숙한 그리스도인의 영적 기초」를 영적 성장을 넘어 영적 성숙을 추구하는 모든 분들에게 추천하고 싶습니다. 제자 삼는 사역을 하는 사역자들에게, 자녀들의 영적 성숙을 갈망하는 부모님들에게 추천하고 싶습니다. 또한 교회에서 학생들을 양육하는 주일학교 교사들에게 추천하고 싶습니다.

강준민 목사
동양선교교회 담임목사,「뿌리 깊은 영성」의 저자

| 들어가는 글 |

정체성과 치유, 영성 회복을 위해

하나님의 마음속에는 우리를 향한 비전이 있다. 이는 우리 각 사람이 그리스도 안에서 온전한 사람이 되는 것이다. 즉, 그리스도의 장성한 분량에 이르는 성숙한 사람이 되는 것이 나를 향한 하나님의 기대며 소망이다. 성숙한 삶이란 삶의 모든 영역에서 그리스도의 성품과 인격이 흘러나오는 것을 말한다.

하나님은 그분의 자녀들에게 영적으로 성숙한 하나님의 사람이 되라고 말씀하실 뿐 아니라, 어떻게 해야 그리스도의 장성한 분량에 이르는 사람이 될 수 있는지 그 길을 알려 주신다. 예수님이 이 땅에서 그렇게 사셨던 것처럼 우리도 그리스도의 형상이 충만하게 드러나는 삶을 살도록 도전하신다. 또한 그분의 자녀인 우리에게 성숙에 이르는 데 필요한 모든 은혜를 그리스도 안에서 충족시켜 주신다. 그러므로 우리는 그 은혜 안에서 균형 잡힌 성숙한 사람으로 자라가야 한다.

하나님의 소망을 성취하기 위해 우리는 삶 속에 무너진 세 영역을 그리스도의 진리 안에서 새롭게 회복해야 한다. 즉, 정체성의 회복, 상처 난 내면의 치유, 영성의 회복이 필요하다. 이 세 영역이 서로 어떻게 연결되어 있는지 이해한다면 성숙에 대한 전체 그림을 마음에 담을 수 있을 것이다.

첫째, 영적 성숙을 위해 정체성을 회복해야 한다. 성경은 내가 누구인지에 대해 바로 알아야 한다고 강조한다. 자신을 어떤 사람으로 인식하고 있는가에 따라 삶의 질이 결정되기 때문이다. 하나님은 그리스도 안에서 내가 누구며 얼마나 가치 있는 존재인가 발견하기 원하신다. 내가 누구인지 알지 못하면 내가 세상에 왜 존재하며, 무엇을 위해 존재하는지 인생의 본질적 질문에 답을 찾을 수 없다. 내가 하나님의 형상으로 창조된 가치 있는 존재라는 사실을 바르게 인식할 때 나를 지으신 목적대로 살아갈 수 있다.

또한 그리스도 안에서 내가 누구인지 알지 못하면 성경에서 말하는 겸손한 자로 살아갈 수가 없다. 진정한 겸손이란 내가 누구인가를 아는 것에서 시작된다. 그러므로 겸손이란 하나님이 나를 보시는 관점에서 내가 나를 인정하고 수용하는 것이다. 나를 창조하고 자녀로 삼아 주신 하나님이 나를 기뻐하고 즐거워하시는 것처럼 나도 나 자신을 기뻐하고 즐거워하는 자유를 경험하고 누려야 한다. 그것은 진리 안에서 내가 누구인가를 알 때만 가능하다. 성경은 존재 가치의 근거를 그리스도 안에서 회복된 하나님의 형상에서 찾아야 한다고 말씀한다. 하나님의 자녀라는 신분 안에 있는 존엄성이나 독특성 그리고 절대 가치는 인간의 어떤 행위로 얻는 것이 아니라 하나님의 형상을 우리 안에서 회복시키신 은혜로 얻는 것이라는 말이다.

그러므로 그리스도 안에서 내가 얼마나 귀한 가치를 지닌 존재인지 안다는 것은 단순히 지식으로 이해하는 차원을 넘어선다. 진리가 성령님의 계시를 통해 영 안에 들어올 때 우리는 안정감과 자유를 누리며 어떤 상황에서도 자신을 존중하고 사랑할 수 있게 된다.

둘째, 영적 성숙을 위해 상처 받은 내면을 치유해야 한다. 우리는 그리스도 안에서 회복된 아담의 신분으로 살도록 부르심을 받은 사람들이다. 에

덴에서 쫓겨나서 두려움과 절망 가운데 살아가는 것이 아니라, 하나님의 임재 가운데 주님과 동행하는 삶을 살도록 부르심을 받았기에 반드시 내면의 상처를 치유해야 한다.

그러기 위해서는 먼저 상처 치유가 정체성 회복과 어떻게 연결되어 있는지 이해해야 한다. 사람들이 상처를 받는 가장 근본적인 이유는 하나님과의 관계에서 떠나 있기 때문이다. 이 말은 우리가 하나님과 하나 된 관계 속에서 생기는 정체성을 잃어버렸기 때문에 사람들에게 거절당하고 또 그로 인해 상처를 받는다는 뜻이다. 가까운 사람들에게서 상처 받은 사람들은 자신을 가치 있고 존귀한 사람으로 인정하고 수용하기 어려워한다. 그러므로 온전한 치유를 위해서는 무엇보다 먼저 정체성을 회복해야 한다.

많은 사람이 치유 세미나에 참석한 뒤 치유를 통해 경험한 기쁨과 자유를 고백한다. 그러나 얼마 지나지 않아 똑같은 문제로 갈등하고 고통 받으며 힘들어한다. 그것은 그들이 본질인 상처의 뿌리를 다루지 않았기 때문이다. 치유는 초자연적 능력을 통해 단번에 일어나는 일회적인 것이 아니라 하나님의 성품 안에서 계속 다루어지는 과정이다. 하나님이 우리를 치유하시는 근본 목적은 우리를 회복시켜서 자유롭게 하는 것 이상의 의미가 있다. 우리가 성숙한 사람이 되어 변화된 성품과 삶을 통해 다른 사람들에게 영향을 주고 평생 하나님과 친밀하게 동행하기를 원하시는 것이다. 그래서 영성은 치유와 밀접한 관계를 갖고 있다고 할 수 있다.

셋째, 영적 성숙을 위해 영성을 회복해야 한다. 뿌리 깊은 영성이란 말은 무슨 의미인가? 나무뿌리는 흙에 덮여 보이지 않는다. 그러나 겉으로 보이는 나무의 모습은 그 뿌리가 어떠하냐에 따라 영향을 받는다. 뿌리가 부실한 나무는 건강한 열매를 맺을 수 없다.

예수님은 예루살렘 성에 입성했을 때 잎사귀가 무성한 무화과나무에 열매가 없는 것을 보시고 그 나무를 저주하셨다. 이 무화과나무 비유는 잎사귀(경건의 모양)는 무성하지만 열매(경건의 능력)가 없는 우리 자신과 교회의 영적 상태를 고발하고 있다. 겉으로는 잘 포장되어 있지만 사실은 생명이 없는 나의 믿음을 책망하시는 것이다.

우리의 영성은 '얼마나 많은 기독교 활동을 하고 있는가?' 또는 '얼마나 큰 사역을 이끌고 있는가?'로 평가되지 않는다. '내 안에 거하시는 주님과 내가 얼마나 깊은 관계를 가지고 있는가'로 평가된다. 우리가 영적 성숙을 위해 다양한 믿음의 훈련을 하지만, 이 훈련의 질을 결정하는 주님과의 친밀함이 없다면 그 모든 과정은 우리를 변화시키고 성숙시키는 데 큰 영향을 줄 수 없다.

영성의 대가인 헨리 나우웬은 진정한 영성이란 우리가 내면에서 일어나는 영적인 움직임에 대해서 얼마나 민감하게 인식하고 있는가에 따라 결정된다고 했다. 이는 우리 영 안에 존재하시는 주님과 우리가 얼마나 개인적으로 친밀한 관계를 가지고 있는가에 따라 영성이 평가된다는 뜻이다.

하나님은 어디에 계시는가? 무소부재하신 그분은 우리 내면 깊은 곳에도 영으로 존재하신다. 그리고 언제나 변함없이 내 안에서 나를 사랑하며 기다리신다. 그러므로 우리 안에 계신 하나님을 개인적 친밀감을 통해 얼마만큼 알고 경험하는지가 영성의 깊이를 말해 준다. 내 안에 계신 신랑 된 주님이 어떤 분인가 알아 가는 것은 우리를 깊은 영성으로 이끌며, 삶에 필요한 힘과 생명과 기쁨을 준다.

요한계시록 3장 1-3절은 우리 내면에 계신 하나님과 생명을 나누는 관계에서 떠나 그분을 위해 열심히 일만 하는 것이 문제임을 경고한다. 이 말씀에서 하나님은 사데 교회를 '살아 있는 자 같으나 죽은 자'라고 책망하신다. 그 교회는 주변에 있는 지역 교회들과 사람들에게 부러움의 대상이 될 만큼 사역을 성공적으로 이끈 큰 교회였다. 그러나 사역 속에 온전함이 없었기에 책망을 받았다. 인간의 눈으로 볼 때 그들은 주님을 위한 열정과 희생과 헌신으로 많은 사역을 했다. 하지만 하나님이 보시기에 경건의 모양은 있으나 능력이 없고 생명이 없었다. 왜 주님은 그들을 온전함이 없다고 책망하셨을까? 그들의 행위가 의롭지 못했기 때문이다.

하나님은 완전한 삶이 아니라 의로운 삶을 살도록 우리를 부르셨다. 사람은 누구나 하나님 앞에서 행위가 완전할 수 없는 존재다. 만일 우리가 행위를 통해 하나님의 마음을 만족시키려고 노력한다면 율법적 삶을 살게 된다. 그러나 주님과 하나 된 관계에서 나오는 생명으로 살아갈 때 하나님이 원하시는 의로운 삶을 살 수 있다.

사데 교회는 하나님과 친밀한 관계에서 나오는 생명으로 행하는, 가장 가치 있는 삶을 잃어버렸다. 하나님을 위한 열심과 희생과 헌신이 있다 할지라도 그 모든 일이 그분과의 친밀함에서 나온 것이 아니라면 아무런 의미와 가치가 없다. 이런 삶이 종교적 삶이다. 종교적 삶이란 하나님을 부인하거나 거절하는 것이 아니다. 모든 종교적 활동 속에서 주님을 고백하고 인정하지만 내면에 주님과의 인격적 만남이 없는 것이다.

성경에서 말하는 진정한 영성이란 하나님과의 인격적 만남과 친밀한 관계를 통해 그분과 동행하면서 모든 삶과 사역에서 그분의 형상을 드러내는 것이다.

이제 우리는 정체성과 치유와 영성이 서로 어떤 연관성을 가지고 있는지 이해할 필요가 있다. 하나님은 우리가 그분의 신부로서 영과 혼과 육이 거룩하고 정결하며 흠 없이 강건하게 보전되기를 원하시며, 친밀한 관계 속에서 그분 자신을 더 깊이 보여 주기를 기뻐하신다(살전 5:23).

상처가 우리 내면에 있는 것처럼 영성도 내면에서 발견된다. 우리는 하나님과 친밀한 관계를 갖고 동행하기를 갈망하며 거룩하게 살려는 의지가 있다. 그럼에도 불구하고 우리의 결단과 의지가 쉽게 무너지고 좌절하는 것은 내면에 견고한 진으로 자리 잡고 있는 상처가 치유되지 않았기 때문

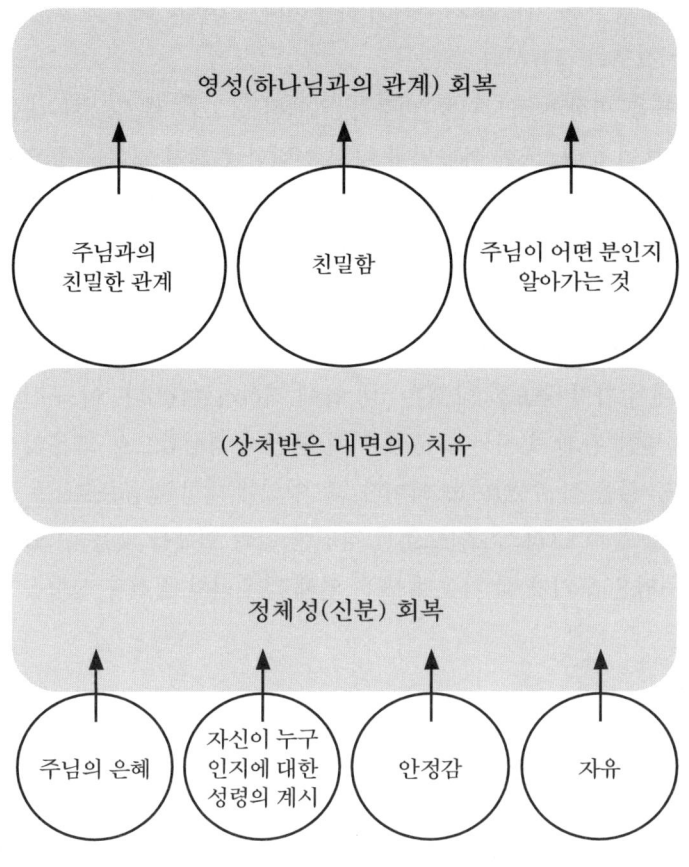

정체성과 치유와 영성의 관계

이다. 그러므로 하나님과 친밀한 관계를 발전시키고 경건하게 살기 원한다면 내면의 상처인 어둠의 견고한 진을 무너뜨려야 한다.

견고한 진의 실체인 상처는 그 뿌리인 교만을 다루는 것과 같다. 이 교만을 다룰 때 우리는 하나님과 동행하는 겸손한 삶을 살 수 있다. 우리가 겸손한 사람이 되기를 하나님이 간절히 원하시는 이유는 그분과 동행하는 삶의 가장 중요한 기초가 겸손이기 때문이다. 겸손은 상처 치유를 통해 얻게 되는 그분의 성품이다.

요한복음 15장의 포도나무 비유는 위에서 강조한 세 영역에 대한 전체 그림을 보여 준다. 또한 하나님과 나의 친밀한 관계가 얼마나 중요한지 강조하며 이를 통해 성숙에 이를 수 있음을 알려 준다. 1절과 5절은 주님과 나의 관계를 포도나무와 가지의 관계로 비유한다. 그분과 하나 된 관계를 통해 나의 정체성을 발견할 수 있다는 말씀이다. 2절은 열매를 맺도록 하기 위해 가지를 깨끗하게 하신다는 말씀으로 치유의 필요성을 보여 준다.

여기에서 가장 중요한 구절은 "내 안에 거하라"(4절)다. 이 구절은 하나님과 친밀한 관계 속에서 그분이 어떤 분인지 경험함으로 그분의 성품을 드러내는 삶을 살 수 있다는 의미다. 즉 영성에 대한 말씀으로, 주 안에 거하는 삶을 통해 그리스도인으로서 경건한 삶의 열매를 맺을 수 있다는 것이다. 주님은 우리가 삶 가운데 맺은 열매로 우리의 경건과 성숙을 평가하신다.

영적 성숙의 4단계

이제 앞에서 언급한 세 영역을 통해 성숙에 이르는 과정과 성숙의 단계를 살펴보려 한다. 에베소서 4장 13-15절 말씀은 우리를 향한 주님의 부르심의 소망이 무엇인지를 분명하게 보여 준다. 13절은 우리가 다 하나님의 아들을 믿는 것과 아는 일에 하나가 될 때 온전한 사람이 된다고 한다. 우리는 믿음으로 의인이 되고 하나님의 자녀가 되며 그리스도의 신부가 된다. 하나님과의 올바른 관계를 통해 내가 누구인지를 알고, 그분과의 친밀한 관계 속에서 주님이 어떤 분인지 알아 갈 때 온전한 사람이 된다. 하나님과의 친밀한 관계를 통해 그분을 알아 가는 것은 우리가 영적으로 성숙할 수 있는 모든 자원을 공급받는 통로가 된다.

"오직 사랑 안에서 참된 것을 하여 범사에 그에게까지 자랄지라 그는 머리니 곧 그리스도라"(15절)는 말씀은 13절을 다시 강조하는 것으로, 사랑 안에서 참된 것을 행함으로 범사에 그리스도에게까지 자랄 수 있다는 말씀이다. 우리의 신분과 가치는 하나님의 사랑 안에서 발견되고, 모든 삶의 행위는 사랑이 기초가 되어야 한다는 것이다.

로마서 5장 8절은 우리를 향한 그분의 사랑과 우리의 존재 가치를 확인시켜 준다. "우리가 아직 죄인 되었을 때에 그리스도께서 우리를 위하여 죽으심으로 하나님께서 우리에게 대한 자기의 사랑을 확증하셨느니라." 하나님이 그분의 아들을 주셨다는 것은 우리가 아들만큼이나 가치 있는 존재라는 의미다. 이 진리 안에 살아갈 때 나는 예수님만큼이나 가치 있는 존재가 된다. 그리고 이 세상의 어떤 사람 앞에서든 당당할 수 있다. 하나님은 그분의 자녀들이 자신의 존재 가치를 발견하고 신랑 되신 주님과 친밀한 교제를 나눔으로써 주님을 닮은 성숙한 사람이 되기 원하신다.

이제 영적 성숙이라는 큰 그림 안에서 정체성과 치유와 영성의 회복을 통해 성장하는 과정을 살펴보자. 우리는 하나님의 가족 안에서 이루어지는 영적 성장을 4단계로 나누어 생각해 볼 수 있다. 이는 사람이 육체적으로 성장하는 과정과 같다. 첫째는 갓난아이, 즉 유아기 단계이고 둘째는 어린아이 단계, 셋째는 청년의 단계, 넷째는 아비의 단계다.

우리는 하나님의 가족 안에서 태어나 여러 훈련 과정을 통해 어떻게 영적으로 성장하고 성숙해 가야 하는지 배워야 한다. 영적 성숙은 특별한 사람들에게만 요구되는 것이 아니라 하나님의 모든 자녀를 향한 동일한 부르심이다. 주님은 우리에게 이런 사람이 되라고 하실 뿐 아니라, 이에 필요한 모든 것을 이미 주었다고 하신다.

1
영적 갓난아이, 흔들리는 사람

     영적 성숙이란 어떤 초자연적 능력으로 단번에 이루어지는 것이 아니라 하나님의 성품 안에서 자라가는 과정을 말한다. 갓난아이 단계에서 성숙한 아비의 단계에 이르려면 오랜 시간 성장의 과정을 거쳐야 한다. 그리고 각 단계마다 다음 단계로 자라가기 위한 기반을 세워야 한다. 그 기반을 통해 우리는 주님이 이미 예비하신 은혜 안에서 한 단계씩 견고하게 자라갈 수 있다.

  오랫동안 신앙생활을 해온 사람들은 주변에서 흔히 찾아볼 수 있지만 영적으로 성숙한 삶의 모습을 찾아보기란 쉽지 않다. 그 원인이 무엇일까?

  우선 갓난아이 단계를 살아가는 사람들의 특징이 무엇인지 살펴보자. 먼저 기억해 둘 것은 갓난아이의 문제는 정체성과 연관이 있다는 사실이다. 정체성 문제가 해결되지 않고 신앙생활을 한다면 그리스도인이 된 지 수십 년이 지나도 갓난아이 상태에 머물러 있을 수 있다. 그러므로 영적 성장과 성숙을 위해서는 반드시 신분에 대한 확실한 이해와 기반을 가져야 한다.

영적 갓난아이의 특징 1 요동한다

"이는 우리가 이제부터 어린아이(infant)가 되지 아니하여 사람의 궤술과 간사한 유혹에 빠져 모든 교훈의 풍조에 밀려 요동치 않게 하려 함이라"(엡 4:14).

갓난아이의 맨 처음 특징은 '요동한다'는 것이다. 기반이 세워져 있지 않고 뿌리가 깊이 내려지지 않았기 때문에 영적으로 견고하지 않고 흔들린다는 말이다. 세상 풍조에 밀려 요동한다. 이 말씀에는 두 가지 교훈이 들어 있다.

첫째, 세상 형식이나 유행을 따라가지 말라는 것이다. 이 말씀은 로마서 12장 1-2절과 연결해서 볼 수 있다. 바울은 로마에 있는 교회들을 향해 "내가 하나님의 모든 자비하심으로 너희를 권하노니… 이 세대를 본받지 말고 오직 마음을 새롭게 함으로 변화를 받아"라고 말한다. 이 세대를 본받는다는 것은 세상 속에서 나의 정체성을 찾는다는 말이다. 우리의 정체성과 안정감을 주님과의 관계에서 찾는 것이 아니라 다른 것에서 찾는다는 뜻이다. 이처럼 세상에 속한 것에서 자신의 안정감과 정체성을 찾는 사람을 영적 갓난아이라고 말한다.

둘째, 안정감이 없다는 말이다. 우리의 안정감은 주님과의 관계에 연결되어 있다. 주님과 친밀하지 않으면 안정감이 없고 불안할 수밖에 없는 것이다. 우리는 주님과의 친밀한 관계 속에서 자신의 가치를 발견할 때 안정감과 자신감을 가지게 된다. 그러나 갓난아이는 자신에 대한 안정감이 없기 때문에 지나치게 영적인 사람처럼 반응한다. 영적으로 성숙한 사람들 안에서 자신의 정체성을 찾으려 한다. 자기 안에 있는 자원이 아직 충분히 개발되지 않았지만 영적으로 성숙한 사람으로 인정받고 싶기 때문에 자신이 설정한 모델의 사역을 흉내 내서 영적인 사람처럼 보이려고 노력한다.

그래서 이들은 스스로 많은 규칙과 기준을 세워 그 기준에 도달하면 하나님과 다른 사람들이 자신을 인정해 줄 것이라고 생각한다. 그들은 주님의 은혜 안에서 있는 그대로 자신의 가치를 인정받으려는 것이 아니라, 행위로 자기 가치와 안정감을 찾으려 한다.

처음 주님을 인격적으로 만났을 때, 시간을 바쳐 주님을 향한 사랑을 표현하며 헌신하고 싶다고 감격으로 고백한 경험이 있을 것이다. 나도 그랬다. 하루 24시간 중 1시간은 기도하는 시간, 1시간은 성경 보는 시간, 1시간은 전도하는 시간으로 구별해 내가 얼마나 영적인 사람인가 주님과 사람들에게 증명해 보이고 싶었던 것이다.

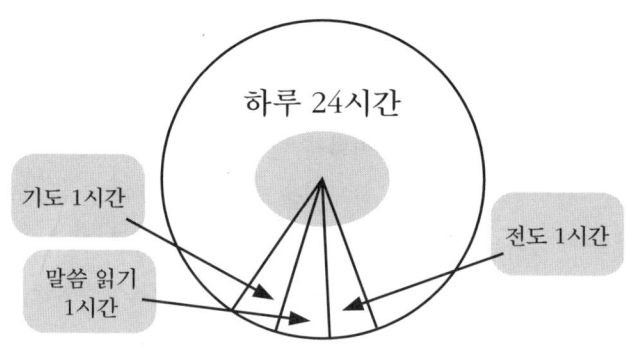

[그림 1] 인정받고 싶어하는 영적 갓난아이의 시간표

인격적으로 처음 주님을 만났을 때 우리는 영적 갓난아이 상태다. 하나님은 그런 우리에게 3시간이나 헌신하라고 요구하지 않으신다. 주님이 그렇게 하도록 시키시는 것이 아니라면 왜 그렇게 행동할까? 그 동기가 무엇인가? 때가 되기 전에 영적으로 큰사람이 되고 싶은 욕망 때문이다.

우리는 하나님과 사람들이 자신을 인정하고 용납해 줄 것이라는 동기로 이런 시간표를 만든다. 그리고 스스로 만든 경건의 일정이 며칠 안에 무너지는 것을 경험한다. 그 결과 실패로 인한 정죄감을 느낀다. "실패했기 때문에 너는 가치 있는 존재가 아니다." 이런 정죄감은 사탄으로부터 오는 거짓 메시지다.

그러나 주님은 우리의 실패와 상관없이 "너는 가치 있는 존재다"라고 말씀하신다. 그분은 성령과 생명의 법이 죄와 사망에서 우리를 자유케 했다고 선포하셨다. 그리스도 안에 있는 사람은 결코 무가치하거나 무능력하지 않다는 것이다. 우리는 이 성령과 생명의 법을 의의 법, 은혜의 법이라고 한다. 그리스도 안에 있는 우리의 가치는 '주님의 은혜와 의' 속에서 발견된다. 우리의 가치는 행위로 결정되지 않는다. 행위 속에서 자신을 찾으려 한다면 율법 안에 있는 것이다. 율법이란 스스로의 노력과 힘으로 하나님의 욕구를 충족시키려는 행위를 말한다. 이런 사람은 주님이 그를 기뻐하고 즐거워하시는 것처럼 자신을 기뻐하거나 용납할 수 없다.

"여호와께서 집을 세우지 아니하시면 세우는 자의 수고가 헛되며"(시 127:1). 하나님은 우리 삶의 모든 행위를 집에 비유하시면서, 하나님께로부터 나오지 않은 모든 행위를 인정하지 않겠다고 하신다. 우리의 사역이 아무리 크고 위대할지라도 하나님께로부터 오지 않았다면 아무것도 아니라는 말씀이다. 우리 스스로의 힘과 노력으로 행하는 모든 율법적이고 종교적인 행위를 외면하겠다고 단언하시는 것이다.

이 말씀은 고린도전서 3장 10-13절과 연결된다. 바울은 이 땅에서 우리 삶의 행위를 두 종류의 집에 비유한다. 하나는 나무나 풀이나 짚으로 지어진 집이고, 다른 하나는 금이나 은이나 보석으로 지어진 집인데, 그 날에 주님이 우리의 공력(삶의 행위)을 불로 시험하실 것이다. 언젠가 우리 모두는 주님의 심판대 앞에 서게 될 것이다.

여기에 나오는 심판은 죄에 대한 심판이 아니라 우리의 행위로 받을 상급에 대한 심판이다. 이미 우리는 그리스도 안에서 죄에 대한 용서를 받았기 때문이다. 지금 우리의 모든 행위는 하늘나라에서 영원히 살아갈 집을 건축하는 행위인 것이다.

하나님과의 관계에서 나오지 않은 우리 삶의 모든 것은 건초로 지은 집과 같아 심판 때 다 타서 없어질 것이다. 이는 단순한 종교 활동을 포함하여 우리의 왕국과 영광을 위해 스스로 지은 집을 의미한다. 그러나 하나님과의 관계에서 비롯된 모든 행위는 보석으로 지은 집과 같기에 불을 통과할 때 더욱 빛날 것이다.

하나님은 우리가 열정으로 헌신만 하기보다 사랑의 관계 속에서 주님과 동역하는 사람이 되기 원하신다. 우리의 열심과 노력으로 주님을 섬기고 따르려 할 때는 한계에 부딪히고 실패하게 된다. 우리의 힘과 노력으로는 결코 우리 자신과 하나님이 원하는 사람이 될 수 없기 때문이다.

우리가 실패할 때 찾아오는 정죄감은 우리에게 절망과 좌절을 가져다준다. 이 고통스러운 절망감의 뿌리는 욕심이다. 우리 내면에 있는 절망의 근원은 욕심에서 시작된다. 욕심은 우리 자신을 절망 가운데 떨어뜨리며, 절망은 영적인 방향 감각을 잃어버리게 한다. 그래서 성장과 성숙의 길로 인도하는 것이 아니라 영적 침체를 가져온다. 이 영적 침체를 영적 광야 혹은 사막이라 표현할 수 있는데, 성경에서는 '광야' 또는 '사막'을 두 가지 의미로 쓰고 있다.

첫째는 하나님이 우리를 이끄시는 광야다. 이곳은 주님과의 만남이 있는 곳으로 주님이 그분의 자녀들을 새롭게 하고 훈련시키시는 곳이다. 특별히 그곳에는 하나님이 공급하시는 만나가 있기에 그분이 주시는 풍성함과 부요함을 경험할 수 있다. 반면, 또 다른 광야는 두려움과 깊은 공허와 깨어짐이 있으며 메마르고 황폐하다. 그 땅은 우리의 정결함을 위해 하나님이 이끄시는 광야가 아니라 욕심 때문에 스스로 들어가는 광야다.

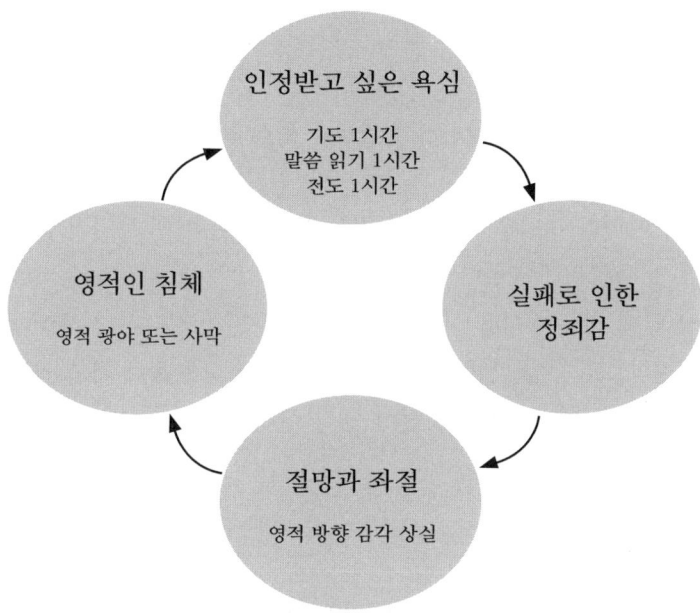

[그림 2] 욕심→정죄감→절망→영적 침체

갓난아이의 영적 기반, 성실함

우리는 율법적인 행위로 시작된 과정이 어떻게 끝나는가 보았다. 우리가 주님을 위해 시작한 믿음의 헌신이 절망스럽게도 영적 침체로 끝났다면 그 실패의 동기와 원인이 무엇인가 정확하게 알아야 한다.

고린도전서 3장에서 바울은 고린도 교회에게 "씨 뿌리는 일과 물주는 일은 사람이 하지만 그 씨를 자라게 하는 분은 하나님이시다"라고 말한다. 우리를 자라게 하기 위해 하나님이 우리에게 요구하시는 것은 무엇인가?

그것은 지속적인 성실함이다. 하나님은 영적 갓난아이들에게 날마다 3시간씩 경건의 훈련 속에 자신을 복종시키라고 요구하지 않으신다. 대신 날마다 성실함으로 주님 앞에 머물라고 하신다. 3시간이 아니라 단 20분이라도 지속적으로 성실하게 주 안에 거하라고 하시는 것이다. 하나님은 우리가 얼마나 많은 사역을 하는 사람인가보다 자신에게 맡겨진 일에 얼마나 충성스럽고 성실한 사람인가에 관심을 두신다.

경건의 시간을 갖는 동기와 목적이 무엇인가? 나 자신의 필요나 유익을 위해서가 아니라 주님을 사랑하기 때문에, 그분이 어떤 분인지 알고자 해서 함께 있기를 원해야 한다. 이런 동기와 목적을 가질 때 우리는 성실함으로 주님 앞에 머무는 삶을 살 수 있다. 종교적인 의무가 아닌 사랑에서 나오는 성실함으로 주님 앞에 서 있을 때 우리는 성숙을 향해 가고 있는 것이다. 성실함이란 영적 갓난아이들이 영적 어린아이 단계에 들어가기 위해 세워야 하는 기반이다.

영적 갓난아이의 특징 2 경쟁의식이 강하다

"형제들아 내가 신령한 자들을 대함과 같이 너희에게 말할 수 없어서 육신에 속한 자 곧 그리스도 안에서 어린아이들을 대함과 같이 하노라 내가 너희를 젖으로 먹이고 밥으로 아니하였노니 이는 너희가 감당치 못하였음이거니와 지금도 못하리라 너희가 아직도 육신에 속한 자로다 너희 가운데 시기와 분쟁이 있으니 어찌 육신에 속하여 사람을 따라 행함이 아니리요"(고전 3:1-3).

이 말씀에서 우리는 두 종류의 사람을 발견할 수 있다. 하나는 영에 속한 사람, 다른 하나는 육신에 속한 사람이다. 육신에 속한 사람은 그리스도를 믿지만 여전히 마음속에 시기와 분쟁이 있다. 이 사람은 그 안에 하나님의 영이 있지만, 비그리스도인과 별로 다를 것 없이 살아간다. 이것이 영적 갓난아이에게 나타나는 두 번째 특징이다.

이런 사람의 마음에는 시기와 분쟁이 있다. 시기가 소유하려는 욕망이라면, 분쟁과 다툼은 싸우려는 마음이다. 시기와 분쟁은 교만이라는 자기 중심적인 경쟁의식에서 나온 마음이다. 하나님은 자녀들의 성숙을 원하시므로 그들 안에 있는 경쟁의식을 철저히 다루기 원하신다.

경쟁의식이란 다른 사람들보다 내가 더 높아지고 중심이 되려는 이기적인 욕심이다. 다른 사람들보다 주목받고 으뜸이 되려는 마음이 나를 지배하도록 허락한다면 하나님과 친밀한 관계를 통한 성장은 있을 수 없다. 우리가 경쟁의식을 갖는 근본적인 이유는 자신의 정체성을 상실했기 때문이며, 하나님이 창조하신 나 자신에 대해 만족함이 없기 때문이다. 그래서 다른 사람들을 부러워하며 그들이 칭찬받는 것처럼 칭찬받기 원하고 그들이 유명해진 것처럼 유명해지기 원한다. 세상에서 큰 자가 되기 원하고 칭찬과 높임을 받기 원하며 다른 사람들에게 주목받기 원하는 욕망을 버리지 못한다면, 다른 사람을 인정하고 섬기는 것에 인색한 사람이 될 수밖에 없다.

내가 누구인가 바로 알지 못하면 우리는 다른 사람과 경쟁하게 된다. 이기적인 욕망인 이 경쟁의식이 하나님 안에서 다루어지지 않으면 다른 사람들과의 관계 속에서 긴장감이 생긴다. 이 감정이 나를 지배하면 다른 사람에 대한 감정이 적대감으로 발전한다. 그래서 경쟁 대상에게 위협을 느끼거나 두려움을 갖게 되며, 그들에게 공격적이고 부정적인 반응을 보이게 된다.

경쟁은 서로를 이용하고 파괴하지만, 섬김은 서로의 부족한 부분을 채워 준다. 하나님은 우리가 서로 섬김으로 온전케 되기를 원하신다. 세상에 속한 사람들은 행위를 통해 용납받고, 경쟁해서 이겨야 인정받고 대접받는 정신에 기초를 두지만, 하나님의 사람들은 모든 경쟁에서 떠나 순전한 마음으로 서로를 섬기는 정신에 기초를 둔다. 이것이 하나님 나라의 정신이요 삶의 원칙이다. 행위로 살아가는 삶이 아니라 은혜로 살아가는 삶이다.

"내가 나 된 것은 행위가 아니라 은혜로 말미암았다"고 고백한 바울은 하나님의 나라 안에서 모든 사람을 자유롭게 섬기는 삶을 살았다. 그는 자신이 하나님의 은혜 안에서 누구인지 알았기 때문에 경쟁하여 이기려는 모든 욕망에서 해방된 것이다. 하나님은 자유롭게 섬기는 사람으로 우리를 부르셨다. 하나님의 성품과 그의 은혜 안에서 내가 누구인지를 올바르게 인식할 때 우리는 바울처럼 다른 이들을 자유롭게 섬기는 사람이 될 수 있다.

야곱, 강적 라반을 만나다

창세기 27-34장은 야곱의 생애를 기록한 말씀이다. 야곱이 처음부터 위대한 하나님의 사람으로 산 것은 아니다. 그는 오랜 기간 하나님이 허락하신 특별한 장소에서 하나님이 보내신 사람들을 통해 하나님의 사람으로 훈련된 사람이다. 수많은 고통과 직면할 때마다 하나님 나라의 원칙을 알아 가고 배워 가며 그분을 온전히 의지하고 신뢰하는 성숙한 하나님의 사람으로 만들어져 갔다.

성경은 야곱의 삶이 얼마나 어두웠는지 말하고 있다. 내면과 삶 가운데 존재했던 어둠의 실체가 다루어지지 않은 그는 자신의 성품과 인격으로 인해 수많은 좌절을 경험해야 했다. 그러나 야곱은 자신을 위협하는 삶의 위기 속에서 절망하지 않고 오히려 이 시간을 통해 성숙한 하나님의 사람으로 변화되는 기회를 얻었다. 그리고 마침내 세대를 통해 경건한 하나님의 사람으로서 우리에게 믿음의 도전을 주는 모본이 되었다. 야곱이 이와 같은 사람이 되기까지 그에게 있었던 교만의 실체인 경쟁의식을 주님이 어떻게 다루셨는지 우리도 배워야 한다.

야곱은 어머니 뱃속에서부터 형을 이기겠다는 마음으로 형의 발꿈치를 움켜잡고 태어난 사람이다. 사람은 누구나 이런 본질적인 어둠을 마음속에 가지고 있다. 오랫동안 야곱에게 감추어져 있었던 어둠의 실체가 밖으로 드러났을 때 우리는 하나님의 사람답지 않은, 전혀 다른 야곱의 모습을 보게 된다.

그러나 하나님은 이런 야곱에게 실망하시거나 그를 포기하고 떠나지 않으셨다. 그의 인생에 놀라운 계획을 진행하고 계셨다. 야곱이 하나님의 약속을 가진, 은혜 아래 있는 사람이기에 하나님은 그의 삶에 나타났던 어둠의 행위들에 상관없이 신실함을 보이신 것이다.

야곱처럼 우리 안에도 더럽고 추한 어둠이 존재한다. 그러나 하나님이 우리를 정죄하고 외면하지 않는 것은 우리를 주님의 은혜 아래 있는 약속의 사람들로 보시기 때문이다. 하나님은 이 신실한 약속을 이루시기 위해 우리의 모든 삶의 문제 가운데 오셔서 우리를 하나님의 사람으로 만들어 가신다. 야곱의 인생에 역사한 하나님이 우리의 인생 가운데 동일하게 개입하시는 것이다.

야곱의 삶에 위기를 가져온 첫 번째 사건은 자신의 욕심을 만족시키기 위해 팥죽 한 그릇으로 형과 아버지를 속여서 장자에게 주어진 축복권을 빼앗은 일이다. 수단과 방법을 가리지 않고 가족까지 희생시키면서 자기 욕망과 뜻을 성취하려는 모습이 얼마나 간교한가? 교회 안에서도 어떤 사람들은 야곱처럼 복을 받는 데 수단과 방법을 가리지 않는다.

그러나 이것은 하나님의 방법이 아니다. 결국 이 사건을 통해 야곱은 큰 위기와 절망을 맞는다. 이 일로 형에게 생명의 위협을 당하자 그는 외삼촌 라반의 집으로 도망간다. 형의 얼굴을 피해 달아나다가 야곱은 벧엘에서 처음 인격적으로 주님을 만난다. 그리고 그는 하나님을 섬길 것과 앞으로 모든 수입에서 10분의 1을 주님께 드릴 것을 약속한다.

야곱은 경건한 믿음의 가정 안에서 종교적 생활을 한 사람이었다. 그런 야곱의 삶 가운데 주님이 실제로 개입하신 것은 편안하게 살고 있을 때가 아니라 위기를 만났을 때였다. 하나님은 위기를 선용하시는 분이다. 우리 삶에서 위기란 주님을 인격적으로 만나고 경험할 수 있는 기회가 되기도 한다.

그 후 형통하고 평안한 삶이 야곱을 기다리고 있었는가? 아니다. 광야의 삶이 그를 기다리고 있었다. 인생의 고통과 좌절 속에서 하나님이 이끄는 광야는 새로운 시작을 위해 우리를 준비시키는 곳이다. 하나님은 그의 인생에 계획한 놀라운 일을 성취하기 위해 그를 새로운 삶으로 인도하고 계셨다. 경쟁하는 사람을 섬기는 종으로 변화시키기 위해 특별한 곳으로 데려오신 것이다.

그는 삼촌 라반의 집에서 20년 동안 머슴살이를 했다. 낮에는 더위로, 밤에는 추위로 잠을 이루지 못하는 고생을 하면서 삼촌 집을 위해 봉사하며 살았다. 그는 삼촌에게 20년 동안 열 번이나 품삯을 착취당하는 억울한 일을 겪었다. 그러나 삼촌과 원수 관계로 갈라서지 않았다. 삼촌 집을 떠날 때 오히려 삼촌에게서 "너로 인해 우리 집이 축복을 받았다"는 놀라운 증언을 받아냈다. 야곱은 20년 동안 삼촌에게 이용당했지만 그를 미워하거나 비방하지 않고 오히려 그를 섬기는 종의 자리에서 성실히 일하며 살았다. 다른 사람들에게 축복의 통로가 되는 삶을 산 것이다.

야곱이 그럴 수 있었던 것은 자신에게 일어난 모든 상황을 하나님의 관점에서 볼 수 있는 통찰력과 그분에 대한 신뢰를 가지고 있었기 때문이다. 우리도 야곱처럼 하나님 나라에서 큰사람이 되기 위해서는 그가 어려운 가운데 주님 앞에서 배웠던 진리가 무엇인가를 이해하고 배워야 한다.

주님은 섬김을 받기 위해서가 아니라 섬기기 위해서 왔다고 말씀하신다 (마 20:26-28). 하나님의 왕국 안에서 가장 큰 분은 주님이시다. 그렇다면 우리가 하나님의 공동체 안에서 큰사람이 된다는 것은 무슨 뜻인가? 이는 '섬기는 사람'이 된다는 의미다.

캐나다 토론토에 머물던 어느 날, 나는 어떤 사건을 통해 주님께 다음과 같은 말씀을 강하게 받았다. "If you want to be great in God's Kingdom, learn to be the servant of all"(마 20:26-27 참조). 이것은 마이클 라이언(Michael Ryan)이 부른 'Servant Of All'이라는 찬양의 가사다.

이 가사의 내용은 하나님 나라 안에서 큰사람이 되기 원한다면 모든 사람의 종이 되는 법을 배워야 한다는 것이다. 성경에서 배운다는 의미는 과정을 말하는 것으로, 오랜 훈련과 연단을 거쳐야 하나님 나라 안에서 큰사람이 될 수 있다는 것을 뜻한다. 즉 큰사람은 열린 하늘 문 사이로 갑자기 떨어진 초자연적 능력의 불을 받아 되는 것이 아니다. 능력 있는 지도자의 안수기도나 은사로 주어지는 갑작스러운 변화도 아니다. 그것은 오랜 시간 훈련을 통해 이루어지는 하나님 나라의 질서다. 쉽고 편하게 배우는 것은 금방 사라지지만 값비싼 대가를 지불하고 배우는 것은 삶의 지혜로 우리의 마음 깊은 곳에 남는다.

앞서 말한 것처럼 만일 하나님 왕국 안에서 위대한 하나님의 사람이 되기 원한다면 모든 사람의 종이 되는 훈련 과정을 거치면서 배워야 한다. 여기서 '모든 사람'이란 우리가 결코 그의 종은 될 수 없다고 생각하는 그 사람까지 포함하는 것이다.

야곱이 자신에게 아픔과 상처를 준 라반을 섬겼던 것처럼, 우리는 내 말에 동의하고 나를 인정하며 격려하는 사람만이 아니라, 나를 이용하고 내게 고통과 상처를 주는 라반 같은 사람들에게도 종이 되어야 한다.

인간관계를 맺다 보면 식욕을 떨어뜨리고 우리를 하루 종일 우울증에 시달리게 하는 사람들이 있다. 나를 이용하고 내게 상처 입히며 아픔과 고통을 주는 사람, 내 인생에서 재앙으로 여겨지는 사람들이 있다. 이 사람만큼은 절대로 용서하거나 용납할 수 없고, 사랑하며 섬길 수 없다고 생각되는 사람들이 있다.

"당신은 하나님 나라 안에서 큰사람이 되기 원하는가?" 이 질문에 "예"라고 동의한다면 우리는 야곱에게서 몇 가지 삶의 원칙을 배워야 한다. 그가 자기를 20년 동안 이용하고 착취했던 사람에게 어떻게 반응했는가? 원수로 대적했는가, 아니면 끝까지 섬겼는가?

왜 우리 주변에 오랫동안 라반 같은 사람이 존재하는지 아는가? 이것이 우연일까? 결코 우연이 아니다. 이는 우리의 기도와 소원에 대한 하나님의 신실한 응답이다.

우리를 향한 하나님의 생각은 재앙이 아니라 장래에 평안과 소망을 주기 위함이라고 성경은 말씀한다. 라반의 존재가 재앙이 아니라, 장래에 큰사람이 되도록 우리를 훈련시키는 은혜요 선물이라는 것이다. 우리는 이렇게 반문할 수 있다. "왜 나에게 상처와 고통을 주는 것이 은혜인가?"

우리는 그 답을 바울의 삶을 통해 찾을 수 있다. 고린도후서 12장 1-12절에 따르면 바울은 자기 몸에 있는 가시가 너무 고통스러워 자신에게서 떠나기를 세 번씩이나 구했다. 그러나 주님은 이 가시를 은혜라고 말씀하신다. "내 은혜가 네게 족하다." 사람이 보기에는 이 가시가 고통이지만, 주님이 보시기에는 은혜다. 주님은 바울이 자고하지 않도록 그에게 가시를 주었다고 하신다. 그래서 바울은 이 가시로 고통스러울 때마다 스스로를 낮추며 주님을 의지했다. 그는 자신이 연약할 때 하나님의 능력이 온전해진다고 고백한다.

하나님 나라의 역설적 본질은 연약함 속에 강함이 있다는 사실이다. 사람들의 눈에 가시로 보이는 것이 하나님의 통찰력으로는 은혜인 것이다. 절망과 좌절 속에 소망이 있고, 환난 속에 지혜가 있으며, 고난은 우리가 주님께로 가는 생명의 길을 발견하게 하는 축복이다. 바울은 하나님 나라의 역설적 본질을 볼 수 있는 안목이 열렸을 때 더 이상 가시 때문에 불평하거나 원망하지 않고 오히려 감사하며 기뻐한다고 선포한다.

오늘 우리는 자신에게 고통과 아픔을 주는 가시 같은 사람들을 두고 바울의 고백처럼 "내게 은혜요, 축복"이라고 말할 수 있는가? 어려움을 주는 그들로 인해 겸손히 하나님을 찾으며 감사할 수 있는가?

나 역시 사람들로 인해 어려움을 겪을 때, 이 상황에서 나를 옮겨 달라고 부르짖은 적이 있다. 그러자 주님이 이런 질문을 하셨다. "네게 고통을 주는 가시 없이 교만하게 살아가겠느냐, 아니면 이 가시를 품고 겸손하게 살아가겠느냐?"

우리는 우리를 아프게 하는 다양한 가시로 인해 하나님 나라의 성숙한 사람으로 만들어져 가는 것이다. 겸손은 하나님의 사람에게서 볼 수 있는 아름다운 주님의 성품이다.

고난은 가장된 축복일 수도

만일 가시가 우리를 성숙하게 하는 도구라면, 우리가 하나님의 사람으로 만들어져 가는 과정 속에서 직면하는 삶의 가시, 즉 고난에 대해 더 깊은 성경적인 통찰력이 필요하다. 우리는 하나님의 뜻 안에서 왜 우리 삶에 고난이 존재하는지, 고난이 우리에게 주는 유익이 무엇인지 성경적인 근거를 통해 이해할 필요가 있다. 만일 우리가 삶에서 일어나는 다양한 사건을 하나님의 통찰력으로 볼 수 없다면 어려움을 만날 때마다 하나님의 공의와 신실하심에 도전하며, 우리를 향한 그분의 사랑에 혼란스러워할 것이다.

로마서 5장 1-5절과 야고보서 1장 2절 말씀을 보면 왜 우리 삶 속에 고난이 주어지는지 알 수 있다. 로마서 5장 1절은 우리가 어떻게 하나님의 의로운 자녀가 될 수 있는지 보여 주는데 그것은 우리의 선한 행위 때문이 아니라 그리스도를 믿는 믿음으로 가능하다. 이어서 의인의 길, 즉 제자의 길이란 사람들이 생각하는 것처럼 고난과 고통이 없는 평탄한 길을 의미하는 게 아님을 보여준다.

우리는 주님의 제자가 되고 싶어한다. 그러나 소원이나 열정만 가지고는 주님의 제자가 될 수 없다. 오랜 시간의 훈련과 많은 희생을 대가로 지불하는 과정을 거쳐야 한다. 3절은 의인의 길에는 편안함이 아니라 환난이 기다린다고 말한다. 환난 다음에 오는 것이 인내요, 인내의 과정 속에서 연단을, 연단의 훈련을 통해 소망을 이루는 줄 알라고 가르친다.

일반적으로 사람들은 환난이 지나고 난 다음에 소망이 온다고 말하는데 이것은 잘못 이해하고 있는 것이다. 소망이란 환난이 있기 때문에 존재한다고 본문은 강조한다. 성경은 환난이라는 한 부분만 극대화하지 않는다. 우리가 환난에만 초점을 맞추면 환난을 지나치게 두려워해 하나님이 우리 안에 두신 소망을 결코 볼 수 없다.

그리스도인들은 오히려 환난으로 소망을 극대화하는 사람들이다. 주님은 우리가 환난 속에서 소망을 볼 수 있는 눈을 갖기 원하신다. 우리는 환난을 통해 성숙한 사람이 된다는 것을 알고 환난으로 인해 오히려 기뻐할 수 있어야 한다.

이제 로마서 5장 말씀을 야고보서에 있는 말씀과 연결시켜 보자. "형제들아 너희가 여러 가지 시험을 만나거든 온전히 기쁘게 여기라"(약 1:2). 여러 가지 시험이란 다양한 고난을 말한다. 하나님은 20년이라는 고난의 과정을 거쳐 야곱을 하나님의 사람으로 만들어 가셨다. 이처럼 믿음의 사람이 되기 위해서는 고난의 기간이 필요하다. 바울은 우리에게 고난을 기쁘게 받아들이라고 하는데, 이것이 가능한 일인가? 고난이 오면 우리의 감정은 본능적으로 고난을 피하고 싶어한다.

그러나 성경은 고난을 직면하라고 말씀한다. 그럴 때 지혜와 통찰력을 얻고 우리 안에 있는 자원들이 개발된다고 한다. 로마서에서 말한 것처럼 다양한 고난을 경험하는 과정을 통해서 하나님의 사람으로 훈련될 때, 우리는 '온전한 사람' 즉 지혜와 통찰력을 가진 성숙한 사람으로 빚어지는 것이다.

이제 하나님이 우리에게 고난을 주신 의미를 생각하면서 그분이 얼마나 신실하신지 생각해 보자. 주님께 헌신하고 삶을 위탁한 사람이라면 다음과 같은 기도를 한 경험이 있을 것이다.

"주님! 성숙한 믿음의 사람이 되기 원합니다. 변화되고 새롭게 되기 원합니다. 주님의 성품을 닮은 사람이 되기 원합니다. 하나님께 온전히 순종하는 제자로서 살기 원합니다. 하나님 나라의 자원인 지혜와 통찰력을 가지고 그리스도의 몸을 섬기는 영적인 지도자가 되기 원하며 하나님 앞에 크게 쓰임 받는 사람이 되기 원합니다."

이렇게 기도하는 것이 주님의 뜻을 따라 구하는 것이라면 사람들은 왜 주님이 침묵하신다고 생각할까? 왜 하나님이 나의 부르짖음에 응답하지 않으신다고 생각할까? 하나님은 그분의 뜻을 따라 간구하는 모든 기도에 신실하게 응답하시는 분이다. 우리가 성숙한 사람이 되게 해 달라고 기도했을 때 하나님은 그 응답으로 이미 우리 삶에 다양한 고난을 주셨다.

가시나 재앙이라고 말하는 것, 즉 내게 고통을 주는 라반이 왜 존재하는가? 내가 사랑했던 사람들이 왜 갑자기 세상을 떠나는지, 어려운 문제가 가정 안에 왜 일어나는지, 재정이나 건강 문제가 왜 생기는지 하나님의 시각에서 볼 수 있어야 한다. 이 모든 상황은 결코 우연이 아니라 내가 주님께 요청한 간구의 응답이다.

"제가 언제 하나님께 고난을 달라고 했습니까?"라고 반문하면서 항의할 수 있다. 그러나 주님은 "네가 나의 뜻을 따라 사는 사람이 되게 해 달라고 구하지 않았느냐?"고 물으신다. 그래서 기도의 응답으로 필요한 고난을 주셨다는 것이다.

우리는 너무 고통스럽기 때문에 그 고난에서 건져 달라고 부르짖는다. 하나님은 그 부르짖음을 듣고 우리에게 피할 길을 주겠다고 말씀하신다. 그러나 주님이 말씀하시는 구원의 개념과 우리가 구하는 구원의 개념이 다르다. 우리는 고통 그 자체에서 구원받기 원하지만 하나님은 그 고통 속에서 그분의 뜻을 성취하기 원하신다. 그래서 우리가 경험하고 있는 고난 가운데서 그분의 뜻을 이룰 때까지 상황을 바꾸지 않으신다. 이 과정을 통과해야만 하나님의 뜻을 성취할 수 있다는 사실을 아시기 때문이다.

주님이 우리에게 주시는 도전과 격려는 이 고난을 견디고 감당하는 데 필요한 모든 힘과 능력을 주었다는 것이다. 앞으로 주겠다는 것이 아니라 이미 우리에게 주었다고 하신다. 이것이 우리를 향한 주님의 인자하신 사랑이다. 고난을 축복이 되게 하시는 하나님의 사랑이다. 그래서 다윗은 고난 가운데 있을 때도 하나님의 사랑을 노래한다(시 63:1-3). 이 시는 그가 아들 압살롬에게 배신당하고 왕의 자리에서 쫓겨나 광야 한가운데 있을 때 하나님의 인자하심을 노래하는 내용이다. 주의 인자하심이 생명보다 나음으로 내가 여호와를 송축한다는 것이다.

다윗은 하나님이 어떤 분인지 아는 하나님의 사람이다. 이 시편에서 그는 아들에게 받은 상처 때문에 아들을 원망하거나 저주하지 않는다. 다시 왕위를 회복하기 위해 칼을 갈면서 복수의 때를 기다리거나 절망과 고통의 나날을 보내지도 않는다. 도리어 하나님의 손 아래에서 겸손히 하나님의 하나님 되심을 인정하며 자신의 신앙 고백을 노래로 표현한다. 그는 하나님이 이 모든 일을 통해 선을 이루시는 분임을 신뢰했다. 그렇기 때문에 이 일이 재앙이 아니라 축복의 기회가 될 것이라는 확신을 가지고 광야 한가운데서도 하나님을 노래할 수 있었다.

여러분도 다윗과 같이 광야 한가운데서 눈물로 인생을 걸어 본 경험이 있을 것이다. 사망의 음침한 골짜기를 통과하고 어둠의 긴 터널을 지나면서 많은 눈물을 뿌린 시간이 있었을 것이다. 그 시간에 무엇을 경험하고 배웠는가? 그 광야 한가운데 하나님이 인자한 사랑의 손길로 나를 만지신 흔적들이 있는가? 주님이 나의 이름을 부르며 부드럽고 따뜻한 음성으로 위로하는 것을 경험했는가? 소망의 문으로 나를 인도하신다는 약속의 말씀을 받은 적이 있는가?

우리가 고통스러운 아골 골짜기를 통과할 때 주님이 그분의 사랑 안에서 우리에게 직접 가르치시는 노래가 있다. 그것은 '주의 인자하심'이라는 노래다. 다윗이 광야 한가운데서 불렀던 바로 그 노래다. 하나님이 어떤 분인지 아는 사람들이 환난 가운데서 부르는 노래다.

광야에서 주의 인자하심을 경험한 사람이라면 앞으로 자신에게 다가오는 모든 고통 가운데서도 주님을 노래하는 사람이 될 것이다. 우리가 삶에서 경험하는 어떤 고통보다 하나님의 인자하심과 위로가 더 크기 때문이다.

이제 다시 야곱의 이야기로 돌아가 보자. 그는 20년이란 오랜 세월 속에서 하나님의 사람으로 만들어졌다. 성숙이란 한순간에 주어지는 선물이 아니라 오랜 기간 고통스러운 훈련을 통해 이루어지는 것임을 기억하자. 우리는 광야의 과정을 피하지 않고 직면함으로써 하나님이 허락하신 모든 상황을 받아들여야 한다.

직면한다는 말은 고통스러운 문제를 끌어안는다는 뜻이다. 사람들은 본능적으로 어려운 문제에 부딪힐 때 고통을 피하고 싶은 충동을 느낀다. 그러나 진리는 그 문제에 직면하라고 도전한다. 감정은 우리를 속이지만 진리는 결코 우리를 속이지 않는다. 그래서 우리가 감정을 따르지 않고 진리를 선택할 때 그 진리 안에서 놀라운 지혜와 통찰력과 영적 자원을 얻게 된다. 성숙한 사람은 다른 사람의 자원을 모방하는 사람이 아니라, 자기 안에서 개발된 자원으로 그리스도의 몸을 섬기고 이끄는 사람이다.

야곱과 라반의 관계를 생각해 보자. 야곱은 삼촌 라반에게 20년 동안 속임을 당하기 전에 아버지와 형을 속였다. 그 후 자기가 속인 그대로 삼촌에게 속는다. 야곱과 라반은 똑같은 사람인 것이다. 우리는 어떤 사람의 행위를 보면서 그들을 쉽게 판단하고 비방하지만 사실 내가 정죄하고 돌을 던진 그 사람의 모습이 바로 나의 모습이다. 또한 이웃이 아니라 바로 가족 공동체 안에서 신앙과 삶을 공유하고 있는 형제인 것이다.

예수전도단과의 첫 만남

나는 지금까지 20년 넘게 예수전도단 지도자로 사역하고 있다. 예수전도단에 처음 들어와 예배를 드릴 때, 그동안 내 삶에서 한번도 맛보지 못한 놀라운 경험을 했다. 그 예배 가운데 하나님의 놀라운 임재와 나타나심을 경험한 후 '여기서 하나님을 섬기는 간사들은 얼마나 좋을까' 하는 생각이 들었다. 나도 예수전도단 사역자로 한번 섬겨 봤으면 좋겠다는 마음의 소원도 생겼다. 그러나 곧 마음속의 이런 생각을 스스로 제한했다. 나는 그럴 만한 조건과 자격을 갖추지 못했기에 이런 거룩한 공동체에는 들어갈 수 없을 것이라고 여기며 마음의 소리에 귀를 닫아 버렸다.

다음날 아침에 말씀을 묵상하는데 갑자기 내 마음에 어떤 소리가 들렸다. 나를 이 단체에서 섬기는 사람으로 부르셨다는 하나님의 음성이었다. 그 부르심은 나에게 큰 도전과 위로가 되었다. 그 날 오후에 그 말씀을 붙잡고 당시 예수전도단 대표를 만나기 위해 사무실로 찾아갔다. 하지만 나를 만날 수 없다는 대표의 메시지를 전달받고는 '저 사람들은 영적으로 깨어 있는 사람들이니 내가 하나님의 음성을 잘못 들었을 거야'라고 생각했다.

다음날 다시 말씀을 묵상하는데 하나님이 동일하게 '내가 너를 불렀다.

내가 너를 통해 일하겠다. 다시 예수전도단 사무실로 가라'는 마음을 주셨다. 그래서 다시 사무실로 찾아가 면담을 요청했지만 똑같이 거절당하고 말았다. 집으로 돌아오면서 '한번쯤 내 얘기를 들어 주면 좋겠는데' 라는 섭섭하고 아쉬운 마음이 들었다. 그러나 내가 하나님의 음성을 잘못 들었을 것이라고 생각했다.

그런데 그 다음날 아침 묵상 시간에도 동일한 말씀을 또 받았다. 조금 갈등하긴 했지만 즉시, 온전히, 기쁘게 순종하겠다는 마음으로 대표를 만나기 위해 집을 나섰는데 갑자기 예수전도단에서 리더로 섬기고 있는 한 형제가 떠올랐다. 그래서 가던 길을 바꾸어 그 형제에게 찾아가 내 마음을 나누었다. 그 형제는 내 얘기를 듣더니 하나님이 자기에게도 같은 마음을 주셨다고 말했다.

그 형제의 중재로 예수전도단에 들어왔을 때 예수전도단은 DTS 1기를 시작하면서 사역하던 모든 간사가 훈련에 들어간 상황이었다. 그래서 파트타임 자원봉사자들이 사무실을 운영하고 있었다. 이미 사무실에 필요한 인원이 다 충원된 상태였기 때문에 나는 들어갈 자리가 없어 자원봉사자들의 심부름을 했다.

당시 나는 이미 서른이 넘었고, 자원봉사자들은 스무 살 초반이었다. 하지만 그들이 시키는 일을 기쁘고 감사한 마음으로 했다. 나의 하루 일과는 아침 일찍 사무실에 나와 청소하고 걸레질하는 것으로 시작되었다. 그리고 3천-4천 장씩 뉴스레터를 접어 봉투에 넣는 일을 했다. 하루에 수천 장의 우표를 혓바닥으로 붙이고 나면 혀에 물집이 생겨 밥은 고사하고 물을 마시기도 어려울 만큼 고통스러웠다. 이렇게 작업한 뉴스레터를 밀가루 부대에 넣어 어깨에 메고 우체국에 가서 부치는 일을 6개월 동안 반복했다.

그러나 이런 생활을 하면서 갈등하거나 수치스러워서 절망하거나 자존심이 상하지는 않았다. 내가 주님을 위해 무슨 일이든 할 수 있다는 것이 마냥 즐거웠다. 그렇게 6개월을 보낸 후에 하나님은 나를 후대하셔서 그 사무실의 책임자로 세워 주셨다.

그 후 나는 예수전도단에서 제자 훈련을 받고 지도자가 되어 영성 있는 공동체의 중심에 선 한 사람으로서 사역하게 되었다. 그리고 베이스를 개척하고 그곳의 책임자로 지냈다.

주님을 만나기 전 30년 동안 내 삶은 아주 험하고 거칠었다. 다른 사람을 섬기는 삶이 아니라 괴롭히는 삶, 아무에게도 인정받지 못하는 어두운 삶을 살던 내가 지도자가 되면서부터 사람들에게 인정과 존경을 받으니 무척 좋았다. 나도 모르게 그런 삶을 즐기며 거기에 길들여졌다. 처음 예수전도단에 들어왔을 때는 종의 삶으로 시작했다. 그런데 어느덧 섬기는 삶을 잃어버리고 17년 동안 사람들을 지배하고 섬김을 받으려는 마음으로 살았다. 지도자가 되자 섬기는 자리를 떠나 지배하는 보스 자리에 앉은 것이다.

종과 보스는 차이가 있다. '종'이 섬기는 사람이라면 '보스'는 군림하고 지배하는 사람이다. 내 지도력 아래 있었던 많은 사람이 나를 통해 얼마나 잘못된 지도자의 개념을 가졌겠는가? 사람들이 내게 카리스마가 있다고 하는데, 이 카리스마가 성품과 섬김을 통해 흘러나오지 않고 지배를 통해 흘러나온다면 이것은 결코 하나님이 원하시는 영향력이 아니다. 주님은 다른 사람을 섬기라고 나를 지도자로 부르셨다. 그런데 나는 수건 대신 칼을 들고 내 안에 있는 이기적인 야망을 만족시키기 위해 사람들을 위협하고 이용하면서 오랜 세월을 살았다.

그렇지만 주님은 이런 나를 포기하지 않으셨다. 내 모습을 볼 수 있도록 라반 같은 사람을 내게 붙이셨다. 함께 사역하던 한 형제를 통해 주님이 내게 오셨다. 이기적인 야망을 위해 다른 사람을 이용하려는 마음과 내가 중심이 되려는 경쟁의식을 그 형제에게서 보게 하셨다. 그의 모습을 통해 내 삶을 고발하신 것이다. 수년 만에 다시 돌아본 내 모습은 종이 아니라 군림하고 지배하려는 보스였다.

하나님은 내 삶의 문제가 무엇인지 그 형제를 통해 보여 주며 내가 첫사랑을 잃어버린 사람이라고 하셨다. 처음엔 주님과의 사랑 안에서 섬기는 종으로 시작했던 삶이 섬김을 받으려는 삶으로 바뀐 것이다.

주님은 섬김을 받기 위해서가 아니라 섬기러 오셨다. 요한복음 13장에서 주님은 제자들의 발을 씻기면서 섬김이 무엇인지 보여 주신다. 하나님은 우리를 큰사람으로 만들기 위해 우리가 '이 사람만큼은 도저히 용납할 수 없다'고 하는 사람을 우리에게 주신다. 우리가 그 사람을 섬길 수 있을 때 다른 사람에게 삶의 모델이 될 수 있다고 주님은 말씀하신다.

주님은 우리가 그분 앞에 서는 날 얼마나 많은 사람을 이끌다 왔는지, 얼마나 많은 사람에게 영향을 끼치다 왔는지 물어 보지 않으실 것이다. 우리가 얼마나 많은 사람의 발을 씻기는 종의 삶을 살다 왔는가를 물어 보실 것이다. 이제 우리는 용납받기 위해서 다른 사람과 비교하거나 경쟁할 필요가 없다. 우리는 하나님의 공평한 사랑을 받고 있기 때문이다. 이것이 하나님 가족 안에 있는 영적 갓난아이들이 배워야 할 교훈이다.

영적 갓난아이의 특징 3 그리스도의 의를 선물로 받다

"때가 오래므로 너희가 마땅히 선생이 될 터인데 너희가 다시 하나님의 말씀의 초보가 무엇인지 누구에게 가르침을 받아야 할 것이니 젖이나 먹고 단단한 식물을 못 먹을 자가 되었도다 대저 젖을 먹는 자마다 어린아이니 의의 말씀을 경험하지 못한 자요 단단한 식물은 장성한 자의 것이니 저희는 지각을 사용하므로 연단을 받아 선악을 분변하는 자들이니라"(히

5:12-14).

12절에서 바울은 영적 갓난아이들을 책망하고 있다. 예수를 믿고 신앙생활을 한 지 수년이 지났는데도 아직 그리스도의 초보에 머물러 있는 사람들의 모습을 보면서 안타까워한다. 만약 우리 자녀들의 육체적인 성장이 두세 살에 멈추었다면 부모 된 우리의 마음이 얼마나 고통스러울까. 동일하게 주님도 당신의 자녀들이 성장하지 못한 채 영적 장애인으로 살아가는 것을 고통스러워하신다. 얼마간 갓난아이로 있는 것은 정상이나 수년 동안 미성숙한 사람으로 머물러 있다면 우리는 주님께 용서를 구해야 한다.

"대저 젖을 먹는 자마다 어린아이(babe)니 의의 말씀을 경험하지 못한 자요"(13절). 여기서 젖이란 어린이가 아닌 갓난아이가 먹는 음식이다. 그럼 갓난아이들이 경험하지 못한 의(righteousness)란 무엇인지, 이 의가 우리 삶에 주는 축복이란 어떤 것인지 살펴보자.

의에는 두 가지 의미가 있다. 먼저, 그리스도의 의란 하나님의 성품을 말한다. 하나님과 개인적인 관계를 가진 경험이 없어서 그분의 성품으로 영, 혼, 육이 적셔지지 못한 사람은 영적 갓난아이다. 영적 유산의 크기는 하나님께 얼마나 많은 선물을 받았는지가 아니라, 인격적인 관계를 통해 얼마만큼 하나님을 경험했는지에 따라 결정된다.

또한 의는 신분을 말하는데 그것은 앞서 언급한 하나님의 성품과 연결되어 있다. 우리가 하나님의 자녀 된 근거는 하나님의 은혜 안에서 발견되고, 그 신분 안에 있는 우리의 존재 가치는 하나님의 사랑이란 성품 안에서 발견된다. 그분의 성품 가운데 대표적인 것은 사랑인데 여기서 사랑은 가치를 의미한다.

로마서 5장 8절은 하나님이 나를 사랑하시기 때문에 그리스도를 내어 주셨고, 내가 그리스도의 생명을 가지고 있기 때문에 그분만큼이나 가치 있는 존재가 되었다고 선포한다. 이 놀라운 축복은 나의 행위가 아니라 믿음으로 얻는 하나님의 선물이다. 바울은 영적 갓난아이들에게 "너희가 그리스도의 의를 가진 사람이라는 것을 알게 되기 원한다"고 강조한다.

왜냐하면 이 의는 내가 누구이고 얼마나 가치 있는 존엄한 존재인지 결정해 주기 때문이다. 그리고 그리스도의 의 안에서 자신의 신분을 발견할 때 우리는 주님이 원하시는 성숙한 사람이 될 수 있다.

히브리서 5장 13절에 나오는 그리스도의 의를 이해하기 위해서는 빌립보서 3장 1-6절을 볼 필요가 있다. 여기서 바울은 다메섹에서 주님을 만나기 전에 어떤 삶을 살았는지 설명하고 있다. 그는 육체를 신뢰하는 삶을 살았다고 한다. 율법이라는 도덕적인 행위 속에서 삶의 가치와 정체성을 찾았다는 말이다.

바울은 좋은 가문과 많은 지식 그리고 무엇보다 하나님에 대한 열심을 가지고 도덕적으로 흠 없는 완전한 삶을 추구했던 사람이다. 하지만 그는 하나님과의 인격적인 만남을 경험하지 못했다. 그래서 종교적인 열심과 헌신으로만 일했다. 그러다가 하나님의 은혜로 그분과 인격적으로 만났을 때 이전에 신뢰하고 의지했던 모든 것을 해로 여기며 배설물로 여겼다. 이는 예수 그리스도를 아는 것이 가장 가치 있고 의미가 있기 때문이었다. 자신의 신분이나 가치를 율법적인 행위로 얻는 것이 아니라, 그리스도를 아는 진리 안에서 얻을 수 있는 것임을 깨달아 그 자유를 선포한 것이다.

사람은 누구나 내면 깊은 곳에 사랑받고 인정받기 원하는 강한 욕구가 있다. 이 욕구는 육신의 행위가 아니라 하나님과의 관계를 통해 그리스도를 앎으로 채울 수 있다. 빌립보서 3장 8-9절에서 바울은 "그리스도를 얻고 그 안에서 발견되려 함이니"라고 한다. 하나님의 가족 안에서 새로운 삶을 시작하는 그리스도인들에게 신분이 얼마나 중요한지 강조하는 말씀이다. 우리는 그리스도의 의를 발견할 때 율법적인 행위를 좇아가는 사람이 아니라 은혜 안에서 살아가는 사람이 될 수 있다.

그는 9절에서 이 의는 행위로 말미암아 받은 것이 아니라 예수 그리스도를 믿는 믿음을 통해 선물로 받은 것이라고 고백한다. 이 진리를 발견할 때 우리는 자신의 존재 가치에 대해 고민하거나 갈등하지 않는 자유로운 사람이 될 수 있다. 그리고 누가 "너는 이런 사람이다"라고 거짓 메시지를 전할 때도 흔들리지 않는다. 성경은 우리 한 사람이 온 천하보다 귀하다고 말씀한다. 하나님을 알고 그분과 친밀감을 가질 수 있는 존재로 만들어졌기 때문에 우리는 가치 있는 사람이다. 이 가치를 결정해 주는 것이 바로 예수 그리스도의 의다. 하나님이 선물로 주신 의 때문에 이 세상 어떤 것도 우리의 신분과 가치를 위협할 수 없다.

그리스도의 의를 통해 한번 하나님의 자녀가 되면 영원히 하나님의 자녀인 것이다. 비록 우리가 많은 죄를 범한다 할지라도 우리의 신분은 바뀌지 않는다. 그리스도를 믿지만 죄를 범했기 때문에 죄인이라고 한다면 그것은 거짓 메시지다. 어떤 죄를 범하든 우리의 신분은 죄인이 아니라 하나님의 자녀인 것이다. 우리는 그리스도를 믿는 믿음을 통해 하나님의 자녀 된 신분으로 하나님 나라에 들어가는 것이다. 복음은 우리의 행위가 아니라 의인이라는 신분 때문에 천국에 들어갈 수 있음을 선포한다. 지옥에 떨어지는 사람은 구원받지 못한 죄인이라는 신분 때문이지 행위 때문이 아니다.

내 안에 있는 그리스도의 의

'그리스도의 의'는 주님과의 올바른 관계를 뜻하기도 한다. 올바른 관계란 나와 주님의 관계뿐 아니라 나와 다른 사람들의 관계도 포함한다. 그리스도의 의는 모든 관계의 기초가 된다. 우리는 이것을 기초로 관계를 세워야 한다. 모든 관계의 위기는 내가 누구인가를 결정해 주는 진리, 곧 그리스도의 의를 충분하게 이해하지 못하기 때문에 오는 것이다.

하나님은 우리에 대한 기대와 소망을 가지고 계신다. 그리스도의 의로 인해 우리 한 사람 한 사람은 대단한 존재가 되었다. 이 사실을 깨닫는다면 소망을 가지고 살아갈 수 있을 것이다. 또한 다른 사람들에 대해서도 그들의 행위로 판단하고 정죄하는 일을 멈추게 될 것이다.

그리스도의 의는 우리가 다른 사람들과의 관계 속에서 겸손하게 인격적인 사람으로 행하는 기반이 된다. 우리가 받아들일 수 없는 말과 행동을 하는 사람도 그 언행과 관계없이 섬기고 돌아보며 그의 존재 가치를 인정하고 존중해 줄 수 있다는 말이다. 이것이 자기 안에서 그리스도의 의를 발견한 사람들의 삶이다.

하나님 나라 안에서 큰사람은 모든 사람을 섬기는 사람이라고 했다. 내가 인정하고 받아들일 수 없는 사람, 그 사람의 종이 되어 발까지도 씻길 수 있는 겸손은 내 안에 그리스도의 의가 있음을 아는 은혜로만 가능하다.

시편 16편 3절은 그리스도의 의를 통한 우리의 가치를 "땅에 있는 성도는 존귀한 자니 나의 모든 즐거움이 저희에게 있도다"라고 표현한다. 주님은 우리 안에 있는 그리스도의 의를 보고 우리를 존귀한 자라 하셨고, 이 존귀함으로 인해 주님의 모든 즐거움이 우리에게 있다고 하셨다. 그러므로 우리는 주님의 즐거움의 대상이 되는 사람들이다. 우리의 행위에 상관없이 우리 속에 있는 그리스도의 의로 말미암아 주님의 기쁨이 된다.

"주께서 내 장부를 지으시며 나의 모태에서 나를 조직하셨나이다 내가 주께 감사하옴은 나를 지으심이 신묘막측하심이라 주의 행사가 기이함을 내 영혼이 잘 아나이다" (시 139:13-14).

주님이 우리를 만드셨다는 말은 주님과 우리가 얼마나 친밀한 관계인가를 나타낸다. 우리가 태어날 때부터 주님이 우리를 그런 존재로 만드셨다는 것이다. 그래서 우리는 특별한 사람이다. 실수나 우연으로 태어난 사람은 한 사람도 없다. 우리는 하나님과의 친밀한 관계 속에서 하나님을 알고 누리도록 만들어진 영적 존재다. 그렇기 때문에 우리가 이 세상에 태어났다는 것은 그분의 부르심을 받았다는 뜻이다. 이 진리를 깨닫지 못하는 사람들은 부모나 환경을 핑계로 하나님을 자신의 삶에서 거절한다. '하나님이 나를 사랑하신다면 왜 이런 환경에서 태어나게 하셨는가?'라는 데서부터 지금의 모든 상황에 이르기까지 하나님의 공평하심에 대해 도전한다.

그러나 분명한 진리는 상황이나 환경 그리고 부모까지도 나를 거절한다 할지라도 하나님은 결코 거절하지 않으신다는 것이다(시 27:10 참조). 어머니의 태 속에서 나를 만든 분이 하나님이시기 때문이다.

시편 기자는 하나님 안에서 자신의 존재를 발견했을 때 신묘막측하다고 표현했다. 나를 지으심이 아주 놀랍고 기이하다는 말이다. 이처럼 내가 누구인가를 아는 계시가 있을 때에라야 비로소 다른 사람이 누구인가를 볼 수 있는 눈이 생긴다. 사람의 행위만 보면 신묘막측하다고 고백할 수 없다. 하나님은 우리가 그것을 넘어서 볼 수 있기를 원하신다. 많은 사람은 자신을 지으신 분의 기이한 행사를 알지 못하기 때문에 거울 앞에 선 자신의 모습을 보면서 못마땅해 하고 화를 낸다. 그것은 하나님의 관점으로 자신을 보지 못하기 때문이다. 하나님의 관심은 환경이나 나의 외모가 아니라 나 자신이다.

교회에서 나이 많은 분들이 대중 기도를 할 때 가끔 "벌레만도 못한 나, 마른 막대기만도 못한 나를 사랑하셔서 구원해 주신 주님의 은혜"라는 표현을 쓴다. 이것은 주님의 은혜를 처음 맛보았을 때 일생에 단 한 번 할 수 있는 고백이다. 마른 막대기나 벌레를 보면서 주님이 감동하셨다는 얘기를 들어 본 적이 있는가? 우리 속에 있는 그리스도의 의 때문에 주님이 감동하고 감격하시는 것이다.

기드온이 용사로 거듭나기까지

그리스도의 의는 우리의 부르심과 깊은 관계가 있다. 사사기 6장은 이스라엘 백성들이 하나님 목전에서 악을 행했음을 증언한다. 이는 사람들이 두 마음을 가지고 있었다는 말이다. 그들은 하나님을 사랑하고 순종한다고 말하면서도 그분이 원하시는 길에서 떠나 어둠 가운데 행하는, 목이 곧고 마음이 강퍅한 백성들이었다.

이스라엘 백성들이 하나님 앞에서 악을 행할 때마다 하나님은 주변에 있는 이방 민족을 통해 그들을 고통으로 징계하셨다. 이 징계는 하나님의 사랑에서 나오는 가시다. 사사기 6장을 보면, 하나님은 7년 동안 이스라엘 백성들에게 미디안이라는 강한 군대를 통해 고통을 허락하셨다. 하지만 고통 가운데서 이스라엘 백성들이 주님 앞에 나와 부르짖자 그 부르짖음을 듣고 그들을 고통과 위기에서 건지셨다. 고통과 위기는 새로운 삶의 기회다(시 107편). 하나님은 그들의 기도에 신실하게 응답하셔서 기드온을 통해 하나님의 구원 역사를 이루고자 하셨다.

"큰 용사여 여호와께서 너와 함께 계시도다"(삿 6:12). 하나님은 기드온과 함께하며 그로 하여금 이스라엘을 구원하시겠다고 말씀하셨다. 그러나 기드온은 이 놀라운 부르심 앞에 어떻게 반응하는가? 자신을 큰 용사로, 대장부로 인정했는가? 아니다. 도리어 "나의 집은 므낫세 중에 극히 약하고 나는 내 아비 집에서 제일 작은 자"(15절)라고 고백한다. 이것이 겸손에서 나온 반응인가, 아니면 교만에서 나온 반응인가?

겸손이란 하나님이 보시는 관점에서 자신을 인정하고 수용하는 것이고, 교만은 하나님이 말씀하시는 진리에서 떠나 자신을 방어하고 변명하는 것이다. 기드온은 하나님의 놀라운 부르심 앞에서 큰 두려움을 가지고 변명하고 있었다. 하나님은 기드온의 행위를 보고 말씀하신 것이 아니었다. 기드온 안에 있는 하나님의 의를 따라 그를 큰 용사로 불렀다고 말씀하셨다. 그러나 기드온은 하나님의 의가 아니라 자신의 능력을 보면서 절망스러웠기 때문에 하나님의 부르심을 거절했다. 이처럼 때때로 하나님은 우리의 힘이나 능력으로 할 수 없는 큰일을 하도록 우리를 부르신다.

우리가 그분의 부르심을 거절하는 이유는 자기 안에 두신 주님의 의를 보지 못하고 자신의 행위를 보기 때문이다. 부르심을 거절하는 것은 우리 안에 두려움이 있다는 말이다. 성경에는 하나님의 자녀 된 자들에게 주시는 수만 가지 약속이 들어 있다. 그 가운데 가장 위대한 약속은 주님이 우리와 함께하신다는 약속이다.

주님이 우리와 함께하시는 이유는 무엇인가? 우리가 어둠의 길을 걸어갈 때도 죄악을 행하는 삶 가운데 있을 때도 주님이 결코 우리를 떠나지 않는, 아니 떠나실 수 없는 이유는 무엇인가? 그것은 우리가 그리스도의 의를 가졌기 때문이다. 이것은 우리에게 큰 소망과 안정감을 준다. 그 약속이 우리에게서 모든 두려움을 거두어 낸다.

하나님은 기드온을 큰 용사라고 부르셨다. 그리고 그를 통해 놀라운 구원을 이루겠다고 약속하셨다. 엄청난 자원을 가진 자로 그를 보신 것이다. 여기서 자원이란 우리 안에 있는 잠재력과 가능성을 말한다. 우리는 생수라는 자원을 가진 사람들이다. "누구든지 목마르거든 내게로 와서 마시라 나를 믿는 자는 성경에 이름과 같이 그 배에서 생수의 강이 흘러 나리라"(요 7:37-38).

아직 개발되지 않았지만, 이 자원이 흘러나오기 시작한다면 우리를 통해 온 열방 가운데 큰 구원의 역사를 이루겠다고 주님은 말씀하신다. 다른 사람들의 자원을 모방하지 않고 우리 안에서 흘러나오는 자원으로 영향을 끼치는 사람이 되도록 우리를 사용하시겠다는 말씀이다.

현실적으로 우리는 작은 사람들이다. 성경은 작은 것을 표현할 때 겨자

씨에 비유한다. 그러나 겨자씨가 자라면 풍성한 잎사귀와 열매를 맺는 큰 나무가 된다. 겨자씨는 어떤 과정을 통해 자라나는가? 그것을 자라나게 하는 에너지는 어디에 있는가? 그 씨 안에 있는 생명에 있다.

이 생명이 바로 그리스도의 의다. 이 생명은 내가 누구인지 말해 준다. 이 생명을 통해 나를 볼 때 나라는 존재는 하찮은 자가 아니라 큰 자다. 우리가 이 생명을 가졌기에 주님은 우리에게 "너는 내 것"이라고 말씀하신다. 그리고 "너는 독특한 삶의 의미와 목적을 가진 가치 있는 존재"라고 하신다. 그래서 우리를 특별히 부르셨다고 한다. 사람의 눈으로 보면 나는 겨자씨같이 작은 존재이지만, 이 생명을 본다면 나는 큰 나무가 될 사람이다. 우리는 작은 것을 통해 큰 환상을 볼 수 있는 사람들이 되어야 한다. 그리스도의 의를 통해 완성될 성숙한 하나님의 사람으로 나 자신을 볼 수 있어야 한다.

요한복음 6장에는 주님이 보리떡 5개와 물고기 2마리로 5천 명의 사람들을 먹이신 사건이 나온다. 보리떡 5개와 물고기 2마리는 어린 소년이 가지고 있었던 아주 작은 것이었다. 제자들은 이것으로 어떻게 수많은 사람의 주린 배를 채워줄 수 있는지 의문을 가졌다. 하지만 예수님이 이것을 들고 축복하셨을 때 수천 명의 사람들의 필요를 채우고도 남았다. 이와 같이 하나님은 우리 속에 있는 예수님의 의를 통해 우리의 자원을 보신다. "내가 수많은 사람의 필요를 채워 주는 도구로 너를 사용하겠다." 이것이 그분이 우리에게 주시는 메시지다. 그런데도 우리는 "주님, 그런 소리 하지 마세요. 나는 가진 게 아무것도 없습니다"라는 거짓 메시지를 반복하면서 자신을 제한한다. 진리는 우리를 자유케 하지만, 거짓 메시지는 두려움을 준다. 아무것도 할 수 없는 무기력한 사람, 무가치한 사람으로 자신을 구속하고 제한한다.

자신감은 내가 누군지 아는 데서 시작된다

기드온과 똑같이 반응했던 또 다른 사람이 있다. 그는 하나님 앞에서 귀하게 쓰임을 받았고 우리 삶에 영적인 모델이 된 사람이다. 이제 연약함과 두려움에서 나온 반응들을 보며 주님의 부르심 앞에서 즉시, 온전히, 기쁘게 순종하지 못하게 된 본질적인 문제가 무엇인지 살펴보자.

출애굽기 3장 10-18절에는 하나님의 사람인 모세에 대한 이야기가 나온다. 하나님이 모세를 통해 이스라엘 백성들을 애굽 왕 바로의 손에서 구원해 내겠다고 하셨을 때 모세는 "내가 누구이기에 바로에게 가며 내가 누구이기에 이스라엘 백성들을 이 애굽에서 건져 냅니까?"라고 물었다. 이 질문은 모세의 정체성에 문제가 있음을 보여 준다. 모세는 하나님의 부르심 앞에서 정체성의 위기에 직면한다. 사람들은 삶 속에서 정체성이 흔들릴 때 가장 큰 위기와 두려움을 느낀다.

하나님이 모세를 큰사람으로 쓰시기 위해서는 먼저 그 안에 있는 정체성 문제를 다루셔야만 했다. 정체성-치유-영성-성숙의 단계처럼 성숙한 하나님의 사람이 되는 길은 자신의 정체성을 분명히 아는 데서 시작되기 때문이다. "내가 누구인가?"라는 질문에 완전한 대답을 주실 수 있는 분은 하나님이시다. 사람들은 여러 가지 종교와 철학 그리고 사상을 동원해 이 질문의 답을 찾겠지만, 하나님 외에 어느 누구도 인생의 가장 근원적인 질문에 답을 줄 수 없다.

불확실한 정체성 때문에 두려워하는 모세에게 하나님이 무엇이라고 대답하셨는가? "너를 보낸 이는 스스로 있는 하나님이다." 즉, 스스로 존재하시는 하나님께로 오면 자신이 누구인가를 알게 될 것이라는 말씀이다.

예수님이 이 세상에 오신 목적 중 하나는 '내가 누구인가'를 가르쳐 주시기 위해서다. 또한 '내가 얼마나 가치 있고 의미 있는 존재인가, 나는 온 천하보다 얼마나 귀한 존재인가'를 알려 주시기 위해서다. '내가 누구이며, 내가 어디서 왔고, 어디로 가는가'에 완전한 답을 가진 분이 예수님이시다.

모세에게 말씀하셨던 것과 같이 주님은 마태복음 11장 28-30절에서 주의 길을 따르려고 하는 모든 제자에게 정체성의 중요성을 강조하신다. "수고하고 무거운 짐 진 자들아 다 내게로 오라 내가 너희를 쉬게 하리라 나는 마음이 온유하고 겸손하니 나의 멍에를 메고 내게 배우라 그러면 너희 마음이 쉼을 얻으리니 이는 내 멍에는 쉽고 내 짐은 가벼움이라 하시니라."

28절은 신분, 29-30절은 제자의 길에 대한 말씀이다. 이 구절을 연결해서 보면 제자의 길을 가기 이전에 신분에 대한 이해가 우선되어야 한다. 우리가 주님의 멍에를 메고 주님을 따르는 제자가 되려면 먼저 나의 멍에를 벗어야 한다.

그렇다면 제자의 길을 걸어가는 데 장애가 되는 것은 무엇이고, 나의 멍에는 무엇인가? 나를 고통스럽게 하는 외부적인 요인도 있겠지만, 바로 나 자신은 어떤가? 나는 사랑스럽고 존중히 여길 만하며 자유로운가?

만일 우리가 자신의 내면에 들어갔을 때 혼란과 더러움으로 채워져 있는 모습을 본다면 어떤 느낌이 들까? 자신에게서 도망치려고 몸부림치며 깊은 절망감 속에서 방황한 적은 없는가?

그리스도의 신부로 단장된 내면이 아니라 어둠으로 덮인 내면을 가진 우리에게 "너는 큰 용사다. 신묘막측한 사람이다. 왕 같은 제사장이다. 천하보다 귀하다"는 얘기를 한다면 우리는 머리로는 이해하지만 내면에서는 기쁨과 자유함을 느끼지 못할 것이다. 왜냐하면 그만큼 우리의 내면이 어둡고 더럽기 때문이다.

시편 107편에는 우리가 거절감 때문에 상처받고 그 상처로 인해 자신이 싫어진다는 말씀이 기록되어 있다. 즉 '내가 누구인가'에 대한 진리가 내 안에 없을 때 어떤 사람들이 나를 거절하면 나는 그 거짓 메시지를 받아들여 죽고 싶은 마음이 든다는 말이다.

버려진 것 같은 느낌을 가지고는 주님을 따르는 제자가 되기 어렵다. 우리가 자신감을 갖는 근거, 안정감을 갖는 근거는 예수님의 의가 우리 안에 있다는 사실에 있다. 주님은 우리에 대해 한번도 부끄러움을 느낀 적이 없으시다. 누구 앞에 우리를 데려가든지 감추지 않으신다. 언제나 누구 앞에 서든 "내 사랑하는 자녀요, 신부"라고 말씀하신다. 그러나 우리가 그리스도의 의를 발견하지 못한다면, 우리는 도망가고 싶고 숨고 싶을 것이다.

그래서 주님은 수고하고 무거운 짐을 가지고 고민하며 갈등하는 당신의 자녀들에게 "내게로 오면 네가 누구인가를 알게 하겠다"고 말씀하신다. 그리스도의 의를 가진 자라는 사실을 알게 해서 우리가 얼마나 가치 있고 존귀한 사람인지 깨닫게 하시겠다는 것이다. 그럴 때 우리가 이 진리를 통해 진정한 자유와 안식을 맛볼 것이라고 하신다.

이제 다시 29절에서 제자의 삶이 28절의 신분과 어떻게 연결되는지 살펴보자. 예수님은 많은 성품 가운데 왜 온유와 겸손이라는 두 가지 성품을 강조하셨을까? 그분을 따르는 제자가 되려면 특별히 신분과 연결된 예수님의 두 성품에 대한 이해가 있어야 한다.

첫째, 신분이 온유라는 성품에서 나오는 행위에 어떤 영향을 주는가? 일반적으로 사람들은 온유를 따뜻하고 친절하며 부드럽다고 정의한다. 그런데 성경에서 말하는 온유란 이런 의미만이 아니라 강하다는 뜻까지 포함하고 있다. 즉 외유내강을 말한다. 이는 내면이 잘 훈련된 상태를 가리키는데 감정이나 상황에 따라 충동적으로 반응하는 것이 아니라 진리에 따라 반응하는 것을 뜻한다.

예수님의 온유한 성품은 베드로전서 2장 21-24절에 잘 드러난다. 사람들이 예수님을 욕하고 조롱하며 위협했는데도, 주님은 그들을 향해 욕하지 않고 고난을 받되 위협하지 않으셨다. 21절에서 예수님은 그분을 따르는 제자들이 어떻게 살아야 하는지 모범을 보이셨다. 의에 대하여 사는 삶과 죄에 대하여 사는 삶이 어떤 것인지 겸손과 온유라는 성품과 연관 지어 가르치셨다.

이사야에 기록된 "지렁이 같은 너 야곱아"라는 표현은 예수님을 상징하는 말이다. 지렁이는 누구에게 밟힐 때 방어하거나 공격하지 못한다. 그저 고통으로 꿈틀댈 뿐 자기를 방어하고 보호하기 위해 아무것도 할 수 없다.

마찬가지로 예수님도 사람들이 자신을 욕하고 위협하며 밟았을 때 자신을 방어할 수 있는 모든 권리를 포기하셨다. 예수님은 말씀 한마디로 자신을 위협하는 모든 사람을 죽일 수 있는 권세를 지닌 분이시다. 주님은 자기를 조롱하며 괴롭히는 사람들에게 지렁이처럼 반응하셨다. 어떻게 그럴 수 있으셨을까?

우리는 예수님의 제자로 살아간다고 말하면서 지금까지 자신에게 상처를 주고 고통을 주며 위협하는 사람들에 대해 어떻게 반응했는가? 지렁이처럼 반응했는가, 아니면 독사처럼 반응했는가? 독사는 자기를 해하려는 상대를 향해 머리를 쳐들고 독을 뿜으면서 공격한다. 지렁이와 독사의 반응이 얼마나 다른가?

이제 우리에게 공격적으로 반응하는 사람들에 대해 어떻게 반응해야 할지 선택해야 한다. 예수님처럼 온유하게 반응할 것인가? 아니면 사탄처럼 교만하게 행할 것인가? 23-24절에 나오듯이 독사처럼 반응한다면 죄에 대하여 사는 삶이고, 지렁이처럼 반응한다면 주님을 따르는 제자의 삶을 사는 것이다. 예수님이 우리에게 본을 보여 주신 온유한 자의 삶이란 자기를 미워하고 욕하고 위협하는 사람들을 공격하거나 자신을 방어하지 않고 오히려 그들을 불쌍히 여기고 용서하며 자유를 누리며 살아가는 것이다.

둘째, 신분이 겸손의 성품에서 나오는 행위에 어떤 영향을 주는가? 우리에게 깊은 안정감을 줄 수 있는 것은 우리가 하나님의 자녀라는 신분이다. 우리가 그분의 자녀이기 때문에 하나님은 우리를 돌아보고, 모든 필요를 채우며 우리를 떠나지 않고 어디서나 함께하신다. 그리고 하나님은 아버지라 부를 수 있는 특권과 모든 권세를 우리에게 주겠다고 하신다.

요한복음 13장 1-6절은 유월절의 주인이신 예수님이 식사중에 제자들에게 보여 주신 겸손에 대한 놀라운 내용을 전한다. 주님은 세상을 떠나 아버지께로 돌아갈 때가 이른 것을 알고 제자들과 함께 저녁을 먹으면서 그들의 삶이 어떠해야 하는지 친히 보여 주신다.

예수님은 아버지께서 모든 것을 자기 손에 맡기신 것과 자신이 하나님께로부터 와서 그분께 다시 돌아갈 것을 아셨다(3절). 예수님은 자신이 누구인지 알았기에 자신을 보내신 아버지의 뜻을 따라 목적 있는 삶을 사셨다. 또한 여기서 비롯된 안정감에서 나오는 행동이 어떤 것인지 제자들에게 보여 주신다.

곧 "저녁 잡수시던 자리에서 일어나 겉옷을 벗고 수건을 가져다가 허리에 두르시고 이에 대야에 물을 담아 제자들의 발을 씻기시고 그 두르신 수건으로 씻기기를 시작"하셨다(4-5절). 그리고 제자들에게 "내가 주와 또는 선생이 되어 너희 발을 씻겼으니 너희도 서로 발을 씻기는 것이 옳으니라"(14절)고 말씀하셨다. 섬김은 겸손에서 나오는 행위다. 내가 진정 누구인가를 아는 진리에서 나온 행동은 모든 사람의 종이 되는 섬김의 자리로 내려오는 것이다.

만약 예수님이 자신이 누구인지 바로 알지 못하고, 자신이 얼마나 가치 있는 존재인지 인식하지 못했다면, 제자들에게 어떻게 하셨을까? 자신의 발을 씻기고 수건으로 닦으라고 명령하셨을 것이다. 이것은 세상의 정신이다. 세상의 정신이 사람을 지배하고 군림하는 것이라면 하나님 나라의 정신은 섬기는 것이다. 주님은 내가 누구인가를 바로 알지 못하면 섬기는 종의 자리에 들어갈 수 없다는 진리를 보여 주셨다.

주님을 따르는 제자들은 칼을 가지고 다니는 사람들이 아니라 수건을 가지고 다니는 사람들이다. 주님이 제자들의 발을 씻길 분이 아님에도 불구하고 그렇게 하신 이유가 무엇이었을까? 그것은 천하보다 귀한 한 영혼의 가치를 아셨기 때문이다. 그래서 제자들의 발을 씻기는 것에 대해 갈등하거나 혼란스러워하지 않으신 것이다.

우리도 기드온이나 모세처럼 정체성 문제를 다루어야 하나님 나라 안에서 큰사람으로서 겸손한 섬김의 삶을 살아갈 수 있다.

예레미야를 부르신 하나님

이제 또 한 명의 하나님의 사람을 통해 신분에 대한 인식이 얼마나 중요한지 살펴보자. 예레미야 1장 4-10절에 하나님이 예레미야를 부르신 내용이 나온다. 하나님이 그를 부르셨을 때 그는 기드온과 모세처럼 두려움 속에서 부르심을 거절했다. 그는 '슬프다'는 반응을 보이며 자기 연민에 빠져 자신을 정당화한다. 그가 주님의 부르심을 거절한 두 가지 이유는 '나이가 어리다. 말에 능하지 못하다'는 것이다. 자신이 누구인가를 알지 못할 때 우리는 하나님을 하나님 되지 못하게 제한한다.

하나님은 예레미야를 부르실 때 "내가 너를 복 중에 짓기 전에 너를 알았고 네가 태에서 나오기 전에 너를 구별하였고 너를 열방의 선지자로 세웠노라"(5절)고 하신다. 이는 하나님이 그와 어떤 관계 속에 있는가를 보여 주시는 말씀이다. 하나님이 그를 창조하셨기에 그는 하나님께 목적이 있는 중요한 존재라는 것이다. 따라서 하나님은 그에 대한 특별한 계획을 갖고 그를 통해 놀라운 일들을 이루실 것이다. 그분은 두려워하지 말고 변명하지 말며 부르심에 순종하라고 권고하신다.

하나님이 우리를 사용하시는 기준은 우리에게서 나타나는 외적 조건, 즉

나이가 많거나 적음, 학벌, 똑똑함, 말을 잘하거나 못하는 데 근거하지 않는다. 그분은 우리 안에서 그리스도의 의로 인해 발견되는 자원과 그리스도 안에서 완성된 우리의 모습을 보면서 큰 용사라고 부르시는 것이다.

예수전도단에서 지도자가 되기까지

내가 주님을 만난 것은 서른 살 때였다. 나는 그때 결혼은 했지만, 영적 자원이 아직 개발되지 않았기 때문에 영적 갓난아이였다. 그 무렵 예수전도단 공동체 안으로 들어갔는데, 얼마 지나지 않아 주님이 나를 지도자로 세우셨다. 하지만 성숙한 지도자로서의 모습을 갖추지 못해 연약함이 그대로 노출되었다.

내가 이 영적 공동체 안에서 지도자로서 가졌던 가장 큰 부담은, 다른 사람에게 선한 영향력을 주고 섬김의 모범이 되며 말씀을 잘 가르치고 이끌어야 한다는 것이었다. 그런데 그 일을 감당할 만한 자원이 내 안에서 개발되지 않자, 항상 나를 포장하고 영향력 있는 다른 지도자들을 부러워하며 그들의 자원을 모방하곤 했다. 하지만 모방하는 것에는 기름 부으심이 없다.

내가 그동안 예수전도단 지도자로서 어떻게 살았는지 나누고 싶다. 당시 우리 공동체는 1년에 한 번씩 간사 총회를 했다. 공동체의 비전과 전략 그리고 공동체가 나가야 할 방향에 대해 나누고, 리더들이 말씀으로 몸을 세우고 도전하는 시간을 가졌다.

지도자로서 모임을 인도할 때 간사들에게 신선한 도전과 영향력을 주어야 하는데 나는 그럴 만한 것이 별로 없었다. 그래서 책을 읽다가 좋은 내용을 발견하면 그것을 복사하고 짜깁기해서 사람들에게 전해 주었다. 듣는 사람들은 이 시간이 얼마나 힘들고 고통스러웠겠는가. 그들의 기대가 채워지지 않아 실망하는 모습이나 조는 모습을 볼 때 나 역시 힘들었다. 그러다가 다른 영적인 지도자가 나와서 말씀을 전할 때 주의 기름 부으심으로 놀라운 반응이 나타나면 나는 상대적으로 더 초라하고 비참해졌다.

이렇게 간사 총회가 끝나고 나면 나는 다른 사람들처럼 생명감 넘치는 모습으로 공동체를 섬기는 것이 아니라 더 큰 상실감과 무력감으로 섬김의 의욕을 잃어버리고 사람과 사역에 대한 두려움을 가지게 되었다. 기름 부으심이나 도전, 변화가 한번도 일어나지 않는 시간들을 보내면서 그 속에서 오는 많은 거짓 메시지를 들었다. "이 공동체 안에서 너는 실패한 사람이고 다른 사람들에게 아무런 영향을 주지 못하는 무능력한 리더다. 사람들이 너의 권위를 인정하고 따르지 않을 것이다." 내 안에서 들려오는 어둠의 소리에 지쳐서 마음의 문을 닫아 버렸다.

이런 나를 옆에서 지켜보는 아내에게도 나는 많은 절망과 고통을 주었다. 밖에서 사역하다가 집에 돌아오면 아내에게 이불을 깔라고 했다. 사역에 대한 실패감과 상실감, 절망감 때문에 가슴이 너무 무겁고 답답해 이불을 깔고 엎드리면 새벽 2~3시까지 방바닥을 긁으면서 하나님을 원망했다. 나는 지도자가 되는 것도 원하지 않았고 다른 사람들을 가르치는 일도 원하지 않았는데 왜 나를 불러서 이렇게 힘들게 하시느냐고 불평했다.

이스라엘 백성이 늘 그랬던 것처럼, 그 원망 속에는 이전에 하나님 없이 내 마음대로 살았던 삶으로 돌아가고 싶다는 의지가 담겨 있었다. 하나님이 허락하신 지금의 삶을 내가 인정하지 않으며 만족하지 못하고 감사하지 못하는 불신앙의 태도를 가진 것이다. 나는 무엇인가 깊이 생각하거나 그 생각을 정리해서 다른 사람들에게 나누거나 가르쳐야 할 때 유난히 두려워하고 긴장했는데 단순하게 몸으로 일하는 데 익숙해져 있었기 때문이기도 하다.

이렇게 원망하다가 잠들면 아내는 나의 기막힌 모습을 보면서 아침이 될 때까지 하나님 앞에 앉아 있곤 했다. 혹시 내가 깨서 자신이 우는 것을 알고 힘들어할까 봐 내가 잠든 것을 확인하고 난 다음 조용히 눈물을 흘리며 나를 위해 기도한 것이다. 그 기도는 단순한 기도를 넘어서 내면의 상함과 고통에서부터 흘러나오는 호소요 절규였을 것이다.

이런 상황이 몇 달 동안 계속되던 어느 날 새벽, 주님이 아내에게 찾아와 두 가지 내용을 말씀해 주셨다. 첫째는 "나 여호와 외에 다른 신이 없다"는 말씀이었고, 둘째는 "남편을 위해 기도하는 내용을 들어줄 수 없다"는 것이었다.

주님은 아내에게 "너는 남편을 어떤 눈으로 보느냐? 나는 네 남편 안에 있는 나의 의를 통해 본다"고 말씀하셨다. 즉, 그리스도 안에서 내가 온전한 사람이 될 것이라는 기대를 가지고 보기 때문에 절망하거나 포기하지 않으신다는 것이다. 반대로 아내는 내 속에 있는 그리스도의 의를 본 것이 아니라 나의 행위를 보았다. 실패하고 돌아온 남편의 연약한 모습, 지쳐 있는 남편의 모습을 보면서 아무것도 할 수 없는 무기력하고 무능력한 남편이라고 판단하는 마음이 들었던 것이다.

그러나 주님은 "행위로 남편을 판단하거나 원망하지 마라. 그리스도의 은혜를 보면서 남편에 대한 그림을 그려라. 네 남편은 하나님의 언약 아래 크고 놀라운 약속을 가진 특별한 사람이다"라고 말씀하셨다. 우리가 그리스도의 의를 가졌다면 그리스도의 언약을 가진 특별한 사람이고 하나님 나라를 위해 큰 비전을 가지고 있는 사람이다.

그 뒤에도 내가 사역에서 실패하고 돌아와 이불을 깔라고 요구하며 힘들게 바닥을 긁을 때 아내는 예전처럼 조용히 주님 앞에 나아가 나를 위해 기도했다. 그러나 이번에는 원망하는 마음으로 울면서 도와 달라고 간구한 것이 아니었다. 남편을 향한 주님의 약속을 발견하고 그분이 보여 주신 그림대로 언젠가는 남편이 변화될 것이라는 기대를 가지고 하나님을 찬양했다. 주님의 때에 주님이 하실 것에 대한 믿음으로 반응한 것이다.

내 안에 그리스도의 의가 있기 때문에 주님은 나를 결코 떠나거나 포기하지 않으신다. 주님은 우리의 행위 때문이 아니라 선물로 주신 놀라운 은혜로 말미암아 지금까지뿐만 아니라 앞으로도 우리를 기다려 주실 것이다. 그러므로 우리는 자신을 기다릴 수 있고 또한 다른 사람들을 기다려 줄 수 있다. 그리고 자신과 다른 사람들에 대해 무례히 행하지 않고 사랑하며 존중히 여길 수 있다.

의의 병기

"우리의 싸우는 병기는 육체에 속한 것이 아니요 오직 하나님 앞에서 견고한 진을 파하는 강력이라 모든 이론을 파하며 하나님 아는 것을 대적하여 높아진 것을 다 파하고 모든 생각을 사로잡아 그리스도에게 복종케 하니"(고후 10:4-5).

우리에게 있는 무기는 견고한 진을 파하는 데 사용하는 강력한 무기다(4절). 견고한 진이란 하나님을 대적해 높아진 모든 이론(5절), 즉 사탄에게서 오는 거짓 메시지다.

우리는 지금까지 수없이 많은 거짓 메시지를 마음속에 담고 살아왔다. 이 어둠의 메시지를 인정하고 받아들이면 이것이 우리 안에 신념이 되고 결국 우리의 삶과 내면에 고정관념으로 깊이 뿌리내리게 된다. 이 거짓이 우리 생각과 마음을 지배해 우리로 하여금 진리 가운데 행하지 못하고 불신앙에 빠져들게 만드는 견고한 진이 되는 것이다.

하나님을 대적하고 높아진, 교만과 거짓의 아비인 사탄은 하나님이 말씀하시는 인간의 정체성을 어떻게 말하고 있는가? "너희가 선악을 알게 하는 나무의 열매를 먹으면 하나님과 같은 존재가 될 것"이라고 속인다(창 3:3-5 참조). 분명히 하나님이 아담과 하와에게 선악을 알게 하는 나무의 열매를 먹으면 정녕 죽게 될 것이라고 하셨는데도 그들이 순종하지 않아 정체성을 상실한 것이다.

"정녕 죽으리라"는 말은 영적인 죽음을 의미한다. 이는 주님과 관계가 단절된 상태를 말하며, 하나님의 형상대로 지음 받은 존재로서 갖는 신분과 가치를 상실하게 된다는 의미다. 이미 그들은 하나님의 형상대로 지음 받은 '하나님 같은 존재'였으나 사탄은 선악과를 먹으면 하나님같이 될 것이라고 속였다. 인간의 정체성과 가치가 은혜로 얻어지는 것이 아니라, 행위를 통해 얻어진다고 거짓말한 것이다.

오늘날까지 사탄은 이미 그리스도만큼 귀한 우리의 신분의 가치를 은혜가 아닌 율법, 즉 종교적 행위나 도덕적 행위 속에서 찾게 한다. 하나님의 진리를 대적하는 사탄은 "너는 가치 있는 존귀한 자가 아니다. 너는 별로 중요하지 않은 존재이며 특별한 삶의 목적을 가진 의미 있는 존재도 아니다"라는 거짓 메시지를 전한다.

그런데 바울은 견고한 진인 이 거짓 메시지를 파하는 강력한 무기가 우리 안에 있다고 말한다. 우리가 그리스도를 얻고 그리스도의 의를 가진 사람임을 발견하면 견고한 진을 파하는 힘이 생긴다는 말이다. 진리 안에 걸어가는 자유로운 사람이 된다. 예수님의 의는 우리를 존귀한 자라고 한다. 예수님만큼이나 우리가 가치 있고 중요한 사람이라는 것이다. 그래서 이제는 하나님이 우리에게 선물로 주신 의의 안경을 쓰고 하나님 나라 안에서 풍성한 자원을 가진 큰 용사요 대장부로 자신을 보라고 하신다.

만일 아이가 자신을 왜곡되게 알고 있다면 그 아버지의 마음이 어떨까? 우리가 자신에 대해 "나는 가치도 없고 중요하지도 않으며 별로 똑똑하지도 않고 외모도 형편없는, 실패한 사람이다"라고 말한다면 주님의 마음이 얼마나 아프시겠는가.

영적 갓난아이의 특징 4 다섯 가지 어둠의 견고한 진

"그러므로 모든 악독과 모든 궤휼과 외식과 시기와 모든 비방하는 말을 버리고 갓난아이들같이 순전하고 신령한 젖을 사모하라 이는 이로 말미암아 너희로 구원에 이르도록 자라게 하려 함이라"(벧전 2:1-2).

1절은 영적인 갓난아이들에게서 나타나는 다섯 가지 어둠의 영역을 말하고 있다. 이는 영적 성장을 방해하는 장애물로, 영적 갓난아이들은 이것을 반드시 버려야 한다. 이것을 우리 삶 속에서 깨뜨리지 않으면 하나님과 친밀한 관계 속에서 그분을 알아가는 성숙한 삶을 경험할 수 없다.

2절은 영적인 갓난아이들이 성장하고 성숙하려면 어떤 마음을 취해야 하는지 강조하고 있다. "순전하고 신령한 젖을 사모하라"는 것은 영적 갓난아이들이 주님에 대한 영혼의 갈망과 열정을 가져야 한다는 말이다. 다윗이 시편 42편 1절에서 "사슴이 시냇물을 찾기에 갈급함같이 내 영혼이 주를 찾기에 갈급하니이다"라고 고백한 것처럼 우리에게도 주님에 대한 갈급한 심령이 동일하게 있어야 한다.

다윗이 가졌던 심령이란 온전한 마음, 즉 마음을 다하고 뜻을 다하고 온 힘을 다해서 주님을 사랑하는 마음이자 목마른 사슴처럼 주를 알고자 하는 갈증으로 가득한 마음을 말한다. 또 이것은 온전히 주를 향해 달려가는, 두 마음이 아닌 성실한 마음, 부드러운 마음으로 표현할 수 있다. 다윗이 가졌던 이 마음이 우리 안에서 회복될 때 하나님의 성품을 닮을 수 있다. 이 성품 안에서 우리가 주님을 닮은 성숙한 사람으로 자라날 수 있다. 그러므로 이 마음이 우리 안에 회복되지 못하게 방해하는 장애물, 즉 다섯 가지 어둠의 견고한 진을 제거해야 한다.

2절 후반에서 "이로 말미암아 너희로 구원에 이르도록 자라게 하려 함이라"는 말은 우리가 일반적으로 이해하는 구원, 즉 일회적인 거듭남의 개념이 아니라 성화를 의미한다. 성숙이란 한순간의 도약이 아니라, 훈련 과정을 통해 지속적으로 이루어지는 것이다.

1) 악독

다섯 가지 영역 중 첫 번째는 악독이다. 부산에 있는 한 교회에서 강의하던 중 "악독이 무엇입니까?"라고 질문했더니 교수 한 분이 "악독이란 악하고 독한 것입니다"라고 해서서 함께 웃은 적이 있다.

악하고 독한 것, 맞다. 그러나 성경에서 말하는 악독의 정확한 의미는 완고한 마음이다. 이 말을 좀더 구체적으로 설명한다면 어떤 사람을 용서하지 않으려는 고집스러운 의지와 마음이다. 나에게 아픔과 고통스러운 상처를 준 사람을 결코 용서하거나 용납하지 않겠다는 것이다. 우리에게 이런 마음과 생각이 있다면 우리 안에 견고한 진이 있다는 증거다.

사무엘상 15장 23절은 완고함에 대한 성경적 이해를 도와 준다. "이는 거역하는 것은 사술의 죄와 같고 완고한 것은 사신 우상에게 절하는 죄와 같음이라 왕이 여호와의 말씀을 버렸으므로 여호와께서도 왕을 버려 왕이 되지 못하게 하셨나이다."

여기서 '완고함'은 예수를 믿는 사람들이 점쟁이에게 가서 점을 치고, 무당에게 가서 굿을 하는 것과 같은 죄다. 무당은 굿을 할 때 귀신을 불러들인다. 자신을 지배하도록 귀신을 초청하는 것이다. 완고함이란 귀신을 불러들여서 귀신에게 내 영혼을 지배하고 다스리도록 권세를 주는 것과 같다.

진정한 용서는 횟수로 말할 수 없다
마태복음 18장 15-35절은 완고함이라는 어둠의 견고한 진의 실체를 좀더 구체적으로 설명하고 있다. 이 말씀에서 베드로는 주님과 대화하면서 용서의 본질이 무엇인가에 대한 계시를 받는다. 예수님이 제자들에게 용서의 중요성을 가르치고 계실 때 베드로가 예수님께 질문했다. "나에게 죄를 범한 형제를 몇 번이나 용서해 주면 되겠습니까? 일곱 번 용서해 주면 충분합니까?" 그러자 주님은 일곱 번뿐 아니라 일흔 번씩 일곱 번이라도 용서하라고 대답하셨다. 조건 없는 용서를 말씀하신 것이다.

용서를 횟수로 따진다면 주님이 말씀하시는 진정한 용서의 본질을 이해하지 못하고 있는 것이다. 베드로의 말 속에는 '만일 내게 죄를 범한 형제를 일곱 번 용서한 것으로 책임을 다했다면 여덟 번째부터는 용서하지 않아도 되고, 복수해서 내가 받은 모든 상처와 고통을 되돌려 주겠다'는 의지가 담겨 있다.

베드로의 마음을 읽은 주님은 비유를 통해 진정한 용서가 무엇인지 알려 주신다. 또한 서로 용서하지 않는다면 얼마나 고통스러운 일이 일어나는지 경고하면서 하나님 나라 백성들의 삶의 원칙을 가르쳐 주신다.

어떤 나라에 임금에게 일만 달란트 빚진 신하가 있었다. 여기서 일만 달란트의 가치란 천문학적인 것으로 그 사람의 능력으로는 도저히 갚을 수 없는 액수다. 하지만 왕이 그 신하를 긍휼히 여겨서 모든 빚을 탕감해 주었다. 그런데 탕감 받은 신하는 자신에게 백 데나리온이라는 작은 액수의 빚을 진 동료의 간청에도 불구하고 그 돈을 받아내기 위해 그를 끌어다가 감옥에 가두었다.

이 소식을 전해 들은 임금은 자신이 용서해 준 신하를 불러 "네가 빌기에 내가 너를 불쌍히 여겨 일만 달란트의 빚을 탕감해 주었다. 그런데 너는 그를 불쌍히 여기지 않고 내가 너에게 탕감해 준 돈의 60만 분의 1에 해당하는 그 빚을 받아내려고 감옥에 가두었느냐" 하면서 그의 행위를 '악독하다'고 말했다. 그리고 그를 옥에 가두고 지키라고 옥졸에게 명령했다.

여기서 감옥이 비유하는 것은 우리 눈으로 볼 수 없는 내면에 존재하는 감옥이다. 그리고 옥졸이란 바로 귀신들을 말한다. 주님이 비유를 통해 말씀하신 것처럼 우리가 형제를 용서하지 않는다면 귀신이 우리를 감옥 속에 가두어 놓고 조종하고 파괴한다.

예수님이 십자가에 달려 죽으실 때 마지막으로 하신 말씀은 "다 이루었다"였다. 이 말씀에는 예수님이 우리의 모든 죄악의 빚을 다 갚으셨다는 의미가 담겨 있다. 인간의 힘으로 도저히 갚을 수 없는 일만 달란트의 빚을 예수님이 대신 갚아 주셔서 그분을 믿는 우리가 가치 있는 사람이 되었다는 것이다. 그러므로 이제 우리는 주를 위해 살도록 부름을 받았다. 주를 위해 산다는 의미는 "내가 너희를 사랑하고 용서한 것처럼 너희도 서로 사랑하고 용서하는 삶을 살아야 한다"고 말씀하신 그분의 뜻을 따라 산다는 것이다.

본문에서 임금은 하나님, 종은 우리를 말한다. 우리는 주님께 일만 달란트를 빚진 사람들이다. 스스로의 능력으로는 그 빚을 결코 갚을 수가 없다. 그런데 하나님이 그분의 아들을 통해 그 빚을 남김없이 탕감해 주셨다. 아무런 조건도 없이 그분이 우리를 불쌍히 여기심으로 우리의 모든 죄를 다 용서해 주신 것이다. 우리가 서로를 용서해야 하는 충분한 이유가 여기에 있다.

그런데도 용서하지 않으려는 고집스러운 의지를 가지고 있다면 우리는 이 종처럼 악독한 사람이 된다. 그 결과 우리는 자신이 한 악한 행위로 말미암아 어둠이 지배하는 감옥에 스스로를 가두게 된다. 주님이 우리를 어떻게 용서하셨는가에 대한 놀라운 은혜가 베드로에게 계시로 임했던 것처럼 우리에게도 계시로 다가와야 한다.

사람들을 용서하는 것이 왜 그렇게 힘들고 어려울까? 주님이 우리를 어떻게 용서하시고 빚을 탕감해 주셨는지 깨닫지 못한다면, 우리는 용서할 수 없는 사람을 용서해야 한다는 부담감을 느끼면서도 용서할 수가 없다. 용서하지 않으려는 완고한 마음은 나를 파괴하고 어둠이 일할 수 있는 통로를 만들어 준다. 그래서 완고한 마음이 계속 이어지면 우리 안에서 견고한 진이 되는 것이다.

악독함이 어떤 의미인지 다른 말로 설명해 보자. 우리 안에 악독하고 완고한 마음이 있다면 다른 사람을 원망하고 싫어하는 형태로 나타난다. 그런데 주님은 이로 인해 묶인 매듭을 풀고 자유롭게 보내 주라고 하신다. 내가 얼마만큼 주님을 사랑하는지 어떻게 표현할 수 있겠는가?

요한일서는 "보이는 형제를 사랑하는 것만큼 보이지 않는 하나님을 사랑한다"고 말한다. 보이는 형제 중에는 관계 맺기가 제일 힘든 사람까지도 포함되는데, 내가 그 사람을 사랑하는 만큼 주님을 사랑한다는 것이다.

성경에서 주님은 "내가 너희를 사랑한 것처럼 너희도 서로 사랑하라. 이것으로 너희가 나의 제자인 줄 알 것이라"고 말씀하신다. 주님은 우리가 사람들을 어떻게 용서하고 사랑해야 할 것인가에 대한 모범을 십자가에서 먼저 보여 주셨다.

사도 바울은 "우리가 아직 죄인 되었을 때에 하나님이 자기 아들을 우리에게 주심으로 우리에 대한 자신의 사랑을 확증하셨다"고 말한다(롬 5:8 참조). 우리가 만일 죄인 된 삶을 살더라도 주님의 사랑은 변하지 않는다. 지금 주님이 우리를 사랑하시는 이 사랑은 앞으로 다가오는 어느 날보다 더하거나 덜하지 않다는 말이다.

그분의 사랑은 하나님께로부터 오는 선물이기에 우리의 행위로는 결코 그분의 사랑을 받을 수 없다. 그러므로 사랑을 받기 위해 이리저리 다니면서 애쓰지 않아도 된다. 주님이 우리에게 주신 사랑이 이미 내 안에 있기 때문이다. 이 사랑을 내 안에서 발견하지 못하면 율법 가운데 거하게 된다. 따라서 우리는 하나님의 무조건적 사랑을 경험해야만 한다.

그 사랑 안에서 '내가 누구인가' 발견할 때 자유로운 사람이 될 수 있다. 내가 어둠 가운데 거하면 하나님이 나를 사랑하신다는 것을 느낄 수 없고, 빛 가운데 걸어가면 그 사랑을 느낄 수 있다. 하지만 결코 나를 향한 하나님의 무조건적이고 완전한 사랑은 변하지 않는다. 영적 갓난아이들이 이것을 깨달을 때 하나님의 사랑 안에서 자라날 수 있다.

지금까지 한 얘기들이 악독에 대한 서론이다. 그렇다면 이것이 어떻게 치유와 연결되는지 살펴보자.

어떤 사람을 용서할 수 없다고 주장할 만한 권리가 우리에게 있는가? 내가 그를 도저히 용서할 수 없는 이유를 가지고 주님을 설득할 수 있는가? 우리는 그렇게 할 수 없다. "내가 이와 같이 너희를 용서했으니 너희도 서로 용서해야 한다"고 주님이 말씀하셨기 때문이다.

그렇지만 여전히 용서하기 힘든 사람이 있다. 왜 이런 감정이 생길까? 그것은 내 안에 상한 감정이 있기 때문이다. 이제 상한 감정이 우리 안에서 어떻게 치유되고 회복되는지 그 과정을 살펴보자.

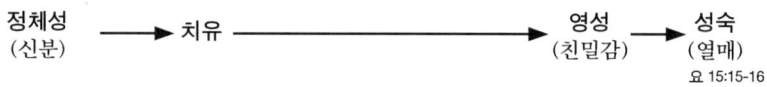

[그림 3] 정체성과 치유 그리고 영성과의 관계

쓴 뿌리를 제거하지 않으면

"모든 사람으로 더불어 화평함과 거룩함을 좇으라 이것이 없이는 아무도 주를 보지 못하리라 너희는 돌아보아 하나님 은혜에 이르지 못하는 자가 있는가 두려워하고 또 쓴 뿌리가 나서 괴롭게 하고 많은 사람이 이로 말미암아 더러움을 입을까 두려워하고 음행하는 자와 혹 한 그릇 식물을 위하여 장자의 명분을 판 에서와 같이 망령된 자가 있을까 두려워하라"(히

12:14-16).

하나님을 경험하는 데 필요한 두 가지 요소는 화평함과 거룩함이다(14절). 하나님과 사람과의 관계에서 화평함과 거룩함이 무너진 사람은 어느 누구도 주를 볼 수 없다. 화평함과 거룩함을 좇지 않으면 하나님의 은혜에 이르지 못한다. 우리 안에 원망하고 분노하고 미워하는 마음이 있다면 하나님의 은혜 속에 들어갈 수 없는 것이다.

15절에 나오는 '쓴 뿌리'는 앞에서 언급한 악독함과 같은 의미다. 쓴 뿌리는 영혼을 상하게 하고 파괴하는 독이다. 쓴 뿌리에서 흘러나오는 쓴물은 자신만 괴롭게 하는 것이 아니라, 전염성이 있어서 많은 사람을 더럽게 한다. 하나님은 우리가 쓴 뿌리 때문에 괴로워하는 것을 원치 않으시며, 하나님과의 관계를 통해 기쁨과 자유를 누리며 살기 원하신다.

쓴 뿌리를 제거하지 않으면 우리 삶에 두 가지 위기가 나타난다(16절). 하나는 음행이고, 다른 하나는 망령됨이다. 이 두 가지를 한 단어로 말하면 정욕이다. 우리 안에 있는 쓴 뿌리를 제거하지 않으면 정욕적인 사람이 될 수 있다는 말이다. 사탄은 정욕을 통해 우리 내면과 삶을 파괴한다.

좀더 구체적으로 말하자면 음행은 하나님의 질서를 벗어나서 정욕적인 방법을 통해 내 안에 있는 욕구를 만족시키려는 행위며, 망령됨은 믿음에서 떠난 행위를 말한다. 성경은 에서라는 사람을 통해 망령됨에 대해 경고한다.

에서는 팥죽 한 그릇 때문에 장자의 신분을 팔았다. 그는 한순간의 육신적 욕구를 참지 못하고 가치 있고 중요한 것, 즉 영적인 것을 버렸다. 우리가 주님 안에서 올바른 가치관을 상실하게 되면 육신적인 것에 가치를 두는 정욕적인 사람으로 전락하게 된다.

에서는 장자의 신분, 즉 절대적 가치인 자신의 신분을 주고 팥죽을 샀다. 팥죽에 가치를 두었다는 것이다. 이는 하나님과의 관계 속에서 정체성을 찾은 것이 아니라, 팥죽에서 자신의 신분을 찾았다는 말이다. 이것이 바로 믿음에서 떠난 사람들의 모습이다.

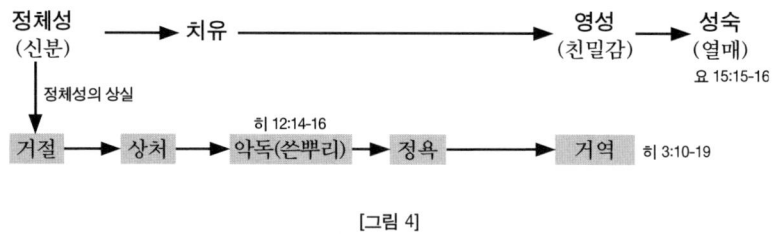

[그림 4]

왜 상처를 받는가?

상처란 한마디로 거절감에서 온다. 그러나 거절감이 상처의 근본 원인은 아니다. 본질적인 것은 거절의 문제 이전에 '내가 주님 안에서 얼마나 가치 있는 존재인가' 라는 정체성을 상실한 데에서 시작된다.

하나님은 우리를 결코 거절하지 않으신다. 우리 안에 있는 그리스도의 의를 보시기에 우리의 행위에 상관없이 용납하고 사랑해 주신다. 이 신분의 가치를 잃어버리면 우리는 다른 것에서 인정받고 안정감을 찾으려 하게 되고 어둠과 거짓 메시지에 노출되어 상처를 받는다.

우리는 가족이나 교회, 그리고 자신이 활동하는 다양한 조직 사회 속에서 사랑받고, 인정받고, 환영받고, 이해받고, 돌봄을 받고 싶어하는 자연스러운 욕구를 가지고 있다. 그러나 우리가 요구하고 기대하는 사랑을 받지 못하거나 사람들이 원하는 사람이 되지 못하기도 한다. 사람들의 욕구를 채워 주지 못해 거절당하고 무시당하고 배척당하고 비인격적인 대우를 받기도 한다. 이 과정에서 어떤 사람들은 우리의 정서를 파괴시키고, 또 어떤 사람들은 우리 육체를 더럽혀서 수치심과 증오심, 공포와 두려움을 주기도 한다. 믿었던 사람들에 대한 믿음과 신뢰가 깨어질 때 그 배신감으로 인해 상처가 생기기도 한다. 또 어떤 사람들은 하나님에 대한 상처와 쓴 뿌리를 가지고 하나님을 원망하며 불평하기도 한다.

왜 이런 일이 일어날까? 우리가 하나님을 알지 못하고 하나님의 관점에서 우리 삶 가운데 일어나는 일을 이해하지 못하기 때문이다. 그래서 때로 그분을 향해 주먹을 흔들기도 한다. 요한복음 11장에 좋은 예가 있다.

나사로가 병들어 죽게 되자 그의 누이인 마리아와 마르다가 예수님 앞에 나와 울면서 "만일에 주께서 여기에 계셨다면 우리 오라버니 나사로가 죽지 않았을 것입니다"라고 말한다. 이 말 속에는 주님에 대한 섭섭함과 거절감 그리고 배신당한 듯한 감정이 섞여 있다. 예수님과 나사로는 서로 사랑하는 특별한 친구 사이였다. 마리아와 마르다는 예수님이 다른 사람들의 병은 다 고쳐 주면서 예수님과 친구였던 자신들의 오라버니는 왜 살려 주지 않았느냐고 원망 어린 말을 하고 있는 것이다.

많은 사람이 하나님의 공의에 도전한다. "내가 이렇게 헌신했는데, 하나님이 살아 계신다면 왜 이런 일들이 내 삶 가운데 일어나야 합니까? 왜 사랑하는 사람이 내 곁에서 떠나야 합니까? 내가 왜 이런 가정과 이런 환경에서, 이렇게 힘들고 고통스럽게 살아야 합니까?"라며 하나님을 원망하고 마음의 벽을 세운다.

상처의 벽이 생기면 하나님과 친밀감을 느낄 수 없다. 사랑이 아닌 책임과 의무로 관계를 맺게 되기 때문이다. 다른 사람들과의 관계에서도 마찬가지다. 심지어 가족들 사이에도 친밀감이나 사랑이 없는 건조한 의무감으로 관계를 맺는다.

또 상처로 인해 벽이 세워지고 하나님과 분리되면 깊은 외로움을 느낀다. 외로움은 끔찍한 고통이다. 우리 삶에서 가장 큰 두려움은 혼자 있다는 것이다. 사탄은 외로움을 통해 우리 영혼을 어둠 속으로 데려가 상하게 한다. 따라서 외로움은 꼭 다루어져야 한다.

주님이 용서하라고 하셨지만, 우리는 누군가에게 거절당하고 상처 받으면 그를 용서하지 않기로 결정한다. 너무 아프기 때문이다. 이렇게 마음의 벽을 세우면 마음속에 쓴 뿌리가 생긴다. 그래서 앞서 말한 것과 같이 음행하거나 망령되게 행하는 사람이 된다. 우리 안에 있는 쓴 뿌리를 제거하지 않으면 정욕적인 사람이 될 수 있다는 말이다.

하나님이 사용하시기 어려운 두 종류의 사람이 있다. 첫째는 배우려는 정신을 잃어버린 사람, 즉 교만한 사람이고 둘째는 정욕에 갇혀 있는 사람이다.

이런 사람들은 소유욕이 강하고 자기중심적이며 이기적이다. 지나치게 독립적인 정신을 가진 교만한 사람들로, 권위를 인정하고 받아들이는 것을 어려워 한다. 다른 사람의 간섭이나 통제를 받아들이는 것을 고통스러워한다.

가끔 하나님이 공동체 생활 속에서 우리에게 비생산적이고 비합리적인 것을 요구하실 때가 있다. 공동체 생활의 질서를 위해 세워 놓은 규칙들이 나의 합리적인 생각과 맞지 않는다고 해서, 권위를 인정하지 않으며 그들의 간섭과 통제 받기를 거절하는 경우가 있는데 이것이 독립정신이다.

우리가 정욕이라는 어둠에 갇혀 이런 독립정신을 가지고 산다면 다른 사람들에게 고통을 주게 된다. 또한 거역의 실체인 교만이라는 독립정신이 나를 지배하기 때문에 내 안에 계시는 주님과 친밀하게 동행할 수 없다. 그러면 이 거절은 인간관계에 어떤 영향을 미칠까? 거절당해 상처를 받은 사람은 반드시 다른 사람들을 거절함으로써 동일한 상처를 준다.

우리가 주님 및 다른 사람들과 친밀하기 위해서는 반드시 우리 내면에 존재하는 어둠의 견고한 진들을 깨뜨려야 한다. 이를 위해서 먼저 우리의 내면세계가 어떠한지 구체적으로 살펴보자.

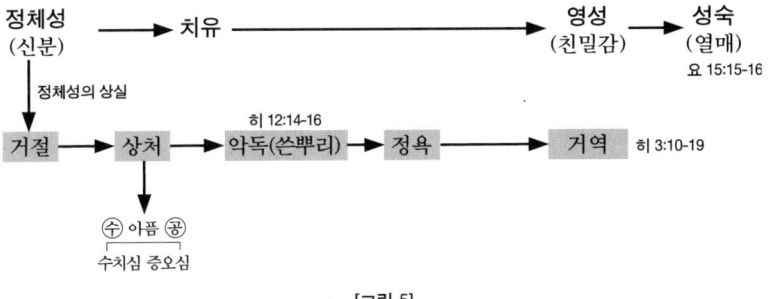

[그림 5]

상처를 받으면 정서에 두 가지 반응이 나타난다. 수동적인 반응으로는 자신에 대한 수치심과 부끄러움, 공격적인 반응으로는 상처를 준 사람에 대한 원망과 분노(적대감 혹은 증오심)다. 그러면 이 두 가지가 내면을 어떻게 파괴시키는지 그 진행 과정을 살펴보자.

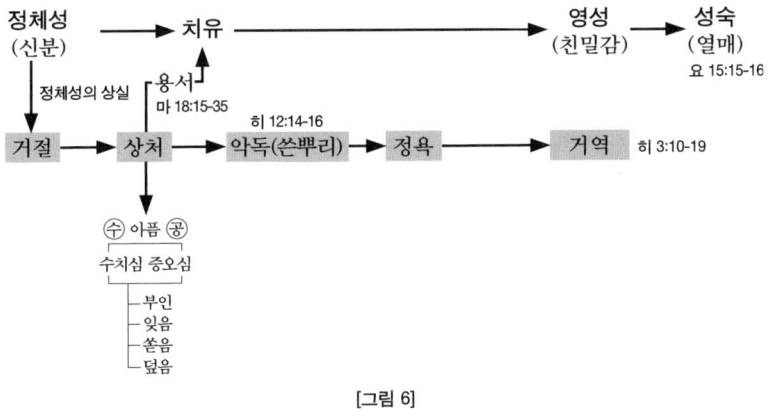

[그림 6]

거절로 인해 상처가 생기면 내 안에 증오심이 일어난다. 주님은 용서를 통해 이 문제를 다루라고 말씀하신다. 용서는 상처 치유의 첫걸음이다. 그런데 우리는 주님이 말씀하시는 진리의 길을 선택하지 않고 어둠이 유혹하는 다른 길을 선택한다.

첫째, 우리가 선택하는 어둠의 길은 '부인'이다. 우리는 큰 상처를 받으면 너무 고통스러워서 그 고통을 인정하지 않으려 한다. 내 안에서 일어나는 아픈 감정을 의도적으로 억압하고 학대하는 것이다. 이런 사람은 자신의 감정을 무시하고 그 감정을 해결하려 하지 않는다. 이런 사람들에게 "괜찮냐"고 물어 보면 항상 "괜찮다"고 반응한다. 하지만 실제로 그 사람의 인격이나 성격에서 나오는 태도나 반응, 그리고 삶에 나타나는 모습을 보면 아픔이 있다는 것을 알 수 있다. 그들은 받은 상처가 없기 때문에 치유받을 것이 없다고 말하든가, 자신은 이제 모든 상처가 치유되어서 아무런 영향을 받지 않으며 자유롭다고 말한다.

시편 기자는 자신의 감정을 억압했을 때 어떤 결과가 나타나는지 알려준다. "내가 토설치 아니할 때에 종일 신음하므로 내 뼈가 쇠하였도다"(시 32:3). 하나님은 우리의 감정을 억압하거나 무시하지 않고 존중해 주신다. 우리의 상한 감정을 치유하고 회복하기 원하신다. 치유와 회복을 위해서는 상처로 인한 수치심과 증오심을 밖으로 토설해야 한다. 그렇지 않으면 우리는 상한 감정 때문에 일어나는 고통을 끌고 다니게 된다.

나는 치유 세미나를 인도할 때 강의가 마무리되는 과정에서 적용하는 시간을 가지는데, 이때 말씀에 전혀 반응하지 못하는 사람들이 있다. 어떤 사람들은 하나님 앞에서 자신의 어두운 내면을 토설하고 아픔과 고통을 치유해 주시는 주님의 은혜의 손길을 기다리며 절박하게 부르짖는다. 그런데 자기 안에 있는 아픔을 부인하는 사람들은 눈을 뜨고 다른 사람들에게 어떤 일이 일어나는지 구경만 한다.

둘째, 우리가 선택하는 어둠의 길은 '잊음'이다. 하지만 과거의 상처를 잊기로 결단하고 잊으려 노력한다고 해서 그 상처가 없어지는 것은 아니다. 상처를 기억나게 하는 모든 것과 접촉을 끊고 멀리 도망가려 해도 피할 수 없다. 지금까지 살아오면서 받았던 상처가 우리 안에 모두 저장되어 있기 때문에 이것이 평생 동안 다른 사람들과의 관계 및 우리 자신의 삶과 인격에 영향을 준다.

상처 받고 고통 받은 사람들이 우리에게 찾아와 도움을 구할 때 어떤 말로 그들을 상담하고 위로해 주는가? 대부분은 시간이 약이라고 말한다. 물이 바다로 흘러가서 흔적을 찾을 수 없듯이 시간이 흐르고 나면 우리 속에 있는 모든 문제가 다 잊혀진다고 말한다. 하지만 정말 시간이 우리의 모든 문제를 해결해 주는가?

이것은 어둠이 말하는 거짓 메시지다. 시간이라는 물이 우리의 상처와 고통을 망각의 바다로 가져가서 잊게 해 주는 것이 아니라, 우리의 내면으로 흘러들어 와서 쓴 물로 남아 우리를 괴롭히고 더럽게 만든다. 과거의 문제가 해결되지 않은 사람은 현재의 삶이 과거에 지배당하기 마련이다. 풍성하고 부요한 삶을 살기 원하고 다른 사람들과의 관계 속에서 건강하고 자유롭기 원한다면 과거를 해결해야 한다. 과거가 다루어지지 않은 사람은 현재 삶에서 긴장감과 두려움을 가지며 깊은 외로움과 불안감에 시달리게 된다. 그래서 과거와 현재는 밀접하게 연결되어 있다.

현재 삶이 건강하고 자유롭고 풍성할 때 미래에 대한 소망도 가지고 살 수 있다. 우리 삶에 일어난 환난은 위기나 재앙이 아니라 장래에 소망을 주시기 위해 하나님이 주신 기회요 축복이다. 그런데 과거가 진리 안에서 해결되지 않은 사람들은 삶의 고난을 축복의 기회로 받아들이지 못한다.

셋째, 우리가 선택하는 어둠의 길은 '쏟음' 이다. 주로 어디에 우리의 상한 감정을 쏟아붓는가? 제일 만만한 공동체가 가정이다. 수치심과 증오심 때문에 일어나는 원망과 분노라는 감정을 가족들에게 쏟아붓는다. 그러면 가정의 정서가 파괴된다. 통제되지 않은 분노로 가정의 정서가 파괴되면 긴장감과 불안감이 가정을 지배한다. 그래서 아이들은 언제 폭발할지 모르는 어른들의 분노에 희생자가 되어 늘 긴장과 불안 가운데 살아가게 된다.

넷째, 우리가 선택하는 어둠의 길은 '덮음'이다. 거절과 거역에서 오는 아픔을 사람들은 쾌락이라는 정욕으로 덮어 버린다. 쾌락이라는 정욕은 상처와 깊은 관계가 있다. 상처가 깊을수록 욕망은 더 강하게 움직인다. 그래서 그 욕망을 세속적인 것으로 채우려 하는 것이다. 우리나라 사람들은 한이 많은 민족이다. 오랫동안 외부의 지배와 억압을 받으며 억눌림과 아픔을 가지고 살아왔기 때문이다. 아직도 우리 문화 속에서 아물지 않은 상처의 잔해를 많이 발견할 수 있다.

우리 문화 구조는 유교적 틀 속에서 위아래가 분명한 지배적이고 권위적인 관계로 이루어져 있다. 그래서 우리가 활동하는 조직 속에서도 윗사람에게 스트레스를 많이 받는다. '스트레스'란 말은 어떤 면에서 '상처'라는 말과 같다. 사람들은 스트레스를 세속적 쾌락으로 풀어 버리려 한다. 그래서 도시마다 유흥업소들이 활성화되고 있다. 보이지 않는 상처 뒷면에는 그것을 덮어 버리려는 쾌락이라는 어둠이 있다. 옛날에 우리 부모님 세대가 불렀던 노래 중에 "노세 노세 젊어서 노세, 늙어지면 못 노나니"라는 노래가 있었다. 이 노래의 배경에는 억압과 한이라는 상처가 있다. 개인이든 한 나라든 치유 받지 못한 상처를 세속적 쾌락이나 정욕으로 덮어 버리려는 경향이 있다.

이제 도표를 보자. 상처를 받을 때 우리 정서에는 수치심과 증오심이 일어난다. 수치심은 "나는 가치 있는 사람이 아니다"라고 하면서 자신을 비하시킨다. 행위가 아닌 존재 자체에 거부감을 갖고 자신을 부정한다. 그래서 다른 것에서 자신의 정체성을 찾으려 한다. 수치심은 내면 깊은 곳, 즉 존재의 중심에서 흘러나오는 고통이다. 우리는 정욕이라는 어둠이 삶을

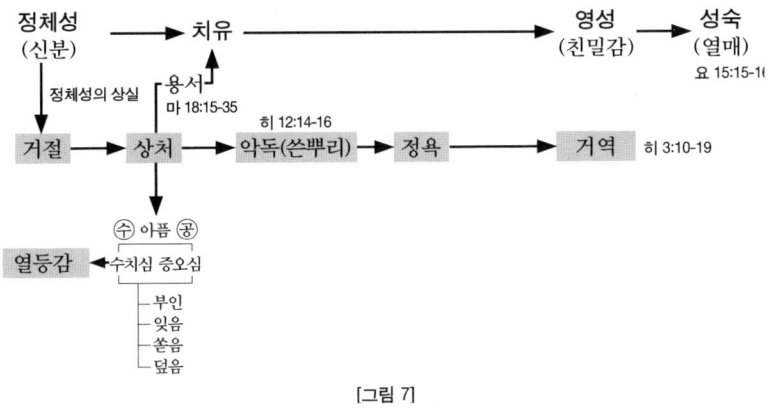

[그림 7]

파괴한다는 사실을 알면서도 어둠 속에 자신을 던져 수치심에서 오는 고통을 잊으려 한다.

수치심은 우리 사고 속에 "나는 온전하지 못하다"는 열등감을 심어 주면서 정체성을 위협한다. 그리고 자신이 열등하다는 거짓 메시지를 통해 "나는 별로 중요한 사람이 아니다. 나는 결점이 많은 사람이고 이 세상에서 필요한 사람이 아니다"라고 말한다. 이런 어둠의 말들을 받아들인 사람은 정말 그런 사람으로 살아가게 된다.

우리가 자신을 부끄러워하며 숨기려는 것은 우리 안에 있는 주님의 의를 보지 못하고, 우리의 행위와 어둠이 주는 거짓 메시지에 조종되기 때문이다. 이 거짓 메시지가 내 의식 속에 박히면 이것이 신념이 되고, 고정관념이 되어 나의 존재 가치를 올바로 깨닫지 못하게 한다. 또한 나의 존재 가치에 혼란이 일어나면서 존재 가치가 상실되고 거짓 가치관이 자리 잡는다.

우리 안에서 거짓 메시지가 잘못 만들어 놓은 가치관은 무엇인가? 돈, 명예, 학위, 권력 등이 행복을 가져다 준다고 믿는 것이다. 이를 한마디로 표

1 영적 갓난아이, 흔들리는 사람 81

현하면 에서 사건에 나오는 팥죽이라고 할 수 있다. 사람들은 이것에서 행복을 찾으려 하지만 진정한 행복과 삶의 의미는 한 그릇의 음식에서 찾을 수 있는 것이 아니다.

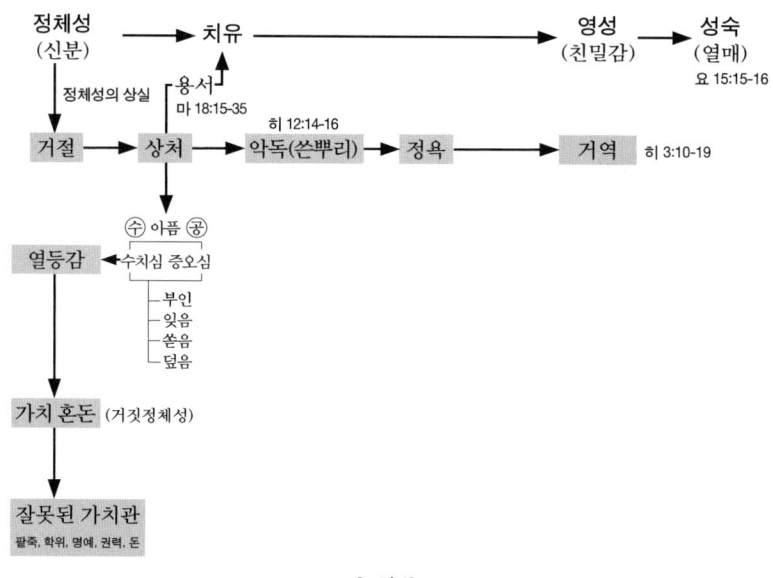

[그림 8]

행복은 본질적 생명에서 찾을 수 있다. 우리가 주님께 안정감을 두고 주님을 의지하는 사람이 될 때 주님이 원하시는 사람으로 빚어진다. 그러나 본질을 발견하지 못한 사람들은 에서처럼 믿음에서 떠나 비본질적인 것에서 자신의 정체성을 찾으려고 한다. 그래서 그들에게는 팥죽이 삶의 목표요 전부가 되는 것이다. 이것도 중요하고 필요하지만, 행복의 가치를 여기에 두면 이것을 얻기 위해 사람들을 이용하고 파괴하게 된다. 집착하고 도전했던 팥죽을 얻고 나면 그 다음에 찾아오는 것은 무엇인가? 목표를 달성해 정상에 올라갔더니 무엇이 찾아왔는가? 성공 다음에 찾아오는 것은 만족과 행복이 아니라 공허함이다.

우물가의 여인을 통해 본 나의 모습

다윗 왕은 시편 23편에서 "여호와는 나의 목자시기 때문에 내게 부족함이 없다"고 고백한다. 그가 왕으로서 부귀영화를 누리고 있기 때문에 부족함이 없다고 고백했다면 이 말씀은 우리에게 위로와 힘이 되지 않을 것이다.

그는 목자 된 주님이 자신을 푸른 초장 쉴 만한 물가로 인도하신다고 표현한다. 그곳은 어디를 말하는가? 생명이 있는 곳, 하나님 아버지와 그 아들 예수 그리스도와 성령님과의 친밀한 교제가 있는 곳이다. 그곳이 바로 낙원이다. 그 관계 속에 들어갈 때 우리는 참된 만족과 행복을 경험할 수 있다고 다윗은 말한다. 우리는 다윗의 고백과 같이 주님 외에는 무엇으로도 만족할 수 없는 사람들이다. 우리는 오직 생명 되신 예수 그리스도로부터 오는 영원히 목마르지 않는 생수를 마실 때에만 비로소 만족할 수 있다.

사마리아 여인은 이런 고백을 요한복음 4장에서 하고 있다. 팥죽에 대한 이야기는 영성과도 깊은 관계가 있다. 예수님은 갈릴리를 향해 가던 중 수가 성에 있는 야곱의 우물에서 사마리아 여인을 만나신다. 사마리아 여인은 우물가에서 생수의 근원 되시는 주님을 인격적으로 만나면서 삶이 놀랍게 변화된다.

이 여인이 물을 길러 나온 시간은 정오로, 햇볕이 가장 강하게 내리쬐는 시간이다. 그래서 사람들은 대부분 밖에서 활동하는 것을 멈추고 집 안에 들어온다. 팔레스타인 여인들은 햇볕이 강하게 내리쬐는 낮 시간을 피해 아침과 저녁에 물을 길러 나오는 게 일반적이었다.

옛날 우리 나라 여인네들이 빨래터에 모여 빨래를 하면서 코이노니아를 이룬 것처럼 팔레스타인 사람들은 물을 길러 나온 우물가에서 코이노니아를 이룬다. 이 시간에 물을 길러 나온 것을 볼 때 이 여인은 동네 사람들과 어울리지 못하고 공동체에서 완전히 분리되고 격리되었다는 것을 알 수 있다. 어두운 과거 때문에 사람들 앞에 자신을 드러내기 꺼렸을 것이다. 부도덕하기 때문에 부끄러운 삶을 사람들에게 보여 주고 싶지 않아 마음의 벽이 있었고, 상처가 있었을 것이다.

이런 여인이 우물가에서 예수님을 만났다. 대화는 예수님이 여인에게 물을 청하는 것으로 시작된다. "당신은 유대인이면서 어떻게 사마리아 여자인 나에게 물을 달라고 하십니까?" 여인이 반문하자 예수님이 놀라운 말씀을 하신다. "네가 하나님의 선물이 무엇인지 알았더라면, 그리고 물을 달라고 청한 사람이 누구인지를 알았더라면 네가 물을 구했을 것이고 그는 네게 생수를 주었을 것이다."

여인이 또다시 물었다. "물 긷는 그릇도 없고 이 우물은 깊은데 어디서 생수를 얻을 수 있습니까?"라고 묻자 주님은 "이 물을 먹는 자마다 다시 목마르려니와 내가 주는 물은 영원히 목마르지 아니하리니 그 속에서 영생하도록 솟아나는 샘물이 되리라." 예수님의 말을 들은 여인이 물을 달라고 요청하자 예수님은 남편을 불러오라고 하셨다. 그리고 자신에게는 남편이 없다는 여인에게, "네게 남편 다섯이 있었지만 지금 너와 사는 남자도 네 남편이 아니다"라고 말씀하셨다.

여섯 명의 남편이 있었다는 것을 보면 이 여인은 대단히 강한 욕구를 가진 사람이었던 듯하다. 첫째 남편과의 관계에서 이 여인이 얻고자 했던 것은 무엇이었을까? 아마 내면의 욕구를 채우는 일이었을 것이다. 이 여인은 자신의 정체성과 기쁨과 만족과 행복을 남편에게서 찾으려 했을 것이다. 그러나 남편은 이 여인의 욕구를 채워 줄 수가 없었다. 남자가 여자를 버렸는지 여자가 남자를 버렸는지 알 수 없지만, 이 여인은 상처를 받았을 것이고 이로 인해 더 깊은 외로움을 느꼈을 것이다.

둘째 남편을 얻어 자신의 내면에서 일어나는 갈증을 다시 채우려 했지만, 그 역시 여인이 얻고자 갈망했던 행복과 기쁨을 줄 수 없었다. 이런 과정을 통해 거쳐 간 남자가 여섯 명이었는데, 그 동안 여인의 내면이 얼마나 상하고 황폐해졌겠는가?

우리도 이 여인과 동일한 삶을 반복하고 있지 않은가? 이 여인에게 있었던 여섯 명의 남편이 우리에게는 어떤 의미인가? 우리는 내면에서 일어나는 갈증을 어디에서 찾고 있는가? 우리의 정체성과 안정감을 어디에서 찾고 있는가? 어떤 사람은 돈이나 명예나 권력을 통해, 어떤 사람은 자신의 부모나 자녀를 통해, 어떤 사람은 사역이나 지식을 통해 자신의 정체성을 찾고 안정감을 누리려 한다.

만일 삶의 가치를 이런 것에 둔다면 우리는 여섯 명의 남자에게서 행복을 찾았던 사마리아 여인처럼 결코 내면의 욕구를 만족시킬 수 없다. 오히려 이런 것이 우리에게 상처를 주고 우리를 조종하며 지배하게 된다.

우리가 하나님 안에서 정체성을 발견하고 안정감을 둔다면 그분이 우리를 다스리고 인도하실 것이며, 우리는 그분이 원하시는 사람이 된다. 이 여인도 우물가에서 생수의 근원이 되신 주님을 만남으로써 기가 막힌 축복을 받게 되었다. 일곱째 남편으로 완전한 신랑 되신 예수님을 만난 것이다.

우리의 갈증을 완전히 해결할 수 있는 방법은 오직 예수님을 만나는 길뿐이다. 그래서 처음에 언급했던 것처럼 진정한 영성은 밖이 아니라, 내면에 존재하는 주님과의 친밀한 관계에서 발견된다. 주님과의 친밀함을 통해 우리 내면의 욕구가 충족될 수 있다. 그러나 내 안에 계신 주님을 만나지 못하면 밖에 있는 다른 우물에서 물을 길어서 목마름을 채우려고 할 것이다. 주님이 여인에게 말씀하신 진리는 '이 우물에서 떠 마시는 물은 다시 목마르겠으나 내가 주는 물은 영원히 목마르지 않는 생수'라는 것이다. 사람들이 자신의 내면에 존재하는 생수의 근원인 주님에게서 흘러나오는 생수를 마시지 못하면 갈증을 해결하기 위해 다른 곳에서 우물을 파게 된다.

주님에게서 흘러나오는 생수는 우리 내면을 풍요롭게 하지만 다른 우물에서는 쓴 물이 흘러나와 우리 내면을 더럽히고 황폐하게 만든다. 우리의 신랑이신 주님의 자리를 채울 수 있는 것은 세상 어디에도 존재하지 않는다.

만일 주님의 자리를 다른 어떤 것이 대신한다면 이것은 우상이다. 성경은 우리가 주님과의 관계 속에서 안정감을 찾지 않고 다른 것에서 안정감을 찾으려 할 때 그 모든 대상을 우상이라고 말씀한다.

성경을 통해 구체적으로 설명한다면 우상은 '바꾼다'라는 의미다(롬 1:23-25, 렘 2:11-13). "진리를 거짓으로 바꾸었다. 본질을 비본질로 바꾸었다. 하나님의 형상을 버리고 잘못된 거짓 형상을 받아들였다"는 말이다. 거짓은 우상숭배의 가장 근본적인 속성이다.

이 거짓된 것들로는 결코 우리 마음에 기쁨과 만족이 채워지지 않는다. 거짓이란 우상 안에는 공허함과 깨어짐이 있기 때문이다. 예레미야 2장 11-13절은 수가 성 여인에 대한 요한복음 4장 말씀을 구체적으로 풀어 준다. 우리는 그 말씀 속에서 하나님 이외의 무엇으로도 우리를 만족하게 할 수 없다는 사실을 보게 된다.

"어느 나라가 그 신을 신 아닌 것과 바꾼 일이 있느냐 그러나 나의 백성은 그 영광을 무익한 것과 바꾸었도다 너 하늘아 이 일을 인하여 놀랄지어다 심히 떨지어다 두려워할지어다 여호와의 말이니라 내 백성이 두 가지 악을 행하였나니 곧 생수의 근원 되는 나를 버린 것과 스스로 웅덩이를 판 것인데 그것은 물을 저축지 못할 터진 웅덩이니라."

11절에서는 우상숭배를 '바꾸다'란 의미로 표현하고 있으며 그 다음

구절에서 좀더 구체적으로 이들의 죄가 무엇인지를 드러내고 있다. 이스라엘 백성들의 문제는 생수의 근원이신 하나님을 버렸다는 것이다. 즉, 하나님의 영광인 하나님의 형상을 버리고 무익한 거짓을 취했다고 말한다. 생수의 근원이신 하나님이 우리 내면에 계시는데, 그 하나님을 버리고 밖에서 우물을 팠다는 말이다. 진정한 영성은 내면에 있는 샘을 파는 것이다. 우리 내면에 계신 예수님을 발견하지 못하면 이전에 그랬던 것과 같이 밖에서 우물을 파게 된다. 여기에서 나오는 물은 생수가 아니라 다시 목마르게 되는 물이다. 그렇게 되면 우리 영혼에 기쁨과 만족은 없고 절망과 좌절의 공허한 삶을 살게 된다.

왜 내 안에 계신 예수님과 친밀하게 걸어가는 삶을 살지 못하는가? 이것을 방해하는 장애물이 무엇인가? 정확하게 이 문제의 실체를 인식해야 한다. 우리 안에 있는 우상들을 버리지 않으면 하나님이 원하시는 생명의 길을 걸어갈 수 없다.

다윗은 "주님 안에 있으므로 내게 부족함이 없다"고 고백했지만 솔로몬은 전도서 1장 2절에서 "모든 것을 다 가져 보아도 마음이 공허하다"고 고백하고 있다. 사람들은 자신의 삶을 투자해서 원하는 팥죽을 얻지만 그 결과는 잠깐의 만족일 뿐 그 다음에는 항상 공허함이 따라온다는 사실을 잘 알고 있다.

어떤 사람들은 현실 속에서 자신이 원하는 성공을 하지 못한다 해도 성공한 사람들과 똑같이 공허함을 느낀다. 그 이유는 비현실 속에서 그들이 원하는 성공한 사람이 되기 때문이다. 비현실이란 공상하는 것을 말하는데, 그 속에서 자신이 드라마(전설)에 나오는 주인공이 되는 것이다. 그들은 공상 속에서 자신이 원하는 사람이 되기도 하고 원하는 모든 것을 갖기도 한다. 어떤 통로를 통해서든지 공허함을 느낀다는 것은 자신의 내면에 깊은 외로움과 아픔이 있다는 말이다. 사람들은 그 외로움과 아픔을 무엇

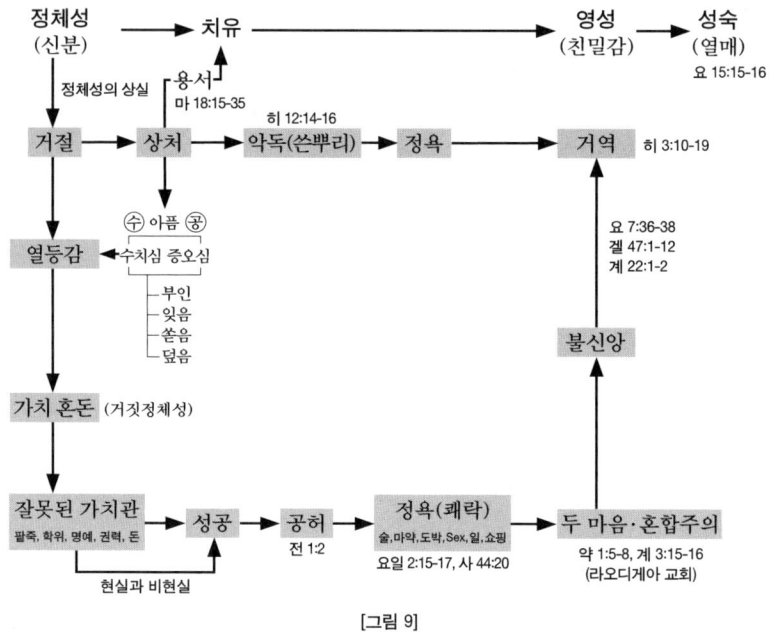

[그림 9]

으로든 채워 거기서 벗어나려 한다. 그래서 정욕이라는 어둠으로 공허함을 채우게 되는 것이다.

정욕이 무엇을 말하는지 실제적인 예를 열거해 보자. 술, 담배, 도박, 마약, 섹스, 폭식 등 정욕적인 것은 중독성이 있다. 중독이란 스스로 자신의 감정 안에서 일어나는 욕망을 통제하고 자제할 수 있는 의지와 힘을 잃어버린 상태를 말한다.

정욕 안에는 쾌락이 있기 때문에 사람들은 그 쾌락에 집착한다. 하지만 우리가 중독되어야 할 분은 우리의 신랑인 주님이시다. 우리가 주님께 중독되면 그분은 우리에게 희락을 주신다. 희락은 우리 영혼을 기쁨으로 충만하게 해 준다. 희락은 어둠이 주는 쾌락의 유혹을 거절하고 저항할 수 있는 힘을 준다.

정욕적인 것을 쥐엄 열매나 재(Ashes)라고 표현할 수도 있다(사 44:20). 먼저 누가복음 15장을 보면, 우리에게 익숙한 탕자의 비유가 나온다. 성경은 그 사람이 탕자가 된 이유를 두 가지로 설명한다. 첫째는 그가 아버지 집을 떠났기 때문이고, 둘째는 아버지의 재산을 탕진했기 때문이다. 그는 아버지로부터 받은 재산을 탕진해서 더 이상 기대하거나 의존할 만한 것이 없어지자 돼지가 먹는 쥐엄 열매를 먹어야 하는 비참한 자신의 실체를 발견했다. 그는 그제야 비로소 아버지께로 돌아갔다.

이 탕자의 모습에서 오늘 우리 자신의 실체를 본다. 주님을 온전히 따르려면 우리가 가진 것을 의지하는 데에서 돌아서야 한다. 내 손에 움켜잡고 있는 것을 놓지 못하면 결코 주를 의지하며 주의 길을 따르는 제자가 될 수 없다.

우리가 자신의 욕망을 위해 정욕적으로 살면 영적 기근이 들어 내면이 황폐하게 된다. 우리의 신분은 무엇인가? 그리스도의 의를 가진 왕의 자녀이며 그리스도의 아름다운 신부다. 그런데 어둠이 던져 주는 쥐엄 열매를 먹고 살아왔다면 우리 내면이 어떤 상태이겠는가.

돼지들이 먹는 쥐엄 열매를 먹으면서 자신의 가치를 존귀하고 아름답게 느낄 수 있을까? 주님이 "너는 존귀한 사람이다, 가치 있는 사람이다"라고 하시지만 쥐엄 열매를 먹고 지금까지 살아온 자신의 모습을 보면 존귀하게 느낄 수 없을 것이다. 하나님은 테이블 위에 생명의 양식과 생수를 준비하고 그분의 자녀들을 초대하신다. 자녀들과 함께 왕의 식탁에 앉아 떡을 나누며 즐기기 원하신다.

이사야서에는 이렇게 표현하고 있다. "그는 재를 먹고 미혹한 마음에 미혹되어서…"(사 44:20). 재를 먹는다는 말은 정욕적인 것, 즉 쥐엄 열매를 먹는다는 말과 같다. 이는 정욕이 가져온 절망과 좌절과 고통을 씹는다는 뜻이다. 절망과 좌절과 고통을 씹으면 마음이 미혹되어 주님의 길을 걸어갈 수 없게 된다는 말이다.

여기서 미혹이란 유혹을 받아 나누어진 마음을 말한다. 사무엘하 15장 6절을 보면 다윗의 아들 압살롬이 아버지를 거역하고 반란을 일으켜 성문 어귀에 서서 왕에게 재판을 청하러 오는 백성들의 마음을 도둑질하는 모습이 나온다. 그는 결국 자기를 따르는 자들과 왕을 반역하게 된다.

정욕이란 압살롬의 영이 주님께로 가는 사람들의 마음을 훔쳐 어둠의 길을 걸어가게 하는 것이다. 어둠의 미혹을 받으면 마음이 둘로 나누어져 온전히 주님을 섬길 수 없다.

요한계시록에서 주님은 "너희가 뜨겁든지 차든지 하라"고 하신다. 미지근한 마음을 싫어하시기에 그런 마음을 가진 사람들을 토해 내시겠다는 것이다. 신명기에도 한 포도원에 두 종류의 씨앗을 심지 말라는 말씀이 나온다. 여기에는 "하나님에 대한 순수성을 잃어버렸다"는 의미가 담겨 있다.

이것은 두 마음 혹은 혼합주의를 말한다. 이제 마음이 둘로 나누어진 다음에 진행되는 것이 무엇인가 보자. "너희 중에 누구든지 지혜가 부족하거든 모든 사람에게 후히 주시고 꾸짖지 아니하시는 하나님께 구하라 그리하면 주시리라 오직 믿음으로 구하고 조금도 의심하지 말라"(약 1:5-6) 하신 말씀처럼 이 약속에는 조건이 있다. 의심하지 말라는 것이다. 의심이란 하나님에 대해서는 불신앙이요, 사람들에 대해서는 불신이다. 우리 안에 있는 염려, 근심, 의심, 두려움, 불평, 원망 등이 어디에서 나오는가를 말해 준다.

그래서 야고보서 기자는 "의심하면, 이는 바람에 밀려 요동하는 바다 물결 같아 이런 사람은 주께로부터 아무것도 얻을 수 없다"고 한다. 두 마음을 품었기 때문이다. 바로 이 두 마음에서 나오는 것이 불신앙인데, 이것을 하나님이 얼마나 심각하게 다루시는지 보자.

이스라엘 백성이 40년 광야 길을 걸어가면서 하나님의 마음을 슬프게 만들고 근심하게 한 죄가 불신앙이다. 신명기나 민수기를 보면 우리가 하나님을 오해할 수 있는 말씀들이 기록되어 있다. 불평하고 원망한다는 이유로 이스라엘 백성들을 광야에서 수천 혹은 수만 명씩 죽이지 않으셨는가? 어찌보면 사랑과 긍휼의 하나님이라기보다는 너무 매정하고 잔인한 하나님으로 비춰진다.

그런데 사실 이스라엘 백성들의 불평과 원망은 표면에 나타난 행위에 불과하다. 그 뿌리는 불신앙에 있다. 하나님을 믿지 않았던 것이다. 그들은 애굽에서부터 하나님의 영광을 눈으로 수없이 보았다. 그러나 하나님을 의지하면서 믿음으로 살지 못하고 "먹을 것이 없다, 마실 것이 없다"고 불평하며 애굽으로 돌아가겠다고 아우성이었다. 하나님은 애굽이라는 세상 문화 속에서 안정감과 정체성을 찾았던 그들을 백성으로 부르셔서 그분이 공급하시는 만나를 먹으며 살도록 하셨다. 그런데 그들은 다시 이전의 삶으로 돌아가겠다고 시위하고 있는 것이다.

이스라엘 백성들은 애굽에서 자유가 없는 노예 신분이었지만 먹을 것, 마실 것, 입을 것은 풍성했다. 그런데 지금은 하나님이 그들을 광야 가운데로 이끌어 내시는 바람에 먹을 것과 마실 것이 없어 죽게 되었다고 불평했다. 하나님은 그들이 가나안 땅에 들어가는 것을 허락하지 않으셨고 결국 그들은 광야에서 죽음을 맞았다.

그들의 문제가 무엇인가? 우리는 성경에서 말하는 풍성함의 개념이 무엇인지 이해할 필요가 있다. 40년 광야 길에서 하나님은 그분의 백성들에게 만나를 먹였고 반석을 깨뜨려 그들의 목마름을 채우셨다. 하나님은 한결같이 일용할 양식을 성실하게 공급하셨다. 하나님 나라에서 '풍성하다'는 개념은 흘러넘친다는 의미가 아니다. 우리의 필요를 아시는 하나님이 정확하게 그 필요를 공급하신다는 의미다.

우리는 이것을 삶에 어떻게 적용해야 하는지 배워야 한다. 성경은 우리에게 먹을 것, 입을 것이 있으면 족한 줄 알라고 한다. 우리가 자족하는 법을 배우지 못하면 감사함에서 떠나 이스라엘 백성들처럼 불평하고 원망하는 자리, 즉 불신앙에 들어가게 된다. 히브리서 3장 10-19절은 이스라엘 백성들이 불신앙의 죄로 하나님의 안식에 들어가지 못했다고 기록한다. 참된 안식은 우리 안에 있다. 우리 내면에 거하시는 주님과 친밀감을 나누는 관계 속에서 영원한 평안과 안식을 누릴 수 있는 것이다.

이제 우리 삶의 내면이 황폐하게 된 근본 원인이 무엇인지 살펴보자. 정욕적인 사람의 특징은 소유욕이 강하고 자기중심적이며, 욕심에 붙잡혀 있다. 그들은 욕심을 채우기 위해 사람들을 이용하고 조종하지만, 인간 내면에서 일어나는 욕심은 어떤 사람들에 의해 충족되지 않는다.

성경은 하나님 외에 어느 누구도 우리의 욕구를 채울 수 없다고 강조한다. 우리가 하나님이 아닌 다른 것으로 욕망을 채우려 하면, 결국 공허함 때문에 분노가 쌓인다. 이 분노가 통제되지 않은 채 내 감정을 통해 흘러나올 때 많은 사람이 피해를 입는다. 가장 큰 피해를 받는 사람은 가족이다.

사탄이 우리의 정서를 파괴시키는 데 쓰는 가장 강력한 무기가 분노다. 이 분노가 가정 안에서 한번씩 폭발할 때마다 가족 간의 정서가 깨지게 되고 온 가족이 깊은 절망과 좌절을 느낀다. 이런 분노를 가지고 있는 부모 아래서 자란 자녀들은 언제 터질지 모르는 분노 때문에 늘 긴장하고 불안해한다. 이런 가정 안에서는 부모와 자녀 사이에 따뜻한 애정이나 친밀감을 경험할 수 없다.

부모는 자녀에게 먹이고 입히고 용돈을 주고 공부도 시켜 준다. 이렇게 하는 것은 부모가 자녀를 사랑하기 때문이라 하지만 자녀는 이것을 부모의 당연한 책임이요 의무라고 말한다. 양쪽의 주장은 다 나름대로 설득력이 있고 타당하다. 그러나 어떤 면에서 충분할 만큼 건강한 대답은 아니다.

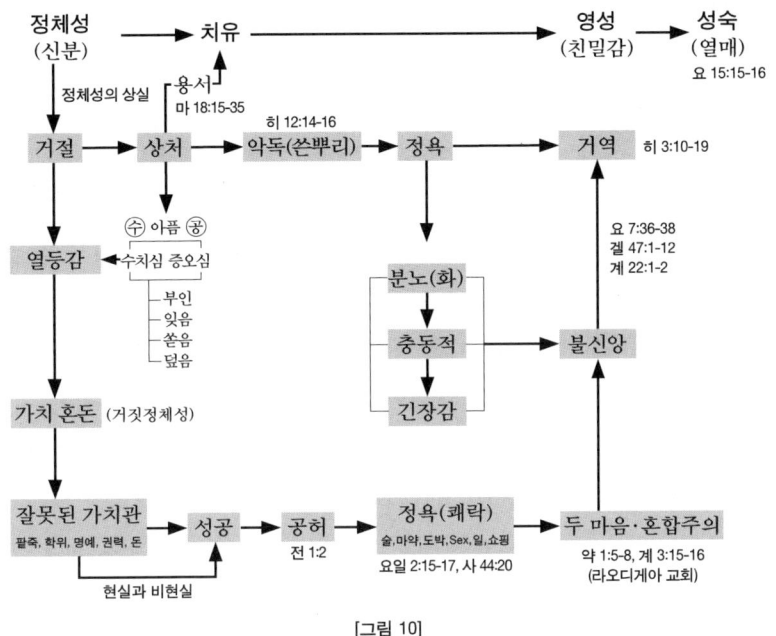

[그림 10]

우리가 잘 알듯이 사랑은 물질적인 것에 기초를 두지 않는다.

하나님은 우리를 사랑하기 때문에 삶에 필요한 모든 것을 주신다. 그러나 이것만이 우리를 향한 사랑의 전부는 아니다. 많은 사람이 사랑을 물질적인 것으로 이해하기 때문에 하나님의 사랑에 대한 본질을 잘못 이해하고 있다.

사람들은 물질적인 것을 가지고 하나님과 사랑의 관계를 맺으려 한다. 하나님은 우리를 사랑하는 마음을 알려 주고 싶으신데, 우리는 무엇을 주시느냐 안 주시느냐를 가지고 하나님의 사랑을 평가한다.

어린 자녀들의 정서 안에는 부모와 함께 있기 원하는 욕구가 있다. 먹고 입고 용돈 받는 것으로 사랑을 충분히 받았다고 느끼지 못한다. 아이들은 함께 있는 관계 속에서 안정감을 느끼기 때문이다. 그런데 부모의 분노 때문에 마음 안에 두려움과 불안과 긴장감이 있다면 부모와 함께 있고 싶은 마음이 없어진다.

결혼 관계도 마찬가지다. 성경에서 말하는 결혼 적령기는 없다. 결혼하는 그때가 바로 자신의 결혼 적령기다. 이런 마음을 갖지 못하면 우리는 세상이 주는 거짓 메시지 때문에 그 압박감을 견디지 못해 하나님이 주시는 사람을 기다리지 못하고 대충 적당한 사람을 만나서 삶의 위기를 초래한다. 그리스도인이라면 결혼 상대를 선택할 때 예수 잘 믿는 사람을 찾는다. 그 다음에 하나 더 추가하라면 내면이 건강한 사람을 추천하고 싶다. 그 사람의 내면에 분노가 많은지 보라는 것이다. 내면의 상처가 얼마나 크고 많은 사람인가? 이것을 보고 상대를 결정하는 것이 참 중요하다.

연세가 많은 어른들은 결혼 상대를 선택할 때 먼저 그 사람의 가정 배경이 어떤지 본다. 그 가정의 부모와 자녀의 관계가 어떤지, 형제와 서로 화목하고 우애가 깊은지 보라고 충고한다. 이것이 결혼 생활에 중요한 영향을 미친다는 사실을 알기 때문이다.

사실 요즘 젊은 사람들은 연애할 때 상대의 내면을 보는 통찰력이 약한 것 같다. 그들은 눈에 보이는 외적 조건으로 상대를 쉽게 결정해 낭패를 보기도 한다. 연애할 때는 얼마든지 자신의 내면을 감출 수 있다. 그래서 결혼을 서두르지 말고 그 사람의 내면을 보고 결정하는 것이 지혜로운 것이다. 자신에게 문제가 있다면 그것을 해결한 다음에 결혼해야 아름다운 가정을 이룰 수 있다.

오늘날 우리나라는 이혼율이 높은 불명예스러운 나라 중 하나가 되었다. 이혼 이유를 물어 보면 대부분 성격이 맞지 않아서라고 대답한다. 그러나 성격이 맞지 않는 것은 정상이다. 하나님이 인간의 성격을 다양하게 만드셨기 때문이다. 따라서 성격 문제가 아니라 내면 문제가 관건이다. 내면이 건강하지 못하기 때문에 상대방의 다른 성격을 수용하지 못하는 것이다.

분노-충동-긴장-불신앙

분노는 정서에 영향을 미쳐서 우리를 충동적인 사람이 되게 한다. 충동적인 사람이 된다는 것은 감정적인 사람이 된다는 의미다. 사람은 누구나 감정의 폭을 가지고 있다. 그런데 감정이 충동적이 되면 널뛰기를 하는 것처럼 심하게 오르내리며 그 폭이 커진다.

그러다 감정이 정지된 것 같은 상태가 계속되기도 하는데 우울증이 상당히 진행되고 있는 사람들이 이런 현상을 보인다. 우울증이란 희로애락을 자유롭게 표현하지 못하는 정서적 장애 상태를 말한다. 웃어야 할 때 웃지 못하고 울어야 할 때 울지 못하고 토설해야 할 때 토설하지 못하는 것이다.

이런 충동적인 사람들은 어려운 상황에 처하면 감정을 자연스럽게 표현하는 능력을 상실해 통찰력이나 자제력을 잃어버리는 것이 특징이다. 이런 사람은 유아적 정서를 가진 사람으로 어린아이같이 생각하고 감정을 표현하며, 어린아이와 같은 행동으로 반응한다. 어린아이는 멀리 볼 수 있는 안목이 없다. 눈앞에 있는 것에만 반응한다. 그러나 정서가 건강한 사람은 자기 생각과 감정, 의지를 통제하고 책임질 수 있다.

충동적 정서를 가지고 있으면 내면에 긴장감을 갖고 살아가게 된다. 그리고 긴장감이 있는 사람은 다른 사람에게도 긴장감을 준다. 어떤 사람 앞에 가면 우리도 경직되며, 왠지 불안하다. 그런데 또 어떤 사람들은 처음 만났는데도 편안하고 따뜻하다. 그런 사람에게는 내 마음을 열어서 보여주고 싶고 나누고 싶다.

긴장감이 있으면 다른 사람과의 관계 속에 신뢰라는 기반을 만들기 어렵다. 정서가 경직된 사람은 다른 사람을 신뢰할 수 없을 뿐 아니라, 하나님도 신뢰하기 어렵다. 주님은 그분의 자녀들에게 주님을 신뢰하라고 하시지만 이들은 쉽게 믿지 못한다.

하나님은 우리를 사랑하고 함께하며 약속의 말씀대로 축복하시는 분이다. 이 사실이 믿어지지 않는 사람들은 애써 믿음을 취하려고 한다. 그러나 "믿는다"고 소리친다고 믿음이 얻어지는 것이 아니다. 믿음이란 단순하게 믿어져야 한다.

믿어지지 않는 근본 이유는 무엇인가? 이 문제는 정서와 연결되어 있다. 정서가 건강하지 못한 사람은 하나님의 말씀을 머리로는 인정하면서도 마음으로는 믿지 않는다. 상한 감정이 하나님의 말씀을 거부하기 때문에 마음 안에서 받아들이지 못하는 것이다. 진리의 말씀이 깨어진 감정의 벽에 부딪혀서 내 안으로 들어오기 어렵기 때문에 적용도 안 된다. 그러므로 주님을 온전히 신뢰하고 따르는 믿음의 사람이 되기를 원한다면 먼저 내면의 상한 감정을 치유하는 것이 필요하다.

주님이 우리에게 신뢰하라고 하시는 것은 우리가 굉장한 자원을 가진 사람들이기 때문이다. 우리는 하나님의 형상대로 지음 받았고 그리스도의 의를 가졌으며, 하나님의 언약 안에 있는 엄청난 가능성과 잠재력을 가진 사람들이다.

주님은 이 자원이 하나님과의 친밀감을 나누는 사랑과 신뢰 관계를 통해 흘러나오도록 계획하셨다. 다시 말해 상한 감정이 다루어지지 않고 내면에 있는 어둠의 상처들이 치유되지 않았다면 우리 안에 있는 자원이 개발될 수 없을 뿐 아니라 이 자원이 다른 사람에게 흘러갈 수 없다는 것이다.

우리가 따르는 주님은 건강한 정서를 가진 분이다. 주님은 자신이 창조한 연약한 여인의 몸 속에 10개월 동안 몸을 위탁하셨다. 이것은 그분의 정서가 건강하기 때문에 가능한 일이다. 주님은 "너희가 나와 같은 건강한 정서를 갖기 원한다"고 말씀하신다. 그래서 믿고 신뢰하며 친밀감을 나누는 관계 속에서 주님과 함께 걸어가라고 말씀하신다.

지금까지 도표를 통해 우리의 어두운 내면이 벽돌로 싸여 있는 것을 보았다. 그리고 우리 내면의 정서가 얼마나 상해 있는지도 보았다. 그런데 이 내면을 보면서 자신에게 적용할 것이 없다며 피하려고 하는 사람들이 혹시 있을지도 모른다. 그러나 이 중에 하나라도 걸리는 것이 있다면 나머지 다른 것과 다 연결된다는 사실을 알아야 한다. 그래서 우리는 이 도표를 통해 삶 전체를 살펴볼 필요가 있다. 우리가 이 벽돌 속에 갇혀 있다는 것은 내면 안에 두려움이 있다는 뜻이다.

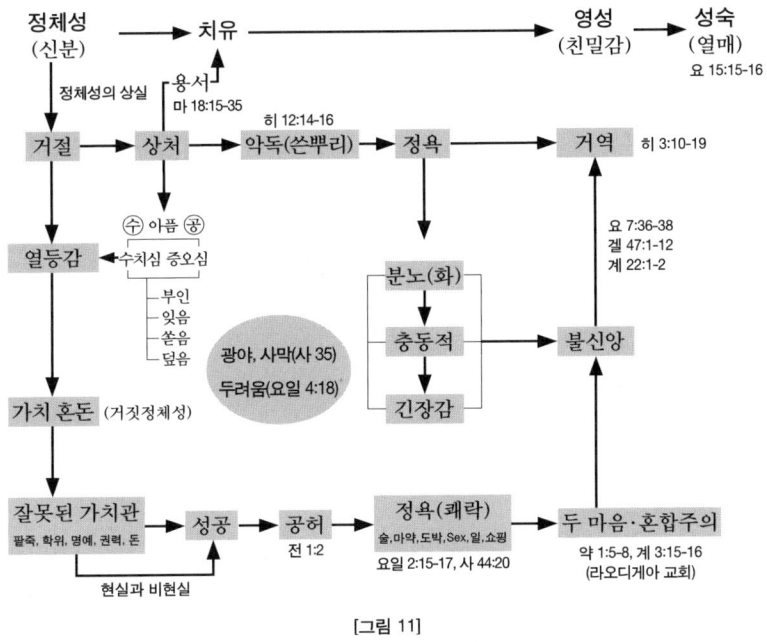

[그림 11]

자유로움이 하나님이 그분의 자녀들에게 주시는 기업이라면 두려움은 어둠이 주는 것이다. 요한일서 4장 18절은 하나님의 온전한 사랑 안에는 두려움이 없다고 한다. 성경적 관점에서 두려움은 사랑 결핍증에서 오는 것이다.

사랑은 곧 가치를 말한다. 그러나 내 안에 두려움이 있다면 하나님의 사랑 안에서 자기 존재 가치를 느낄 수 없다. 또한 성경은 두려움의 의미를 영적 어둠의 광야로 표현한다. 이사야 35장에서는 이 광야와 사막을 장애인들이 머무는 곳으로 비유한다. 앞을 보지 못하는 소경, 듣지 못하는 귀머거리, 말하지 못하는 벙어리, 또 걷지 못하는 앉은뱅이로 이 장애를 표현하고 있다.

어두운 내면의 장애를 정서적 장애, 인격적 장애, 혹은 성격 장애라고 할 수 있지만 영적 성숙의 관점에서 본다면 이것은 영적 장애라고 할 수 있다. 영적 성숙을 방해하는 이런 장애들을 치유해야 내면이 자랄 수 있다.

내 눈이 주님을 볼 수 없고 내 귀가 사랑스러운 주님의 음성을 들을 수 없고 내 입이 닫혀서 주님과 사랑을 나눌 수 없다면, 주님과 함께 걸으며 친밀감을 나눌 수 없는 앉은뱅이 같다면 우리는 결코 성숙한 사람으로 자라날 수 없다.

두려움이 주는 세 가지 결과

우리 속에 있는 두려움을 다루지 않으면 세 가지 영역에서 희생이 따른다.

첫째, 겸손한 사람이 될 수 없다. 두려움이 우리를 지배하면 자신을 감추려 하거나 포장한다. 두려움이 있는 사람은 자신을 겸손하게 열어 보이기 어렵다.

둘째, 온전히 주님을 따라갈 수 없다. 우리가 잘 알듯이 베드로는 위기가 왔을 때 어린 소녀의 말 한마디에 예수님을 세 번씩이나 부인했다. 그가 주님을 부인한 이유는 무엇인가? 그의 내면에 깊이 감추어져 있었던 두려움이 위기 상황에서 드러난 것이다.

그가 하나님의 온전한 사랑을 알고 그 사랑 안에 머물렀다면 어떤 위기가 오더라도 결코 주님을 배신하지 않았을 것이다. 하나님의 온전한 사랑 안에는 두려움이 없기 때문이다. 베드로는 주님께 열정적으로 헌신한 사람이다. 그는 주님께 어떤 어려운 상황이 온다 할지라도 주님을 돕겠노라고 큰소리쳤던 사람이다. 그런데 내면에 있는 두려움 때문에 그 결심이 무너지고 말았다.

셋째, 두려움이 오면 극단적인 이기주의자가 된다. 극단적인 이기주의란 자신의 이익이나 욕망을 위해 다른 사람을 희생시키는 것을 말한다. 이런 사람들은 자신을 방어하기 위해 사람들을 이용하고 조종한다. 이들에게 나타나는 대표적 반응은 거짓으로 자신을 방어하고 보호하는 것이다.

믿음의 조상인 아브라함과 그의 아들 이삭은 두려운 상황 가운데 있었을 때 아내를 누이동생이라고 속여 자기 목숨을 보호하려 했다. 아브라함의 손자요 이삭의 아들인 야곱은 극단적 이기주의의 극치를 보였던 사람으로 자기가 살겠다고 아내와 자식들을 방패막이로 삼았다.

가족들을 다 떠나보내고 홀로 남게 된 그는 지금까지 어떤 인생을 살아왔는가 되돌아보면서 자신의 이기적인 마음과 삶을 가지고 하나님께 나갔다. 그는 자신의 어두운 내면의 실체를 발견한 그곳에서 절망하며 주저앉기보다 인생의 새로운 시작을 위해 결단하고 얍복 강 나루터로 나가 하나님을 붙잡고 결사적으로 씨름했다.

그가 하나님 앞에서 몸부림치면서 부르짖었던 내용이 무엇인가? 그것은 이제부터 더 이상 극단적인 이기주의자로 살고 싶지 않다는 것이다. 자신의 욕망을 위해 다른 사람을 속이고 이용하는 어둠의 삶을 더 이상 살고 싶지 않다는 것이다. 그는 치유와 변화를 원했고 하나님께 새로운 차원의 축복을 구했다. 그는 하나님의 사람의 허리를 붙잡고 자신을 축복해 주지 않으면 결코 놓지 않겠다면서 밤새도록 씨름했다.

여기서 우리에게 주는 메시지가 있다. 야곱이 주님 앞에 나가 몇 번 기도했더니 문제가 해결된 것이 아니었다. 본문은 그의 마음 안에 강한 의지가 담겨 있다는 것을 보여 준다. 그의 씨름은 결사적이었다. 주님은 변화되기를 절실히 원하는 야곱의 모습을 보시고 그를 축복하신 것이다.

야곱 같은 절실함이 있는가?

우리는 주님께 몇 번 간구한 다음에 쉽게 기도를 멈추려는 성향이 있다. 몇 번 시도해 보고 난 다음에 아무런 변화가 없으면 포기하고 체념하려 한다. 왜 그런가? 기도에는 고통이 뒤따르기 때문이다. 주님이 우리를 만나 주시는 때는 우리가 기도를 멈추고 싶은 유혹을 받아 그만 포기하려고 할 때다. 성경은 우리에게 "온전히 기도에 힘쓰는 사람들이 되라"고 말씀하신다. '온전히' 기도에 힘쓰라는 말은 나의 기도와 간구에 응답이 있을 때까지 기도하는 일을 쉬지 말라는 뜻이다.

주님이 세상에서 병들고 연약한 사람들을 치료할 때마다 동일하게 하셨던 질문이 있다. "네가 정말 낫기 원하느냐?" 주님은 왜 이런 질문을 통해 그들의 소원을 확인하셨을까? 주님은 절실하게 찾고 갈망하는 사람들에게 응답하시는 분이기 때문이다. 수십 년 동안 병들어서 살아왔던 그들에게는 어두운 삶이 익숙하다. 오늘 우리도 어두운 내면을 가지고 살아가지만 그다지 불편하지 않기 때문에 어떤 부담이나 절실함이 없을지 모른다.

얼마 전 어느 교회에서 치유 세미나를 한 주간 인도했다. 휴식 시간에 한 남자가 화난 얼굴로 와서 따지듯이 말하고 강의실을 나갔다. "내 나이가 이제 60이 다 되었고 앞으로 살 날이 얼마 남지 않았는데 왜 이런 강의를 통해 혼란스럽게 만들고 속을 다 뒤집어 놓습니까?"

잠깐 당황스러웠지만 '참 이기적인 사람이구나' 하는 생각이 들었다. 그의 말은 지금까지 60년 동안 별로 불편하지 않은 삶을 살았다는 것이다. 즉, 그동안 어둠에 길들여진 삶을 살았다고 스스로 고백한 것이다. 이제 어두운 삶이 체질이 되어 빛이 들어오니 괴롭다는 말이다. "이제 주님 앞에 갈 날이 얼마 안 남았는데 왜 자기의 삶을 들쑤셔서 힘들게 하느냐"고 따지는 것이다.

그의 말을 이해할 뿐 아니라 그것에 동의하고 싶은 사람들도 있을 것이다. 그러나 그것은 동의해서는 안 되는 거짓 메시지다. 그의 말처럼 수십 년 동안 어둠에 동화되어 자신은 별로 불편하지 않았을지 모른다. 그러나 자신이 지금까지 함께 살았던 사람들에게 어떤 영향을 주었는지 생각해 보라. 그는 가족관계 속에서, 교회 공동체 안에서, 자신이 활동했던 사회 속에서 무엇을 했는지 인식하지 못하고 있다. 얼마나 이기적인가? 다루어지지 않은 자신의 성품 때문에 얼마나 많은 사람이 피해를 입었는지 모르고 있는 것이다. 그는 무엇보다 가족들에게 어떤 고통과 아픔을 주며 살아왔는지 외면하고 있는 것이다.

우리가 분명히 알아야 할 것은 나이가 60이든 70이든 상관없이 주님 앞에 갈 때까지 우리 내면은 그리스도의 신부로 단장되어야 한다는 사실이다. 그 이유는 우리가 주님의 거룩하고 흠이 없는 신부로 선택되었고, 신랑 되신 그리스도의 성품이 우리 안에서 나타나야 하기 때문이다. 그리고 우리의 내면이 자녀들과 후손들에게 물려줘야 할 가장 가치 있는 영적 유산이기 때문이다.

어둠에 싸인 내면을 자녀들에게 물려준다면 그들은 우리 세대가 경험했던 것과 똑같은 고통스러운 상처를 가지고 절망과 두려움 가운데 살아가게 될 것이다. 그러나 우리가 그리스도의 신부로서 아름다운 내면을 물려준다면 그들은 그리스도의 풍성한 생명 안에 있는 기쁨과 자유를 누리며 살아가게 될 것이다.

야곱은 이 끈질긴 씨름을 통해 하나님께 무엇을 받아 냈는가? 하나님은 그에게 "이제는 내가 너를 야곱이라 하지 않고 이스라엘이라 하겠노라"고 말씀하셨다. 야곱에게 인생의 새로운 출발을 약속해 주시는 놀라운 축복을 주신 것이다. 그가 구한 축복은 물질적인 부가 아니다. 그는 이미 삼촌 라반의 집에 있을 때 부자가 되었다. 그는 내면의 변화를 원했다. 인생에서 진정한 가치와 축복이 무엇인가를 알았던 그가 하나님의 얼굴을 구했을 때 하나님은 그의 마음을 받고 축복하신 것이다.

그런데 그가 놀라운 축복을 얻기 위해 지불한 대가가 있었다. 하나님과 씨름할 때 환도뼈가 부러진 것이다. 그래서 지팡이를 의지하지 않고는 스스로 걸을 수 없는 장애인으로 살아야 했다. 하지만 하나님이 보시기에는 육신의 장애가 아니라 내면의 장애를 가진 사람이 장애인이다.

야곱은 그동안 내면의 장애를 가지고 이기적인 삶을 살았다. 그러나 이제는 비록 육신의 장애를 가졌지만, 내면이 건강해져 하나님이 쓰시는 위대한 하나님의 사람으로 많은 사람에게 생명과 기쁨을 주는 축복의 통로가 되었다.

하나님이 우리 삶 가운데 폭풍을 보내시는 데는 건강한 내면을 가진 하나님의 사람으로 우리를 만들어 가시겠다는 강한 의지가 담겨 있다. 야곱은 평생 지팡이를 의지하는 장애인으로 살았지만, 그 내면에는 주님과의 친밀한 교제가 늘 있었을 것이다. 우리도 그런 사람이 되기를 원하시는 주님의 부르심과 도전 앞에 서 있다.

이제 우리는 야곱의 삶이 우리에게 어떻게 가능한가 말씀하시는 주님의 음성을 들어야 한다. 이사야 43장 1-2절을 보자. "야곱아 너를 창조하신 여호와께서 이제 말씀하시느니라 이스라엘아 너를 조성하신 자가 이제 말씀하시느니라 너는 두려워 말라 내가 너를 구속하였고 내가 너를 지명하여 불렀나니 너는 내 것이라"(1절).

우리를 향한 얼마나 놀라운 말씀인가? 우리에게 얼마나 안정감과 소망을 주는 말씀인가? 성경은 우리를 향한 하나님의 많은 부르심에 대해 기록하고 있다. 그중에서 가장 높은 차원의 부르심은 "너는 내 것이라"는 신분에 대한 부르심이다. 내가 누구에게 소속되어 있는지 가르쳐 주기 때문이다. 나는 창조주 하나님께 속한 자며 존귀하고 가치 있는 사람이라는 것이다. 하나님은 나의 행위에 상관없이 있는 그대로 취하겠다고 말씀하신다.

하나님은 변화되지 않은 야곱과 새롭게 변화된 이스라엘에게 동일한 생명의 메시지를 주신다. "너는 나의 의를 가진 자이기 때문에 내 것이다." 그 하나님이 야곱과 같은 우리를 이스라엘과 같은 성숙한 사람으로 바꾸려는 놀라운 계획을 갖고 계신다. 그분은 또한 내 안에 있는 그리스도의 의로 인해 결코 나를 떠나지 않을 것이라고 말씀하신다.

"네가 물 가운데로 지날 때에 내가 함께할 것이라 강을 건널 때에 물이 너를 침몰치 못할 것이며 네가 불 가운데로 행할 때에 타지도 아니할 것이요 불꽃이 너를 사르지도 못하리니"(2절).

성숙에는 긴 시간이 필요하다

이사야서 43장 18-21절은 그리스도의 의를 가진 하나님의 사람들이 어떻게 살아야 하는지 가르쳐 준다. 초자연적 능력을 통해 한순간에 성숙이 이루어지는 것이 아니라는 사실을 이해한다면 우리는 야곱이 이스라엘로 변화되어 가는 과정에도 시간이 필요했음을 알 수 있다.

하나님이 그의 내면을 바꾸어 가시는 데 20년이란 세월이 필요했다는 말씀은 우리에게 어떤 의미를 주는가? 하나님은 왜 이스라엘 백성들에게 40년 동안이나 광야 길을 걷게 하셨을까? 그들은 430년 동안 애굽이라는 세상 문화 속에 길들여진 사람들이다. 하나님이 그들을 변화시키는 데 40년이라는 인내의 시간이 필요했다면, 세상 문화 속에 안정감을 두고 살아온 우리를 변화시키시는 데도 긴 시간이 필요하지 않겠는가.

우리는 조급하게도 훈련 과정 없이 초자연적 능력을 통해 한순간에 치유 받고 변화 받아서 성숙한 사람이 되기 원한다. 하지만 하나님은 점차적으로 우리를 하나님의 사람으로 만들어 가신다.

왜 그렇게 하실까? 우리가 원하는 대로 단번에 성숙해지면 세상이 감당할 수 없는 교만한 사람이 된다는 사실을 잘 아시기 때문이다. 그래서 우리는 나 자신과 다른 사람들에 대해 주님이 기다리시는 것만큼 기다릴 줄 알아야 한다. 야곱을 이스라엘로 바꾼 분이 누구신가? 하나님이 아니신가? 그렇다면 나를 바꿀 수 있는 분도 하나님이시다.

하나님이 야곱을 이스라엘로 바꾸셨듯이 예수님이 물을 포도주로 바꾸신 이야기가 요한복음 2장에 나온다. 여기서 물을 야곱에 비유한다면 포도주는 이스라엘이라고 할 수 있다. 성경에서 포도주는 기쁨을 상징한다. 가나의 혼인 잔치에서 포도주가 떨어졌을 때 포도주로 바뀌기 전의 물은 그곳에 모인 사람들에게 아무런 유익이 되지 못했다.

그러나 이 물이 주님의 손에 의해 포도주로 바뀌었을 때 공동체 안에 얼마나 놀라운 축복이 되었는가. 포도주가 떨어진 혼인 잔치에는 안타까움과 당혹스러움 그리고 긴장감이 있다. 하지만 새 포도주로 인해 그 혼인 잔치는 기쁨과 생명의 축제가 되었다. 우리가 가정 혹은 교회라는 공동체 안에서 변화되지 못한 물로 살아간다면 다른 사람에게 축복의 통로가 되지 못한다. 항아리에 오랫동안 담겨 있는 물은 변질되어 그 물을 마시는 사람들의 속을 더럽힌다. 우리의 내면이 그와 같다면 다른 사람들에게 고통만 주는 삶을 살게 된다. 그러나 이 물이 포도주로 바뀐다면 우리 자신뿐만 아니라 다른 사람의 삶에도 즐거움을 준다.

예수님이 물을 포도주로 바꾸시는 데 40년의 시간이 필요했는가? 그렇지 않다. 그분은 하나님의 초자연적 능력을 통해 한순간에 바꾸셨다. 그렇다면 40년에 걸친 변화와 한순간에 일어나는 변화를 어떻게 해석해야 하는가? 우리는 이 두 가지 사건이 우리 삶 가운데서 균형 있게 진행된다는 것을 알아야 한다. 우리가 지금까지 살아온 삶의 내면이 한순간에 치유되어 온전케 되는 것은 아니다. 그렇지만 주님의 초자연적 능력이 우리의 내면을 치유하고 변화시킨다는 것을 무시해서는 안 된다.

온전한 치유란 '나는 누구인가'를 아는 진리에서 시작된다는 사실을 기억할 필요가 있다. 이제 그리스도의 의를 가진 사람들이 어떻게 살아야 하는지 격려하고 도전하시는 주님의 음성을 들어보자.

내가 새 일을 행하리라

"너희는 이전 일을 기억하지 말며 옛적 일을 생각하지 말라"(사 43:18). 무슨 얘기인가? 지나간 과거의 삶에 집착하지 말라는 뜻이다. 여기서 말하는 과거란 이전에 우리가 경험했던 어두운 일과 그것으로 인한 상처와 아픔을 의미한다. 처리되지 않은 과거의 상처는 어둠이 거하는 견고한 진이다.

어둠은 우리의 상처 안에 활동하면서 우리에게 거짓 메시지를 주고 감정을 격동시키며 하나님에게서 멀어지게 한다. 또한 "너는 과거에 이런 죄를 범했으니까 하나님이 널 사랑하지도 않고, 관심도 없으며 널 쓸 수 없다"고 거짓말한다. "네가 과거에 어떤 일을 한 사람인지 사람들이 알게 되면 널 용납하거나 용서하지 않을 것이며 너에게 실망하고 떠날 것이라"고 속삭인다. 그런데 주님은 이렇게 말씀하신다. "너희는 이전 일을 기억하지 말고 옛적 일을 생각하지 말라. 내가 너희 삶 가운데 새 일을 행하겠다."

주님이 하실 일이 기대되지 않는가? 하지만 내 안에 두신 그분의 의를 발견하지 못한 사람들은 '내가 어떻게 그렇게 크고 놀라운 일을 할 수 있을까' 하면서 주님이 내 안에서 일하겠다고 내미시는 손길을 거절한다. 자기 속에 있는 그리스도의 의를 보지 못하고 상처로 인해 파괴된 자신만 보기 때문이다.

하나님이 말씀하시는 새 일이란 무엇인가? 광야에 길을 내고, 사막에 강을 내신다는 것이다. 그렇다면 광야와 사막이란 어떤 곳인가? 성경에서 광야는 두 가지 의미가 있다. 하나는 하나님이 우리의 인격과 삶을 변화시키기 위해 이끄시는 곳이요, 또 하나는 우리의 욕심으로 인해 스스로 들어가는 광야다. 하나님이 이끄시는 광야 속에는 생명을 경험하는 풍성한 만나가 있지만, 우리가 스스로 들어간 광야에는 황폐함과 절망 그리고 좌절과 깨어짐이 있다.

여기서 말하는 광야와 사막은 절망이 있는 어두운 내면이다. 주님은 두려움과 깊은 공허함으로 깨어진 우리 내면에 길과 강을 내겠다고 약속하신다. 이때 길은 내 안에 계신 생명의 주님께로 가는 길을 말한다. 그 길은 하나님과 함께 걸어감으로 풍성한 삶을 경험하는 거룩한 길이다.

하나님이 우리를 부르시는 것은 내면의 갈증을 채워 주는 주님께로 가는 시온의 대로를 만드시기 위함이다. 시온의 대로를 통해 주님께로 가면 생수가 흘러나온다. 내 안에 계신 주님이 생수의 근원이다. 그래서 "나의 택한 자로 (그 생수를) 마시게 할 것임이라"(20절)고 하신다. 즉, 하나님이 나를 사용하시겠다는 것이다. 하나님은 우리가 치유된 만큼, 다루어진 만큼 다른 사람들에게 치유의 생수를 흘려보내는 사람으로 사용하신다. 우리가 주님께 충분히 쓰임 받기를 원한다면 먼저 우리 내면에서 생수가 흘러나오지 못하도록 방해하는 상처를 치유해야 한다. 그리고 나서야 주님이 공동체와 열방을 치유하는 사람으로 우리를 사용하실 수 있는 것이다.

둘째 딸이 만난 하나님

이 말씀과 연결해서 우리집 아이들 이야기를 예로 들어 본다. 내게 두 딸이 있는데 둘째 딸 에스더가 열세 살 되던 해 에스더와 함께 일본 선교여행을 한 적이 있다. 내가 아이들을 데리고 선교여행을 가는 데는 두 가지 목적이 있다.

첫째는 나와 아이들 사이에 친밀한 관계를 회복하고 싶어서다. 평소 나는 강의하러 다니느라 1년에 몇 개월씩 집을 비우기 때문에 아이들과 함께 충분한 시간을 갖지 못했다. 아이들에게는 아빠와 함께 있기를 원하는 자연스러운 정서적 욕구가 있다. 그러나 내가 아이들의 욕구를 채워 주지 못하다 보니 관계 안에 보이지 않는 벽이 생겨 거리감이 생겼다. 이것을 해결하기 위해 나는 아이들과 1년에 한 번씩 선교여행을 가기로 결정했다.

둘째는 아이들이 선교 현장에서 자신들을 향한 하나님의 부르심이 무엇인가 스스로 발견하고 알 수 있도록 도와주고 싶어서다. 나는 에스더와 함께 2주 간의 일본 선교 일정을 마치고 남은 1주를 한국에서 머물면서 한 교회에서 집회를 인도하게 되었다. 이 집회 마지막 날 저녁에 성령 충만함에 대한 강의를 마치고 함께 기도하는 시간을 가졌다. 성령님이 아주 강하게 임재하셔서 그 자리에 모인 각 사람을 만나 주셨다.

성령님은 그 집회에 참석한 에스더에게도 찾아오셔서 그 아이를 만나 주시고 만지시는 놀라운 역사를 행하셨다. 내가 이전에 한번도 볼 수 없었던 변화된 모습이 에스더에게 나타났다. 그런데 처음에 주님이 강하게 임하였을 때 기쁨이 충만하여 밝은 얼굴로 찬양하던 에스더가 몇 분이 지나지 않아서 갑자기 몸부림 치며 고통스러운 얼굴로 울기 시작했다. 30분이 지나도, 한 시간이 지나도 아이의 몸부림은 멈출 줄을 몰랐다. 안쓰러운 마음이 생겼다. '열세 살 된 아이가 무슨 죄를 많이 지었기에 저렇게 괴로워할까?' 고통스럽게 몸부림 치던 기도가 끝나고 아이는 조금 전에 주님을 만났던 밝은 모습으로 돌아왔다.

"에스더야, 무슨 일이 일어났는지 말해줄 수 있겠니?" 이렇게 물었으면 얼마나 좋았을까. 그런데 나는 "야! 무슨 죄를 그렇게 많이 지었기에 한 시간 동안이나 몸부림을 치냐?"라고 물었다. 아이는 "한 시간 내내 하나님이 저를 만지셨어요"라고 대답했다. 그 얘기를 듣는 순간 나는 아주 큰 충격을 받았다. 내가 무슨 상처를 그렇게 많이 주었기에 그토록 오랫동안 고통스러워했을까? 그런데 에스더는 자기에게 상처를 준 사람은 언니였다고 했다. 언니가 1년 동안 학교 숙제를 대신 해 달라고 부당하게 요구한 것이 아프고 부담이 되었다는 것이다. 큰아이 한나가 미술적인 감각이 동생보다 떨어지다 보니까 학교에서 내준 미술 숙제가 부담이 되어 자기 동생을 이용하고 조종해서 숙제를 하게 한 것이다.

한나와 에스더는 성격이 서로 많이 다르다. 한나가 합리적이고 이성적인 부분이 많이 개발된 아이라면 에스더는 정이 많고 따뜻하고 넓은 마음을 가진 아이다. 그런데 이 정은 따뜻한 것이지만 다뤄지지 않는다면 하나님의 뜻에 맞지 않고 위협적인 영역이 된다. 그래서 에스더는 정 때문에 언니의 요구를 거절하지 못한 것이다.

본래 정이 많은 사람은 우유부단한 면이 있다. 이런 사람들은 다른 사람들의 부탁이나 요구에 단호하게 거절하지 못한다. 또한 이들은 인정받고 용납받으려는 욕구가 크다. 그래서 하나님의 뜻과 일치되지 않는 것을 알면 거절해야 하는데 이때도 거절하지 못하고 상대방의 요구를 들어준다.

에스더는 언니 때문에 받았던 상처로 인해서 아픔과 부담을 가지고 살아왔던 것이다. 그래서 하나님이 한 시간 내내 그 마음을 치유하셨던 것이다. 그리고 치유가 끝난 뒤 "내가 너를 어둠에서 건져서 온 세상 가운데 빛을 비추는 사람으로 사용하겠다"고 이 아이를 부르셨다. 열세 살 된 어린아이에게 비전을 주신 것이다. 하나님이 에스더를 온 열방 가운데 빛을 비추는 사람, 그리스도의 생명을 흘려보내서 온 열방을 치유하는 사람으로 부르시기 전에 먼저 어둠에서 건져내야 한다고 하신 것에 주목하기 바란다.

어둠은 내면의 상처다. 내면의 상처가 치유되어야 우리 안에서 온 세상을 비추는 빛이 흘러나올 수 있다. 우리를 온 열방 가운데 영향력 있는 사람으로 사용하시려는데, 이 어둠의 견고한 진이 우리를 붙잡고 있다면 결코 여기서 생수가 흘러나올 수 없다는 것이다. 우리에게는 온 열방을 채울 수 있을 만큼 넉넉한 자원이 있으나 상처가 치유되는 만큼만 다른 사람들에게 기쁨을 주는 삶을 살 수 있다.

주님은 새 일을 행하기 위해서 우리를 부르셨다. 이전에 한 번도 가지 못했던 그 길, 한 번도 경험해 보지 못했던 놀라운 일들을 경험하게 하시려고 우리를 부르셨다. 하나님은 우리 안에 있는 깊은 절망과 좌절을 아신다. 우리 속에 있는 깊은 고통을 아신다. 우리 안에 있는 곤고함과 깊은 외로움을 아시며 딱딱함과 메마름이 무엇인지 안다고 말씀하신다.

새로운 길, 새로운 기반을 만들어 주기 위해서 우리를 불렀다고 말씀하신다. 그래서 우리가 고통과 절망 가운데 부르짖으며 토설하면 "내가 너희의 고통을 듣고 너희를 이 위기 속에서 건질 것이며 말씀으로 너희를 치유할 것이다"라고 말씀하신다. 그리고 "내가 너희로 하여금 소망의 항구로, 소원의 항구로 인도하겠다"고 약속하시는 것이다.

이 소망의 항구가 어디에 있는가? 생명의 길이라는 이 소망의 항구는 우리 안에 있다. 고통과 절망도 우리 내면에 있지만 소망도 내면에 있다. 주님은 "너희가 내게로 와서 부르짖으면 너희를 이 위기에서 건져서 하나님의 임재와 영광이 있는 거룩한 성으로 이끌겠다"고 말씀하시는 것이다. 이것이 우리에게 새로운 일을 행하시겠다는 주님의 약속이다.

현실 세계 VS. 비현실 세계

이제는 증오심을 통해 어둠이 어떻게 우리의 내면을 파괴시키는지 그 과정을 살펴보자. 증오심은 용서하지 않겠다는 의지를 담고 있는 완고한 마음이다. 우리가 사람들에게서 상처를 받으면 그들을 미워하는 마음이 생긴다. 미워하는 마음은 내면에서 쓴 뿌리로 자라난다. 이 증오심은 지옥에서 타오르는 불과 같은 것으로 내 영혼을 사를 뿐만 아니라 다른 사람의 영혼을 태워 버린다.

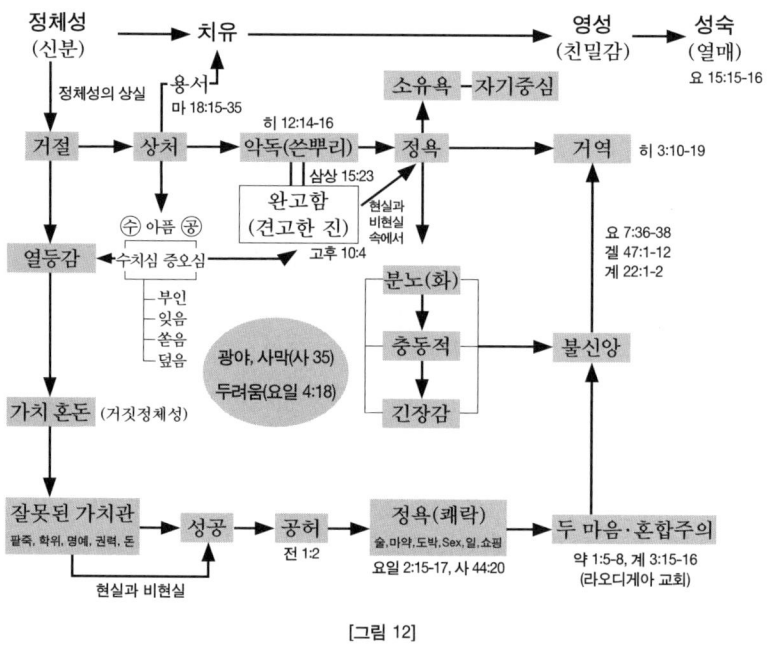

[그림 12]

앞의 그림에서 보듯이 어둠이 우리 안에서 활동할 수 있도록 권위를 주면 증오심은 우리를 정욕적인 사람이 되게 하여 하나님과 친밀한 교제 속에 들어가지 못하게 한다. 사탄이 어디서 어떻게 우리를 정욕적인 사람으로 만들어 가는지 그 어둠의 실체를 좀더 구체적으로 살펴보자.

우리 마음 안에는 현실 세계와 비현실 세계가 있다. 하나님이 통치하는 세계가 현실이라면 사탄이 통치하는 세계는 비현실이다. 비현실은 다른 사람이 볼 수 없는 은밀한 영역의 세계로 사탄이 조종하는 파괴적이고 정욕적인 세계다. 사탄에 의해서 지배를 받는 이 은밀한 곳은 공상 혹은 망상의 세계라고 할 수 있다. 현실에서 얻지 못하는 것을 비현실이라는 공상을 통해 얻으려고 하는 것이다.

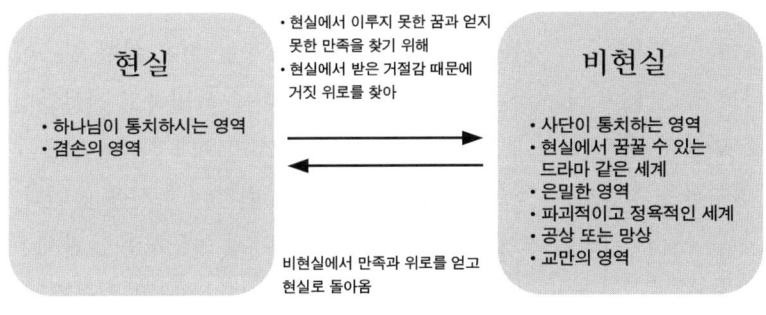

[그림 13] '현실과 비현실'의 반복 사이클

우리가 그림에서 보는 것처럼 원하는 것을 현실에서 갖든 비현실에서 갖든 그 다음에 따라오는 것은 공허함이다. 공허함이 생겼을 때 사람들은 쾌락이라는 정욕을 통해 그 빈 곳을 채우려고 한다.

이제 우리는 성경을 근거로 비현실의 실체를 살펴보도록 하겠다. 현실이 하나님이 다스리는 겸손의 영역이라면 비현실은 사탄이 지배하는 교만의 영역이다. 비현실에서는 자신이 드라마에 나오는 주인공이 될 수 있다.

다니엘 4장은 바로 이 비현실의 실체를 보여 주는 말씀으로, 비현실이 우리 인생에 얼마나 파괴적인 결과를 가져오는지 경고하고 있다. 느부갓네살 왕을 통해 우리의 경건이 무너지는 근본적인 원인을 발견할 수 있도록 하신 것이다.

하나님은 자기중심적인 교만으로 인해 느부갓네살 왕이 얼마나 참담한 결과를 맞게 되는지 그의 꿈을 통해 보여 주신다.

다니엘 4장은 느부갓네살 왕이 하나님께 영광을 돌리는 것으로 시작한다(2-3절). 그러나 이어지는 장면을 보면 왕은 꿈속에서 스스로를 높이고 있다. 그로부터 열두 달이 지난 후 그는 모든 영광을 자기에게 돌리며 교만해져 있었다(29-30절).

우리는 침상에서 무엇을 생각하는가? 우리의 공상 속에 어떤 일들이 일어나고 있는가? 우리는 꿈속(공상)에서 자신을 아주 특별하고 전설적인 인물로 만들어 버린다. 느부갓네살도 처음엔 현실 가운데서 하나님을 기대고 의지하는 겸손한 마음으로 살았으나 마음이 변하여 자신을 높였다. 그러자 하나님의 위엄이 그에게서 떠나가고 그는 야생 동물처럼 들판에 버려졌다(31-33절). 교만의 결과로 얼마나 끔찍한 일이 일어나고 있는가? 사람들에게 쫓겨 들판에서 소처럼 풀을 먹으며 온몸은 이슬에 젖고 손톱은 새 발톱과 같았고 머리털은 독수리 털과 같이 되었다.

지금은 정신병에 걸리면 병원에 수용되어서 치료를 받지만, 그 시대는 정신병에 대해서 잘 알지 못했고 또 어떻게 치료하는지를 몰라서 동물들과 함께 있게 했다고 한다. 교만의 실체인 비현실 속에 오랫동안 살고 있으면 우리는 미치게 된다. 나중에 이 문제를 좀더 다루도록 하겠다.

"그 기한이 차매 나 느부갓네살이 하늘을 우러러보았더니 내 총명이 다시 내게로 돌아온지라 이에 내가 지극히 높으신 자에게 감사하며 영생하시는 자를 찬양하고 존경하였노니"(34절). 왕이 자신의 교만(비현실)의 죄를 깨닫고 돌이켜 겸손(현실)의 자리로 돌아왔을 때 하나님이 뭐라고 말씀하시는가? "느부갓네살 왕아! 네가 이렇게 너의 죄를 회개하고 돌이키니 참 좋구나. 그러나 안타깝게도 이제 너무 늦었다"고 하지 않으셨다.

우리가 교만의 길에서 돌이켜 하나님께로 돌아온다면 그분은 결코 우리에게 늦었다고 말씀하지 않으신다. 그분은 항상 우리가 새롭게 시작할 수 있도록 기회를 주신다. 그는 자신이 다시 왕이 될 수 있을 거라고 생각할 수 없었을 것이다. 그러나 하나님의 생각은 다르다. 야생동물처럼 황량한 들판에서 미친 사람처럼 살고 있던 이 사람을 다시 회복시켜 왕으로 세우셨다.

"그 동시에 내 총명이 내게로 돌아왔고 또 내 나라 영광에 대하여도 내 위엄과 광명이 내게로 돌아왔고 또 나의 모사들과 관원들이 내게 조회하니 내가 내 나라에서 다시 세움을 입고 또 지극한 위세가 내게 더하였느니라"(36절). 얼마나 놀라운 말씀인가?

하나님이 그를 보좌 위에 앉히셨을 뿐만 아니라 그가 이전에 한번도 가져 보지 못했던 위세와 권세를 주셨다고 말씀하신다. 하나님은 우리가 그분께로 돌아가기만 하면 아무리 큰 실수를 했다 할지라도 다시 세우실 수 있다. 그분은 우리가 겸손하고 순복하는 마음을 가질 때 놀라운 것을 준비하고 계신다. 이것이 하나님 나라의 삶의 원칙이다.

하나님은 겸손한 자를 찾고 계신다. 성공한 이후에도 믿을 수 있고, 하나님의 영광을 맡겨도 신뢰할 수 있는 겸손한 사람을 찾으신다. 그들은 자신을 위해서 하나님의 영광을 훔치지 않을 것이기 때문이다.

비현실 세계를 또 하나의 피난처로

이제 비현실의 실체에 대해 구체적으로 그 정체를 파악해 보자. 요즘 젊은 사람들은 공상과 상상의 차이를 혼란스러워한다. 공상이란 사탄의 영역으로, 도덕적인 울타리를 넘어선 정욕적인 생각들로 우리의 내면과 삶을 파괴시킨다. 그러나 상상은 하나님께로부터 나온 것으로 새로운 것을 창출해내는 창조적 능력을 말한다.

우리는 하나님의 형상대로 지음받은 존재다. 그래서 하나님처럼 우리도 지성을 가지고 있다. 지성은 하나님이 우리에게 주신 선물이며 그 안에는 상상력과 창의력이 있다. 하나님도 지성, 즉 상상력을 동원해서 온 세상을 놀랍고 아름답게 창조하셨다.

모든 창조의 동기는 하나님의 사랑이다. 그래서 하나님의 사랑에 기반을 둔 상상은 새로운 것을 창출해내는 풍요로움과 부를 가져온다. 그러나 사탄의 조종에 기반을 둔 공상은 정욕을 격동시켜서 우리의 내면을 더럽히고 삶을 파괴시킨다.

이제 사람들은 비현실 세계에 대한 심각성을 깊이 인식해야 할 것이다. 그곳은 우리가 저지르는 모든 죄가 번식되고 자라나는 온실 역할을 하기 때문이다. 우리는 비현실의 영역 안에서 정욕이 어떻게 진행되는지 알아야 한다. 정욕이란 우리 안에서 갑자기 생기는 것이 아니라 이미 우리 안에 어둠의 실체로 숨어 있던 것이다. 다만 어떤 자극을 통해 숨겨졌던 정욕의 정체가 드러나는 것이다.

요한일서 2장 15-17절은 정욕이 진행되는 과정을 잘 보여 주고 있다. 안목의 정욕으로 시작해서 육신의 정욕 그리고 이생의 자랑으로 진행되는데, 이것은 따로 구별하지 말고 서로 연결해서 이해해야 한다.

먼저 안목의 정욕은 현실 속에서 본 것을 가지고 비현실 속에 들어가서 그것에 집중하는 것을 말한다. 우리는 어둠이 노출되어 있는 문화 가운데 살고 있다. 보지 않으려 해도 볼 수밖에 없는 세상에 살고 있다. 문제는 보는 것이 아니라 본 것을 가지고 비현실 속에 들어가서 집중한다는 것이다.

우리는 세상을 살아오면서 수많은 어둠의 그림들을 우리 속에 입력해 두고 외롭고 공허할 때마다 감추어둔 그림을 꺼내서 그것에 집중한다. 그때 어둠이 우리의 감정을 건드려 우리 안에서 정욕을 불일 듯 일어나게 하는 것이다. 비현실 속에서 일어난 이 정욕을 현실로 가지고 나와 다른 사람에게 적용할 때 육신의 정욕이 된다. 그리고 이런 행위가 계속해서 반복되면 습관이 되어서 이생의 자랑이라는 교만이 우리 안에 자리잡히게 된다. 정욕적인 사람으로 어둠에 갇혀 사는 사람이 되는 것이다. 이 모든 정욕이 진행되고 자라나는 곳이 바로 공상이라는 비현실 세계다.

그러면 현실에서 비현실로 들어가는 동기가 무엇인가? 사람들은 현실에서 만족이 없을 때 거짓된 만족과 위로를 얻기 위해 비현실 세계로 들어간다. 어둠이 만들어 놓은 비현실 세계를 현실 도피를 위한 피난처로 삼는 것이다. 사람은 누구에게나 욕구가 있다. 하나님이 인간을 창조하셨을 때 욕구도 만드셨기 때문이다. 그리고 그 욕구는 하나님과 나누는 사랑의 관계를 통해 채워질 수 있다.

시편 23편에서 다윗은 이 부분을 아주 잘 묘사하고 있다. 여호와는 나의 목자시니 내가 부족함이 없다고 그는 고백한다. 그분은 내 욕구를 아실 뿐만 아니라 그 욕구를 만족시켜 주기 위해서 나를 푸른 초장 쉴 만한 물가로 인도하신다. 그 푸른 초장과 쉴 만한 물가란 아버지와 아들과 성령님이 누리시는 친밀한 관계를 말한다. 바로 이곳이 우리를 위해 만들어 주신 피난처다.

그런데 우리는 주님과 하나 된 관계 속에서 내면의 욕구를 만족시키려 하지 않고 어둠이 주는 정욕적인 것으로 욕구를 채우려고 한다. 그 결과 우리의 내면이 파괴되고, 다른 사람들의 영혼과 삶 또한 더럽히게 된다.

이제 우리 내면의 욕구를 거짓으로 채우려고 하는 실제적인 경우를 보자. 젊은 미혼자들을 대상으로 보편적인 예를 들겠다. 일반적으로 사람들이 말하는 결혼 적령기가 서른 살 정도라고 하자. 물론 성경 안에는 결혼 적령기라는 단어가 없다. 그런 줄 알면서도 우리는 사람들이 하는 말에 흔들린다. 나이가 서른이 넘어가는데, 기다리던 상대가 나타나지 않으면 초조하고 불안해진다. 어느 날 TV 드라마 속에서 자신이 생각하던 이상형을 보게 된다. 그러나 안타깝게도 그 사람과 현실에서 사랑을 이루기는 불가능하므로 나만이 알고 있는 은밀한 곳으로 데리고 들어간다. 나의 허락 없이는 아무도 들어올 수 없는 비현실 세계 속에서 그 상대와 나는 이야기 속의 주인공이 된다. 현실에서 이루어질 수 없는 일을 그곳에서 행하는 것이다. 그러나 그 다음에 따라오는 것은 만족함이 아니라 공허함이다. 그래서 그 공허함을 채우기 위해서 비현실 속에서 불러일으킨 정욕을 현실 속에서 다른 사람들에게 적용시키는 것이다.

이와 같은 삶이 반복되면 현실에 적응하는 능력이 약해지며 삶의 의욕도 잃어버려 무기력하게 된다. 이것이 오늘날 우리로 하여금 현실을 무기력하게 살아가게 만드는 사탄의 전략이다.

이제 결혼한 사람들의 부부관계를 예로 들어 보자. 부부관계의 만족은 서로에 대한 친밀감에 기반을 둔다. 그리고 주님이 그 친밀감의 중심이 될 때 서로에게 참된 만족을 경험할 수 있다. 예수님이 중심이 되지 않는 부부관계는 겉으로 아무리 다정스럽고 좋아 보여도 주님이 주시는 진정한 기쁨과 행복을 맛볼 수 없다. 육신적인 친밀감과 정서적인 친밀감을 갖고 있다 할지라도 영적인 친밀감이 없다면 완전한 조화를 이루지 못하기 때문이다. 그리고 그곳엔 반드시 어둠이 들어올 수 있는 틈이 있다. 이런 틈을 통해 들어온 어둠이 우리 삶과 관계 안에 위기를 가져온다. 나의 남편이 아닌 다른 남자, 그리고 내 아내가 아닌 다른 여자와 비현실 세계 속에서 잘못된 관계를 갖는 것이다.

이런 어둠의 일들이 은밀하게 습관적으로 반복되면 내면에 숨어 있던 정욕이 밖으로 나와서 사람의 마음과 감정을 지배하게 되고 그 결과 관계가 깨어지면서 끔찍한 위기가 초래된다. 성경은 이런 과정을 통해 큰 절망과 고통을 경험했던 한 사람을 보여 준다.

다윗 왕의 실수가 주는 메시지

사무엘하 11장은 위대한 하나님의 사람이었던 다윗 왕의 경건이 어떤 과정을 통해 무너졌는지 그 근본적인 원인을 밝히고 있다. 그 당시 이스라엘 백성들은 암몬 족속과 전쟁중에 있었고, 다윗 왕은 예루살렘 성 안에 거하고 있었다. 이스라엘 군대가 전시 상황임에도 불구하고 다윗 왕은 저녁에 침상에서 일어났다고 한다.

이것은 삶의 리듬이 깨졌다는 말이며 다윗의 삶에 위기가 찾아왔다는 말이다. 시편 5편에는 다윗의 경건한 삶에 대한 내용이 담겨 있다. 그는 이른 아침에 일어나 하나님의 말씀을 묵상하고 주의 얼굴을 구하는 일로 하루를 열고 시작했던 사람이다. 매일 주님 앞에 나가는 경건의 시간을 통해 필요한 모든 것을 공급받았던 사람이다. 그런데 그의 경건한 삶의 리듬이 깨지면서 위기가 시작되었다.

그는 저녁에 일어나 지붕 위를 거닐다가 목욕하는 여인의 벗은 몸을 본다. 문제는 본 것이 아니라 여인의 벗은 몸을 그리며 넘어서는 안 될 경계선을 넘어 비현실의 세계로 들어갔다는 것이다. 그리고 그곳에서 은밀하게 그 그림에 집중한 것이다. 깊이 묵상했다는 말이다.

하나님을 묵상해야 할 시간에 어둠을 묵상할 때 사탄이 그의 감정을 격동시켰다. 그 안에 숨어 있었던 정욕이 불일 듯 일어났다. 통제할 수 없는 정욕이 그를 격동하게 만들어 비현실에서 현실 세계로 나와 권력의 힘을 사용해서 다른 사람을 더럽힌 것이다. 그 결과 다윗 왕은 고통스러운 삶의 대가를 지불해야만 했다.

우리는 다윗 왕의 실수가 우리 삶에 어떠한 메시지를 주는지 눈여겨보아야 한다. 하나님이 인간을 하나님의 형상으로 만드셨다는 것은 인간이 지성을 가진 영적인 존재라는 말이다. 사람은 누구나 생각하는 존재다. 그런데 중요한 것은 우리가 무엇에 근거해서 생각하느냐에 따라서 우리 삶이 좌우된다는 것이다. 즉, 우리의 생각이 행동과 삶의 질을 결정하는 것이다.

그래서 성경적으로 생각하는 것이 중요하다. 우리의 생각이 거짓에 기반을 두고 있다면 우리가 쌓는 모든 것이 잘못된 것이다. 그러므로 매일 하나님의 말씀을 묵상하는 것이 중요하다. 우리가 하나님과 그분의 말씀을 묵상하지 않는다면 자동적으로 비현실 세계 속으로 들어가서 어둠을 묵상하게 된다. 우리는 우리가 묵상하는 대상이 원하는 사람으로 만들어진다. 하나님의 말씀을 묵상하면 말씀이 원하는 사람이 되는 것이다.

우리 안에 어두운 그림이 있다면 그만큼 하나님께 집중하기가 어렵다. 우리가 경건의 시간에 하나님께 초점을 맞추려고 하는데 집중하기가 힘든 이유는, 비현실 속에 머물러 있었던 오랜 기간 동안 사탄이 준 어두운 생각들로 우리의 내면을 채웠기 때문이다. 현실 속에서 하나님과의 관계를 통해 만족과 위로를 얻지 못하고 행복을 느끼지 못하면 우리는 비현실 세계로 들어가게 되어 있다.

비현실로 들어가는 동기는 거절감 때문이다. 때때로 우리는 인정받고 사랑받고 싶어하는 사람에게서 거절당한다. 또 이해받고 돌봄을 받기 원하는 사람들로부터 무시당하거나 우리가 믿고 신뢰했던 사람에게 배신당하고 상처를 받기도 한다.

그래도 주님은 내게 상처와 고통을 준 사람들을 용서하라고 하신다. "내가 너희를 용서한 것처럼 너희도 그들을 용서하라"고 하시지만, 나는 그들을 용서하지 않기로 선택하고 결정한다. 그들에게 보복하기 위해서 비현실이라는 어둠의 세계로 데리고 들어간다. 그리고 중국 무협지에서나 등장하는 복수혈전을 우리 생각 안에서 벌인다. 처음에는 우리에게 상처 준 그 사람들에 대한 미움을 가지고 비현실로 들어간다. 그러면 사탄이 비현실이라는 어둠의 공간 속에서 이 미움의 감정을 증오심이란 적대 감정으로 발전시킨다.

실제적인 예를 들어 보자. 언젠가 경남 지방에서 치유 세미나를 인도한 적이 있었다. 그때 강의를 들었던 아주머니 한 분이 20대 초반의 딸을 데리고 찾아와서 상담을 요청했다. 딸은 정신병원에 수용되었다 나온 지 얼마 안 된 상태였다. 이 자매에게는 장래를 약속한 형제가 있었다고 한다.

그런데 어느 날 이 형제가 자매에게 육체적으로 접근해서 "내가 너를 사랑하니까, 그리고 결혼할 사이니까 오늘 밤 함께 자고 싶다"고 요구했다. 자매는 만일 그의 청을 거절하면 자신을 버릴지도 모른다는 두려움 때문에 이 형제를 받아들였다. 그 일이 있고 난 후 형제는 정욕이 일어날 때마다 자매를 이용했다. 잘못된 관계가 반복되면서 이 형제는 정욕적인 사람이 되어 버렸다. 그리고 나중에는 이 자매 한 사람으로 만족할 수 없어서 또 다른 사람을 찾게 되었다. 결국 이 형제는 이중으로 자매들을 만나기 시작했다.

그 사실이 드러났을 때 형제는 처음 결혼을 약속했던 자매를 버리고 나중에 만난 자매를 선택했다. 자매는 자기가 믿고 신뢰했기 때문에 모든 것을 주었던 그 형제에게서 엄청난 배신감과 거절감을 받아야 했다. 그리고 그 배신감을 감당할 수가 없어서 자신의 목숨을 포기하려고까지 했다. 그 형제를 도저히 용서할 수 없었던 자매는 복수를 위해 비현실 세계로 들어가 그곳에서 잔인하게 형제를 죽였다. 그런데 현실로 나와 보니 형제가 현실 속에서 버젓이 존재하고 있는 것이 아닌가. 자매는 복수할 수 있는 어둠의 공간 속으로 그를 또 데리고 들어가서 죽이고 나오는 일을 계속해서 반복했다. 고통스러운 나날을 보내던 어느 날 자매는 비현실 속에서 다시 나오지 않기로 결정하였다. 그곳이 고통에서 벗어날 수 있는 유일한 도피처요 보호받을 수 있는 가장 안전한 장소라고 착각한 것이다.

우리는 현실에서 고통과 어려움이 있을 때 어디로 도피하는가? 문제를 직면하지 않고 어둠의 땅으로 숨어 버리지는 않는가? 이것이 어둠이 주는 거짓 방어요 거짓 보호다.

가족들은 자매의 행동이 이상해지자 병원으로 데리고 갔다. 검사 결과 정신적으로 큰 상처를 입어서 정신병원에 입원하고 치료받아야 할 만큼 심각한 상태라는 진단이 나왔다.

자매가 병원에 수용되어 치료받는 동안 그가 다니던 교회 목사님과 성도들이 병원으로 심방을 왔다. 그런데 자매는 심방 온 사람들을 향해서 미친 사람들이라고 소리를 질렀다. 자신은 현실 세계 가운데 살고 있는 정상적인 사람이고 심방 온 사람들이 비현실 세계 속에 살고 있는 사람이라고 생각한 것이다.

정신병원에 수용된 사람들을 만나 보면 자신이 정신적인 문제를 가지고 있다고 인정하는 사람은 없다. 그들은 현실 세계에서 도피해 비현실 세계에서 주인공이 되는 착각 속에서 살아가는 사람들이다. 그래서 정신병원에는 자칭 예수라고 하는 사람들, 스스로 대통령이라고 말하는 사람들이 많다.

하지만 하나님이 보는 관점에서는 우리 모두가 정신적으로 건강하지 않다. 현실이나 비현실 가운데 있는 사람의 차이는 종이 한 장 차이이기 때문이다. 은밀한 어둠의 세계가 우리 안에 존재한다면 고통스러운 일을 경험하게 될 때 자매가 들어갔던 것과 동일한 비현실의 세계로 들어가서 다시 나오지 않을 수도 있다. 우리가 어둠이 다스리는 견고한 진이라는 비현실 세계를 허락하고 산다면 우리의 내면은 결코 건강할 수 없다.

우리가 중요하게 인식해야 할 것은 비현실 세계는 어둠의 길로 들어가는 통로가 된다는 것이다. 우리가 건강한 내면과 삶을 가진 사람이 되기를 원한다면 온전한 치유가 어디서부터 시작하는가 알아야 한다. 우리 안에 어둠이 지배하는 비현실 세계가 무너지지 않으면 하나님과 친밀감을 나누며 주님과 동행하는 건강한 삶은 소원한 것이다.

어둠의 견고한 진을 깨뜨리려면

비현실이라는 어둠의 세계를 깨뜨리기 위해 우리가 해야 할 두 가지가 있다. 첫째, 비현실의 실체를 심각하게 인식하고 그곳에 들어가지 않기로 매순간 선택하고 결정하는 것이다. 둘째, 이 어둠의 영역이 한순간에 무너지는 것이 아니기에 우리의 사고 체계를 하나님의 말씀으로 무장해야 한다. 매일 성실함으로 하나님의 말씀을 묵상할 때 우리는 말씀의 능력으로 우리 안에 있는 어둠의 견고한 진을 깨뜨릴 수 있다.

치유의 빛이 우리에게 비추어지기 위해서는 먼저 자신을 겸손하게 열어야 한다. 어떤 희생의 대가를 지불한다 할지라도 치유를 위해서 겸손해지기로 결정할 때 치유의 빛은 우리의 내면 안으로 들어오게 된다.

우리가 하나님을 신뢰함으로 나가는 일을 멈추지 않는다면 주님은 결코 실망시키지 않고 우리를 치유하실 것이다.

십자가, 치유의 핵심과 중심

요한복음 7장 37-38절은 예수님이 명절의 클라이맥스인 끝날에 하신 말씀이다. "누구든지 목마르거든 내게로 와서 마시라 나를 믿는 자는 성경에 이름과 같이 그 배에서 생수의 강이 흘러나리라"고 하셨다. 이는 성령님을 가리켜 말씀하신 것으로 치유가 우리 안에서 어떤 과정을 통해 진행되는지 보여 주는 내용이다.

우리 안에 이미 치유의 자원이 있기에 이 자원을 통해 우리 내면에 있는 상처가 먼저 치유되고 나면 온 열방을 치유하는 도구로 쓰일 수 있다고 거듭 말씀하신다. 그리고 그리스도의 의를 가진 한 사람이 얼마나 큰 영향력을 미치는가에 대해서도 우리에게 확신을 주고 있다.

요한복음 7장의 말씀을 에스겔서 47장 1-12절 말씀과 연결해서 보면 치유에 대한 이해를 더 구체적으로 할 수 있을 것이다. 에스겔서 47장을 결론적으로 보여 주는 말씀이 요한계시록 22장 1-2절이다. 에스겔 47장은 에스겔 선지자가 성전에서 환상을 본 내용으로 시작된다. 성전 문지방에서 물이 흘러 나와서 제단을 통과하고 이 제단을 통과한 물이 큰 강을 이루고 강이 다시 아라비야 광야로 흘러서 큰 바다, 사해에 이르렀다고 기록하고 있다.

이제 이 말씀이 치유와 어떻게 연결되어 있는지 보자. 1절에 나오는 성전 문지방은 지성소를 의미한다. 성전 안에는 세 개의 영역이 있다. 성전 뜰과 성소, 그리고 지성소가 있다. 지성소라는 거룩한 영역은 하나님의 임재와 하나님의 영광을 볼 수 있는 곳이다.

에스겔이 본 환상은 성전 문지방, 즉 지성소에서 물이 흘러 나오는 모습이었다. 요한복음 7장에서 예수님이 "너희 배에서 생수가 강처럼 흘러나올 것이라"고 하신 말씀은 우리 내면의 영(지성소) 안에는 생수가 있다는 말이다. 생수의 근원이신 예수님이 그곳에 계시기 때문이다. 우리 영 안에 존재하는 하나님의 보좌에서 흘러나오는 물, 우리를 치유하는 생명의 물이 이미 우리 안에 있다고 하는 것이다. 예수를 믿으면 예수의 영이 우리 안에 거하신다.

주님은 그 영이 우리 가운데서 흘러나오기 원하신다. 그러기 위해서는 이 물이 제단을 통과해야 한다. 그것은 피 뿌림과 희생을 말한다. 곧 어린 양 예수의 피를 상징하는 것으로 십자가의 제단을 말하는 것이다. 그래서 치유의 핵심과 중심은 십자가이다.

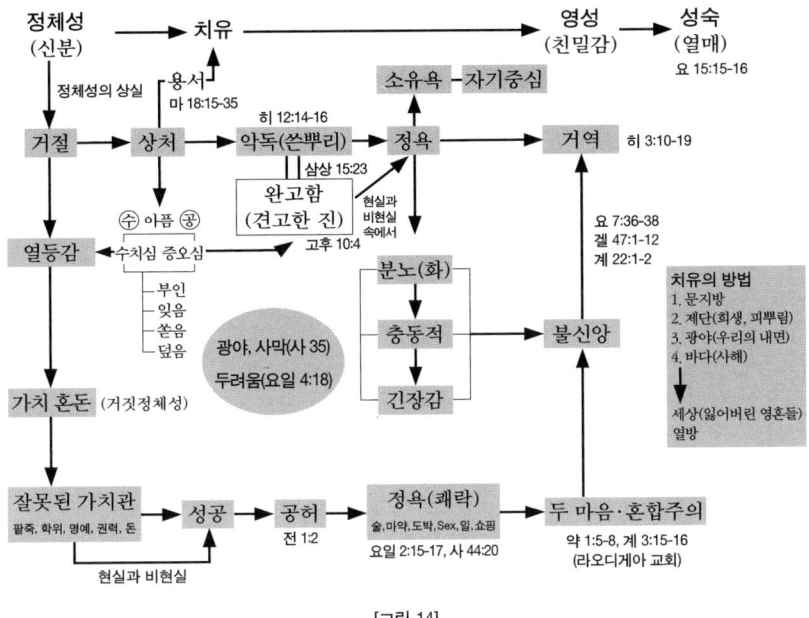

[그림 14]

이 제단에 자신을 드릴 때 거기서 우리는 온전한 용서를 경험한다. 우리가 이 온전한 용서를 경험해야 다른 사람을 자유롭게 용서할 수 있는 사람이 된다. 이 용서를 통해 치유가 일어나고 주님의 생명을 경험할 수 있다. 또한 우리가 하나님의 무조건적인 사랑을 경험할 수 있는 곳도 바로 십자가의 제단이다. 여기서 우리는 자신의 존재 가치를 발견할 수 있으며 구원의 기쁨을 맛볼 수 있다. 그리고 주님과 인격적으로 만나 아름다운 삶을 시작할 수 있다.

주님은 우리의 삶에 부흥을 원하신다. 그러나 십자가 없이는 어느 곳에서도 부흥을 볼 수 없다. 십자가를 통해서만이 진정한 영적인 부흥과 영적 성장이 일어나는 것이다.

우리는 민수기 21장 4-9절과 열왕기하 18장 3-4절을 통해 십자가의 제단이 주는 의미를 좀더 깊게 생각해 볼 수 있다. 그리고 십자가의 제단과 치유는 요한복음 3장 14-16절에까지 연결된다.

민수기 21장 4-9절 말씀은 이스라엘 백성들이 광야에서 모세와 하나님을 불평하고 원망한 내용이다. 그들은 먹을 것과 마실 것이 없어서 죽게 되었다고 했지만, 사실 먹을 것과 마실 것이 없어서 죽게 된 것이 아니다. 하나님이 이들에게 만나를 주셨고 바위를 깨뜨려서 신선한 물을 공급하셨으나 이들은 원망하며 대들었다. 그래서 하나님은 백성들에게 진노하시고 불뱀을 보내셨다.

이 과정에서 이스라엘 백성들이 하나님을 원망한 근본적인 문제가 무엇인가? 이들이 하나님을 원망하는 내용은 비록 애굽에서는 노예 신분으로 살았지만, 먹을 것, 입을 것, 마실 것이 모자라지 않고 풍성했다는 것이다. 그런데 지금의 형편은 그때보다 못하다는 것이다. 다시 말하면 애굽에서의 삶이 지금보다 훨씬 더 좋았다고 말하는 것이다. 이 말은 그리스도를 믿기 전의 삶이 지금의 삶보다 더 풍요롭고 좋았다는 말과 같은 것이다.

민수기 21장 5-9절을 보자. 불신앙으로 인한 원망과 불평이 백성들에게서 쏟아져 나왔을 때 하나님은 진노하셨고 불뱀을 보내 저들을 심판하셨다. 수만 명의 사람들이 죽어 나가자 그들은 늘 했던 대로 모세에게 기도해 줄 것을 부탁했다. 모세는 엎드려 긍휼을 구하며 중보했다. 그러자 하나님이 놀라운 방법으로 백성들의 살 길을 열어 주셨다.

하나님은 모세에게 놋뱀을 만들어 장대 위에 달라고 하셨다. 그리고 뱀에게 물린 사람들이 그것을 보면 살게 될 것이라고 하셨다. 그분은 백성들이 치유받고 용서받으며 회복되기 원하셨다.

우리에게 이 놋뱀에 대한 올바른 이해가 없다면, 그리스도의 구속의 진정한 의미를 발견할 수가 없다. 이 장대 위에 달린 놋뱀은 십자가에 달리신 그리스도에 대한 예표요 그림자요 상징이다. 실체가 아니라 구원과 생명과 치유와 용서가 흘러나오는 하나의 도구요 수단이라는 것이다. 우리가 이것을 정확하게 이해해야 우리 삶 가운데 올바른 적용을 할 수 있다. 이 놋뱀은 이스라엘 백성들에겐 가치 있는 유물이었다. 하나님의 구속의 역사가 담겨 있고 또한 문화적인 가치가 있는 하나의 상징적인 물건이다.

열왕기하 18장 말씀에 보면 이 놋뱀이 800년 후에 이스라엘 백성들에게서 발견되었다. 그런데 놋뱀이 주는 진정한 의미는 사라지고 그 의미가 왜곡된 채로 발견되었다. 여기에 등장하는 히스기야 왕은 하나님을 경외하는 의로운 사람이요 하나님의 얼굴을 구하는 겸손한 하나님의 사람이었다. 그는 이스라엘 백성들이 왜 망하게 되었는지 원인을 정확하게 알고 있었다.

그는 왕이 되어 백성들이 섬겼던 우상을 깨뜨리고 산당을 제거하는 작업을 하면서 모세가 800년 전에 만들었던 놋뱀을 이스라엘 백성들이 우상으로 섬기고 있었던 것을 발견했다. 사람들이 이 놋뱀에게 분향했다고 하는 것은 예배를 드렸다는 것이다. 여기에 구원이 있다고 생각한 것이다. 생명과 치유와 용서, 그리고 축복과 행복이 여기에서 나온다고 생각한 것이다.

하지만 이것은 하나의 그림자와 같은 것이다. 이것은 구원의 실체가 아니라 광야에서 이스라엘 백성들에게 주신 가치 있는 하나님의 선물이었다. 그런데 이스라엘 백성들은 하나님이 선물로 주신 이 놋뱀을 구속의 상징이 아니라 구원의 근원이라 믿고 의지했다. 돈, 명예, 재능, 은사, 사역, 사람 등 이 모든 것은 하나님이 우리에게 필요해서 주시는 선물이다. 만일 이것을 의지한다면 이것은 우리에게 우상이 된다.

어떤 사람에게 치유의 은사가 있다고 해서 많은 사람이 그 사람에게만 기도를 받으려고 아우성친다면 그는 우상이 되는 것이다. 하나님이 그 사람을 우리 모두에게 선물로 주신 것은 인정하지만 그 사람은 하나의 도구에 불과하다. 누구를 통해서든 하나님이 하시는 것이지 사람이 하는 것이 아니라는 것이다. 누가 기도하느냐에 따라 마음을 열고 닫는 사람들은 결코 진정한 치유를 경험할 수 없다.

히스기야 왕은 놋뱀을 깨뜨려 산산조각 냈다. 이 말은 돌이켰다, 즉 회개했다는 것을 의미한다. 마찬가지로 우리 속에 있는 어둠, 우상, 즉 하나님이 아닌 다른 의지 대상들을 깨뜨리고 돌이키지 않으면 진정한 용서와 치유와 생명을 경험할 수 없다.

700년 후에 예수님 손에서 이 놋뱀에 대한 이야기가 다시 언급된다. "모세가 광야에서 뱀을 든 것같이 인자도 들려야 하리니 이는 저를 믿는 자마다 영생을 얻게 하려 하심이니라"(요 3:14-15). 여기서 놋뱀의 실체가 무엇인가? 바로 예수 그리스도다. 장대는 무엇을 의미하는가? 그것은 십자가다. 십자가에 달리신 예수 그리스도로 인해 진정한 생명과 구원과 용서와 치유를 경험할 수 있다는 것이다. 이 놀라운 은혜를 경험하려면 히스기야가 했던 것처럼 우리도 회개해야 한다. 진정으로 회개하면 우리 속에 있는 어떤 죄든지 다루어질 수 있다.

사해를 생명의 바다로 바꾸시는 주님

그러면 다시 에스겔 47장 8절 말씀으로 돌아가 보자. 문지방에서 나온 물이 제단을 통과해서 큰 강을 이루고 이 물이 아라바 광야를 지났다고 한다. 이 물은 성령님을 가리키며, 큰 강을 이루었다는 것은 성령 충만함을 의미한다. 다시 말하면 생수가 우리 영 안에서 흘러나와 우리의 내면인 광야와 사막을 통과했다는 것이다. 이 치유의 생수가 내면을 통과할 때 모든 것이 다시 소성하고 회복된다. 이 생수는 다시 바다로 흘러간다. 주님이 바다를 다시 생명이 있는 바다로 소성시키시겠다고 말씀하시는 것이다.

하나님은 "너희는 이전 일을 기억하지 마라. 옛적 일을 생각하지 마라.

내가 너희에게 새로운 일을 행하겠다. 광야에 길을 내고 사막에 강을 내서 나의 택한 자들로 하여금 마시게 하겠다"고 하신다(사 43장 참조). 택한 자들을 위해서 주님이 우리 안에 있는 치유의 생수를 사해로 흘러 보내겠다고 하신다. 치유된 그의 백성들을 통해 온 세상과 열방을 치유하시겠다는 것이다. 이것이 바로 우리를 향한 주님의 부르심이다. 이 놀라운 일을 위해서 지금 주님이 우리를 치유하기 원하신다.

2) 궤휼

이제 영적인 갓난아이 특징을 나타내는 베드로전서 2장 1절로 다시 돌아가 보자. 악독 다음에 버려야 할 것은 모든 궤휼이다. 악독과 연결된 궤휼은 자신의 유익과 이익을 위해서 다른 사람을 이용하려는 교만의 정신을 말한다. 즉 자신의 유익을 위해서 다른 사람을 속이거나 거짓말하는 행위다.

예레미야 9장 4-6절에서 하나님은 이스라엘 백성들에게 궤휼이라는 처소에서 나오라고 요구하신다. 예레미야 9장 전체 흐름을 보면 정체성과 연결되어 있는데, 이스라엘 백성들은 팥죽에서 자신들의 정체성을 찾았다. 그들은 이 팥죽을 얻기 위해서 자기 형제들을 이용하고 속였다. 팥죽을 의지하고 이것에 안정과 가치를 두는 사람이라면 주님을 따르는 믿음의 길을 걸어갈 수 없다. 때문에 주님은 이 궤휼의 처소에서 나오라고 하신다. 거짓(궤휼)은 우상숭배의 가장 근본적인 속성이기 때문에 주님은 거짓을 미워하고 대적하신다.

죄에서 벗어나는 유일한 길

성경은 우리가 이 거짓에서 떠날 수 있는 유일한 길을 보여 주신다. "여호와를 경외하는 것은 악을 미워하는 것이라"(잠 8:13). 죄에서 떠나 빛 가운데 행하는 진실한 삶, 죄를 다스리고 이기는 삶의 비결이 무엇인가 말씀하고 있는 것이다.

죄 지은 것을 후회하면서 다시는 죄를 범하지 않겠다고 고백하며 결단하는 것만으로는 부족하다. 죄를 범하면 마음이 상하고 고통스럽다. 정죄감으로 흐느껴 울기도 한다. 그리고 하나님 앞에 너무 미안하고 부끄러워서 다시는 죄를 범하지 않겠다고 고백한다. 그런데 문제는 죄에 대한 우리의 태도와 반응으로는 결코 죄로부터 자유할 수 없다는 것이다. 죄에서 떠나겠다는 각오와 결단을 하지만 얼마 지나면 다시 반복하게 되지 않는가? 또다시 똑같은 죄 가운데 서 있는 무력하고 초라한 나의 모습을 보면서 어쩔 수 없이 죄를 범할 수밖에 없다는 온갖 이유를 만들어 자신을 방어하게 된다.

우리가 죄에서 떠날 수 있는 길은 죄악을 미워하는 것이다. 죄와 싸우되 피 흘리기까지 싸우려는 의지가 있을 때 죄에서 자유로워질 수 있다. 하나님을 경외한다는 것은 하나님이 죄를 보시는 것과 같은 마음과 태도를 가지고 내가 그 죄를 다루는 것을 말한다.

요한일서 1장 9절에 보면 "만일 우리가 우리 죄를 자백하면 저는 미쁘시고 의로우사 우리 죄를 사하시며 모든 불의에서 우리를 깨끗하게 하실 것이요"라고 하신다. 여기서 죄를 자백한다는 진정한 의미는 그냥 주문을 외우듯이 고백하는 것이 아니라 하나님이 죄에 대해서 말씀하시는 것처럼 하나님 편에 서서 그 말씀에 동의하는 것을 말한다.

그런데 우리가 이 죄를 미워하고 싶어하나 그런 마음이 안 일어난다는 것이 문제다. 사실 죄악을 미워하는 마음은 한순간에 생기지 않는다. 하나님을 경외하는 거룩한 마음을 갖기 위해서는 과정이 필요하다. 먼저 하나님의 거룩하심에 대한 계시가 우리에게 있어야 한다. 그의 거룩함에 대한 성품을 마음속에 깊이 경험하지 못하면, 우리는 결코 죄로부터 자유로운 사람들이 될 수 없을 뿐 아니라, 죄를 미워하는 하나님을 경외할 수 없다.

거룩함의 실체를 본 이사야

그렇다면 우리가 어떻게 이 거룩함에 대한 계시를 볼 수 있겠는가. 놀랍게도 이 숙제를 풀어 주는 해답이 이사야 6장에 있다. 6장 1절은 웃시야 왕이 죽던 해에 이사야가 하나님의 성전에서 하나님의 거룩함에 대한 환상을 보는 것으로 시작한다. 그는 보좌에 앉아 계시는 하나님의 거룩함과 영광스러움을 보았고 그 거룩함을 통해 흘러나오는 빛 가운데서 자기의 실체를 보면서 하나님 앞에 깨어진다.

"화로다 나는 죽게 되었다, 망하게 되었다, 내가 부정한 백성 가운데서 만군의 여호와 하나님을 보았다." 이사야는 이렇게 말하면서 자신은 부정한 입술을 가진 사람이라고 고백한다. 그는 구체적으로 자신의 죄에 대해 말하고 있다.

이사야는 당대에 하나님의 말씀을 대언하고 가르치는 선지자였다. 그는 이스라엘 백성들에게 하나님의 말씀을 선포할 때 "너희는 죄인이고 나는 경건한 사람이다"라는 의식을 가지고 있었다. 그런데 하나님의 거룩한 실체를 보면서 그가 판단하고 책망했던 부정한 백성들과 자신이 동일한 죄인이라는 사실을 발견한 것이다. 하나님의 말씀을 전하는 자로서 부정한 입술을 가지고 대언하는 사역을 했다는 것이다.

사람들은 하나님의 거룩함을 보지 못할 때 다른 사람의 행위를 쉽게 판단한다. 마치 자신이 그들보다 의로운 것처럼 그들을 비방하고 정죄하는 것이다. 하나님의 영광에 이를 수 있는 사람이 누구인가? 하나님의 보좌 앞에 설 수 있는 자가 누구인가? 하나님의 영광스러운 보좌 앞에 나아갈 수 있는 것은 내 의가 아니라 예수님의 의를 통해서만 가능하다.

이사야가 자신의 죄를 고백하고 난 후 스랍 하나가 제단에 핀 숯불을 가지고 날아와서 입에 대었다고 한다. 그 숯불이 입에 닿았을 때 얼마나 고통스러웠겠는가? 그때 한 음성이 들려왔다. "보라. 이것이 네 입에 닿았을 때 네 악이 제하여졌고 네 죄가 사하여졌느니라." 그의 부정한 입술이 깨끗함을 입었다.

성경은 진리가 너희를 자유케 한다고 말씀한다. 그러나 그 진리의 빛이 비추어지면 먼저 고통이 따라온다는 사실을 기억해야 한다. 진리가 우리 안에 있는 죄악들을 흔들어서 고통스러울 때 도망가지 않고 고통과 대면하면 진정한 자유함을 경험하게 된다.

우리가 오랫동안 힘들게 씨름해도 해결하지 못한 죄의 영역이 있을 수 있다. 죄가 우리를 비참하게 만들고 우리 자신을 초라하게 만들며 절망스럽고 무기력하게 만들기 때문이다. 우리는 그 죄로부터 벗어나기 위해서 몸부림치며 결심해 보지만 계속 죄를 끌고 다니는 자신의 모습을 보면서 좌절하고 낙망한다. 그 원인은 우리의 죄가 철저하게 제단의 숯불로 다루어지지 않았기 때문이다. 죄는 그냥 단순하게 주문을 외우듯이 자백함으로 다루어지지 않는다.

하나님이 이사야의 부정한 입술을 숯불로 정결케 한 다음 그를 어디로 보내시는가? "내가 또 주의 목소리를 들은즉 이르시되 내가 누구를 보내며 누가 우리를 위하여 갈꼬 그때에 내가 가로되 내가 여기 있나이다 나를 보내소서"(사 6:8). 백성들에게 다시 가서 말하라고 말씀하신다.

이사야는 하나님의 부르심으로 이전에 사역했던 부정한 백성들 가운데로 다시 파송되었다. 이제 부정한 말이 섞이지 아니하고 순수한 하나님의 말씀만 전하게 된 것이다. 깨끗하게 회복된 그의 입술에 능력과 권세가 있었고 그에게서 이전에 볼 수 없었던 기름 부음이 흘러나왔다.

내 안에 있는 어둠을 다루려면

이와 같이 우리도 주의 부르심에 순종하기 전에 먼저 우리 삶 가운데 왜곡되어 있는 어둠의 영역들을 다루어야 한다. 그럴 때 우리를 부르신 삶의 현장에서 빛과 소금이 되는 것이다. 선교사란 '부르심을 받은 자'라는 의미다. 우리가 어떤 곳으로 부르심을 받았든지 부르심을 받은 삶의 모든 현장이 거룩한 선교지다.

만일 하나님이 우리를 비즈니스라는 영역에서 부르셨다면 이곳이 하나님이 보내시는 선교지다. 주님은 우리가 이 영역 속에 들어가서 빛과 소금이 되기 원하신다. 우리에게서 흘러나오는 거룩함의 빛을 통해 이 영역을 바꾸고 제자 삼기 원하신다.

그러나 많은 그리스도인들이 주님의 부르심이라고 생각하고 그 영역을 변화시키겠다는 강한 의지를 가지고 들어가지만, 오히려 그곳에서 무너진다. 그 원인이 무엇인가? 비즈니스 영역에도 물질주의와 탐심과 부정직이라는 영이 존재한다. 탐심이라는 우상숭배가 있고, 정직하지 않은 거짓 영이 있어서 정직하면 돈을 못 번다는 거짓 메시지로 사람들을 속이고 불의한 방법으로 돈을 벌어야 한다는 의식을 퍼뜨린다. 이 영역에 부르심을 받았을 때 자기 안에 다루어지지 않은 거짓과 탐심, 돈을 사랑하는 마음이 있으면 그 영역 안에 있는 죄와 내 안에 있는 죄가 서로 만나 나의 죄가 더 크게 자라나고 번식한다. 그래서 사람들이 소명의 영역에서 거룩한 영향을 주는 것이 아니라 실족하고 무너지는 것이다.

이런 어둠이 거룩함의 숯불을 통해 다루어지지 않으면 어둠의 영이 우리를 파괴시킨다. 오늘 우리 안의 어떤 영역에서 이 제단의 숯불이 필요할까? 거짓이라는 영역인가? 정욕이란 영역인가? 아니면 교만이라는 영역인가?

내 안에 있는 어둠을 다루기 위해서는 거룩함에 대한 계시가 필요하다. 어떻게 그 계시를 경험할 수 있는가? 이사야는 교만의 왕인 웃시야 왕이 죽던 해에 하나님의 성전에서 거룩함의 계시를 받았다(사 6:1). 이 말씀을 우리에게 적용하면, 자기 속에 교만의 왕인 웃시야가 죽지 않으면 어느 누구도 겸손의 왕이신 예수 그리스도의 거룩함에 대한 계시를 받을 수 없다는 것이다.

교만한 삶을 살았던 웃시야 왕에 대한 기록을 역대하 26장에서 좀더 구체적으로 살펴보자. 웃시야 왕은 16세란 어린 나이에 왕이 되어 52년 동안 예루살렘에서 이스라엘 백성들을 통치했다. 4-5절에 보면 "웃시야가 그 부친 아마샤의 모든 행위대로 여호와 보시기에 정직히 행하며 하나님의 묵시를 밝히 아는 스가랴의 사는 날에 하나님(의 얼굴)을 구하였고 저가 여호와를 구할 동안에는 하나님이 형통케 하셨더라"고 한다.

이 구절은 웃시야 왕이 얼마나 하나님 앞에서 겸손하게 살았는가 보여준다. 그는 하나님의 얼굴을 구하며 살았고, 모든 일에 하나님을 인정하고 의지하며 겸손한 길을 걸었다. 그래서 하나님의 손이 이 사람에게 항상 머물러 있었고 그를 형통케 하셨다고 한다. 하나님이 겸손한 자에게 은혜를 베푸시는 분이시라는 말씀대로 그의 겸손을 보시고 그를 높이고 축복하신 것이다.

"암몬 사람이 웃시야에게 조공을 바치매 웃시야가 심히 강성하여 이름이 애굽 변방까지 퍼졌더라"(8절). 하나님은 그 축복이 애굽 변방, 즉 국경 너머 주변 나라들에게 두려움과 위협을 줄 정도로 그를 높이셨다. 15절에 그의 강함이 좀더 구체적으로 설명되어 있다. "또 예루살렘에서 공교한 공장으로 기계를 창작하여 망대와 성곽 위에 두어 살과 큰 돌을 발하게 하였"다고 한다. 하나님이 그를 강하게 하실 뿐만이 아니라 그의 군대를 현대식 무기로 무장시켜서 주변에 있는 나라들에게 그의 힘을 과시하게 하신 것이다.

성공할 때 무너질까 조심하라

그런데 하나님을 의지하고 겸손했던 웃시야 왕의 경건이 무너지기 시작했다. 그가 강성해졌을 때 무너졌다고 한다. 사람은 연약할 때나 실패할 때 무너지지 않는다. 사람들이 힘을 실어줄 때, 내가 사람들의 마음을 움직일 수 있는 힘을 가지고 있을 때, 사람들이 내게 와서 칭찬하고 격려하면서 인정해 줄 때 무너질 수 있다. 사람들이 당신에게 큰사람이며 성공한 사람이라고 찬사하며 높여 주고 박수칠 때 조심해야 하는 것이다.

"네가 먹어서 배불리고 아름다운 집을 짓고 거하게 되며 또 네 우양이 번성하며 네 은금이 증식되며 네 소유가 다 풍부하게 될 때에 두렵건대 네 마음이 교만하여 네 하나님 여호와를 잊어버릴까 하노라"(신 8:12-14), "그런즉 선 줄로 생각하는 자는 넘어질까 조심하라"(고전 10:12).

사람들이 교만으로 무너지는 이유는 그들이 섰다고 생각하는 그때가 위험하다는 것을 잊어버리기 때문이다. 하나님이 웃시야를 어떻게 다루시는지 역대하 26장 16절 후반절부터 18절까지 보자.

"여호와의 전에 들어가서 향단에 분향하려 한지라 제사장 아사랴가 여호와의 제사장 용맹한 자 팔십 인을 데리고 그 뒤를 따라 들어가서 웃시야 왕을 막아 가로되 웃시야여 여호와께 분향하는 일이 왕의 할 바가 아니요 오직 분향하기 위하여 구별함을 받은 아론의 자손 제사장의 할 바니 성소에서 나가소서 왕이 범죄하였으니."

그는 하나님의 질서와 원칙을 깨뜨렸다. 자신의 자리를 지키지 못하고 경계선을 넘어서 다른 사람의 것을 넘본 것이다. 교만이란 하나님이 내게 주신 것에 만족하지 못하고 다른 사람의 것을 부러워함으로 시작된다. 그의 교만한 행위에 대해 제사장이 잘못을 지적했다. 그러나 그는 자신의 잘못을 인정하지 않고, 그들을 향해 노를 발했다. 누군가가 나의 잘못이나 실수를 지적하고 책망할 때 나는 어떤 태도와 반응을 보이는가. 나보다 높은 위치에 있는 사람이 아니라, 나의 지도력 아래 있는 사람들이나 나를 따르는 사람들이 나의 교만함을 지적한다면 겸손하게 그의 책망을 수용할 수 있겠는가?

다윗 왕은 간음한 뒤 자기 죄를 숨기려고 자신의 충실한 신복이었던 우리야를 전쟁터에 보내서 죽게 한 사람이다. 이에 비해 웃시야 왕은 간음을 하거나 사람을 죽이는 죄를 범하지 않았다. 그런데 하나님은 웃시야 왕을 버리고 그보다 더 큰 죄를 범한 다윗 왕은 회복시켜서 새로 시작할 기회를 주셨다.

죄가 우리를 망가뜨리는 것이 아니다. 그 죄를 회개하지 않고 돌이키지 않을 때 우리는 버림을 받는 것이다. 웃시야 왕은 자신의 죄를 인정하지 않았고 돌이키지도 않았지만, 다윗은 나단 선지자가 자신의 죄를 지적했을 때 겸손하게 자신의 잘못을 인정하고 돌이켰다. 하나님은 그의 진정한 회개를 받으셨다.

주님이 웃시야의 교만함을 어떻게 다루셨는가. "웃시야가 손으로 향로를 잡고 분향하려 하다가 노를 발하니 저가 제사장에게 노할 때에 여호와의 전 안 향단 곁 제사장 앞에서 그 이마에 문둥병이 발한지라"(대하 26:19). 노를 발했다는 것은 교만에서 나오는 자기 방어의 방편이다. 분노 속에는 상대를 멸시하고 대적하는 의미가 담겨 있다. 하나님은 그의 교만으로 문둥병이 생기게 함으로 그를 성전에서 쫓아내셨다.

문둥병이란 부정함을 의미하기에 문둥병에 걸린 사람은 하나님의 거룩한 임재가 있는 성스러운 곳에 머물 수가 없었다. 교만이라는 부정함을 가지고서는 하나님과 친밀감을 나눌 수 있는 관계 속으로 들어올 수 없다. 성경은 웃시야 왕이 죽는 날까지 문둥이가 되어 하나님과 차단된 삶을 살았다고 한다(21절). 또한 그는 죽어서 열왕의 묘실에 장사된 것이 아니라 왕들의 무덤 옆에 따로 장사되었다(23절). 그의 무덤을 지나는 사람들마다 그를 교만의 왕이라고 떠올렸을 것이다.

그는 겸손으로 시작했으나 초라하게 인생을 마무리했다. 사람들은 우리의 삶 전체를 기억할 수 없다. 왜냐하면 인간의 기억에는 한계가 있기 때문이다. 그래서 사람들은 장례식에서 한 사람이 어떻게 살아왔는지 회상하고 평가한다. 그곳에서 우리의 후손들과 우리와 삶을 함께 나누었던 사람들이 내가 겸손하게 주님과 동행하는 삶을 살았던 하나님의 사람인지, 아니면 하나님을 떠나 교만의 길을 걸었던 사람인지 기억하고 평가할 것이다.

지금까지 살아온 세월보다 앞으로 살아갈 세월이 짧은 사람들은 앞으로의 삶을 의미 있고 가치 있게 살고자 결단한 경험이 있을 것이다. 그러나 얼마간의 시간이 지나 자신의 삶을 돌아볼 때 달라진 것이 없으면 또다시 절망과 무력감 속에 빠져 버린다. 이렇게 갈등과 결단을 반복하면서 살다 보면 어느새 세월이 흘러서 죽음의 문턱에 서게 되는 것이다. 결단하고 새롭게 시작하지만 늘 제자리걸음인 근본적인 이유는, 내면의 문제들이 다루어지지 않았기 때문이다. 내면의 견고한 진인 교만을 깨뜨리지 않는다면 하나님 앞에서 의미 있고 가치 있는 삶을 살 수 없다. 주님과 동행하는 겸손한 삶을 살 수가 없다.

그래서 우리 내면 깊은 곳에 자리 잡고 있는 교만의 왕인 웃시야를 죽여야 한다. 왕은 힘과 권세를 가지고 있다. 교만의 왕인 웃시야가 나를 지배하고 다스리도록 권위를 부여한다면 우리 내면과 삶은 황폐할 것이다. 이 흉측한 괴물을 죽이지 않으면 우리는 결코 삶을 아름답게 마무리할 수가 없다.

겸손은 나의 선택, 나의 결단

그렇다면 어떻게 교만의 왕을 우리 안에서 쫓아 낼 수 있겠는가? 성경에서 그 길을 발견할 수 있다. "네 하나님 여호와께서 네게 붙이신 모든 민족을 네 눈이 긍휼히 보지 말고 진멸하고 그 신을 섬기지 말라 그것이 네게 올무가 되리라"(신 7:16), "너희가 만일 그 땅 거민을 너희 앞에서 몰아내지 아니하면 너희의 남겨 둔 자가 너희 눈에 가시와 너희의 옆구리에 찌르는 것이 되어 너희 거하는 땅에서 너희를 괴롭게 할 것이요"(민 33:55).

여기서 하나님이 붙이신 민족과 그 땅 거민은 하나님과 이스라엘 앞에서 그들이 진행하고 있는 길을 막아서서 방해하고 대적했던 아멜렉의 군대다. 아멜렉은 하나님을 대적하고 그의 일을 방해하는 교만의 영을 가진 군대다. 이 군대가 바로 우리 내면에서 주님께 가는 길을 방해하는 견고한 진의 실체인 교만이다. 하나님은 그들과의 전쟁에 임하는 그의 백성들에게 어떤 정신을 가지고 싸워야 하는지 말씀하신다. 그들을 긍휼히 여기지 말라고 하신다. 하나도 남기지 말고 잔인하게 진멸하라고 명령하신다. 만일 저들을 불쌍히 여겨 몰아내지 않으면 그것이 올무가 되고 가시가 되어 평생 동안 우리의 삶을 괴롭히고 고통스럽게 할 것이라고 한다.

앞으로 우리가 이전처럼 절망과 고통 속에서 살지 않고 겸손의 길을 걸어가기를 갈망한다면 반드시 우리 안에 존재하는 아멜렉의 실체인 교만을 죽여야 한다. 아멜렉이란 군대는 결코 약하지 않다. 그래서 하나님이 아멜렉과의 전쟁을 선포할 때 이 싸움은 하나님께 속한 싸움이기에 "내가 함께하고 도와 주지 않으면 결코 이길 수 없는 전쟁이다"라고 말씀하셨다.

교만의 군대인 아멜렉과 전쟁에서 승리할 수 있도록 하나님의 도움을 어떻게 받을 수 있을까? 그 길을 다니엘 10장 12절에서 볼 수 있다. "그가 내게 이르되 다니엘아 두려워하지 말라 네가 깨달으려 하여 네 하나님 앞에 스스로 겸비케 하기로 결심하던 첫날부터 네 말이 들으신 바 되었으므로 내가 네 말로 인하여 왔느니라."

다니엘이 바사 군대와 영적 전쟁 가운데 있었다. 바사 군대란 바로 아멜렉처럼 하나님을 대적해 싸운 교만의 영을 가진 군대다. 다니엘에게 이 바사 군대는 결코 쉽지 않은 상대였다. 그래서 그가 두려움 가운데 있었을 때 하나님의 군대 장관인 미가엘이 다니엘을 돕기 위해서 왔다는 내용이다. 다니엘이 하나님 앞에서 스스로 겸비하기로 결심하였기에 그가 올 수 있는 길이 열렸다는 것이다.

여기서 우리는 하나님 나라의 중요한 원칙을 배울 수 있다. 하나님은 우리가 겸손해질 때까지 기다리지 않으신다. 겸손은 나의 선택이요 책임이기 때문이다. "스스로 겸비케 되었다"는 말은 곧 내가 겸손하기로 선택하고 결정했다는 것이다. 우리가 겸손할 때 하늘 문이 열리는 놀라운 은혜를 경험하게 될 것이다. 또한 삶 가운데서 우리를 돕는 기이한 손을 보게 될 것이다.

우리가 내면을 치유하는 일에도 겸손해지기로 선택할 때 치유의 빛이 내면 안으로 들어온다. 하나님의 사람인 이사야가 하나님의 성전에서 겸손하게 무릎을 꿇고 엎드렸을 때 거룩함의 계시를 본 것처럼 우리도 겸손하기로 결심할 때 하나님께로부터 놀라운 계시와 능력을 받게 되는 것이다.

3) 외식

형식주의와 지식주의

외식은 두 가지 의미가 있다. 마태복음 6장에 나오는 외식은 형식주의고, 마태복음 7장에서 말하는 외식은 지식주의다.

마태복음 6장의 형식주의는 이중적인 인격이나 삶을 말한다. 즉, 겉과 속이 전혀 다른 삶을 의미하는데 경건의 모양은 있지만 경건의 능력이 없는 것이다. 예수님은 바리새인들을 회칠한 무덤과 같은 자들이라고 책망하셨다. 겉은 잘 포장되어 있지만, 그 속에 내용이 없다는 뜻이다. 겉모습은 경건해 보이고 잘 가꾸어진 것처럼 보이지만, 그 내면은 어두움과 불결함으로 채워져 있는 상태다.

주님이 예루살렘에 입성했을 때 잎사귀만 무성했지 열매를 얻을 수 없었던 무화과나무를 저주하신 사건을 기억할 것이다. 이것이 바로 외식하는 이들의 신앙생활이다. 형식주의 외식은 열 처녀의 비유(마 25장)를 통해 더 확실하게 이해할 수 있다. 열 처녀 모두 등불은 준비했으나 다섯 처녀만 기름을 준비했을 뿐 나머지 다섯 처녀는 준비하지 않아 낭패를 당한다. 여기서 등불이 경건의 모습이라면 기름은 능력을 말하는 것이다.

마태복음 7장에서 말하는 외식은 지식주의다. 마태복음 7장 1-5절은 자기 눈 속에 있는 들보를 보지 못하면서 형제의 티를 뽑으려고 하는 행위를 외식이라고 정의하고 있다. 사람의 눈에 들보가 있다면 앞을 볼 수 없다. 맹인이 다른 사람의 눈의 티를 뽑을 수도 없지만, 뽑으려고 한다면 얼마나 위험한 일이겠는가. 형제의 눈 속에 있는 티를 뽑지 말라고 하는 것이 아니다. 먼저 나의 눈 속에 들어 있는 들보를 뽑아 밝히 본 후에야 형제의 눈 속에 들어 있는 티를 뽑을 수 있다는 것이다.

우리 안에 이와 같은 외식이 있는지 어떻게 알 수 있는가? 우리가 목사님의 설교나 강의를 들으면서 자신에게 적용하려 하지 않고, 다른 사람에게 적용하려고 하는 것을 외식이라고 한다. '저 말씀을 내 남편, 내 아내가 들어야 하는데, 저 형제와 저 자매가 들어야 하는데'라고 하면서 안타까워하는 사람들이 있다. 하지만 하나님이 우리에게 들려주시는 모든 말씀은 다른 사람을 위한 것이 아니라 나 자신을 위한 것이다.

이런 사람들은 하나님의 말씀을 마음으로 받아들이는 것이 아니라 머리로 받아들인다. 이런 사람은 변화를 경험할 수가 없다. 변화란 겸손하게 열린 마음으로 들을 때 일어나기 때문이다. 말씀을 머리로 받아들이면 지식이 되어 다른 사람을 판단하는 교만이 되지만, 마음으로 받아들이면 지혜가 되어서 겸손한 사람이 되는 것이다.

지식은 사람을 교만하게 하지만 지혜는 사람을 겸손하게 만든다. 듣고 깨달아 알게 된 말씀을 내 자신과 삶에 적용시킬 때 지혜가 된다. 하나님은 우리가 얼마나 많은 성경적인 원칙이나 지식을 가지고 있는가가 아닌, 얼마나 많은 지혜를 가지고 있는가에 관심을 두신다. 그래서 하나님이 쓰시는 사람은 지식을 가진 사람이 아니라 지혜를 가진 사람이다. 우리를 변화시키고 치유하며 성숙하게 하는 것도 지식(로고스)이 아니라 지혜(레마)다.

만일 우리가 가지고 있는 하나님 나라의 원칙이나 성경적인 지식을 자신에게 적용하지 않고 다른 사람들에게 적용시키면 큰 어려움을 당할 수 있다. 하나님의 말씀이 사람을 살리는 생명과 진리의 말씀이 아니라, 사람을 잔인하게 죽이는 흉기로 바뀌기 때문이다.

조건 없는 사랑이 사람을 변화시킨다

요한복음 8장에서 간음하다 바리새인들에게 붙잡혀 온 한 여인의 이야기를 통해 이런 사실이 입증된다.

바리새인들은 부도덕한 행위의 현장에서 붙잡혀 온 그녀를 고소하면서 예수님을 시험하려고 했다. 그들의 행동은 모세의 율법을 따라서 행했기에 정당하다. 그러나 예수님이 바리새인들을 향해 너희 가운데 죄 없는 자가 먼저 돌로 치라고 하자 양심에 찔려서 모두 다 떠나고 오직 예수님과 여자만 남았다고 했다. 여기서 우리는 중요한 메시지를 발견할 수 있다. 여인을 심판하려고 했던 자리에 은혜와 진리가 있었다는 것이다.

모세의 율법은 살인하면 심판을 받고 간음하면 돌로 쳐 죽이라고 하지만, 예수님은 이보다 더 엄격한 형벌을 말씀하신다. 형제를 미워하면 살인하는 자와 같아서 지옥 불에 들어가고 여자를 보고 마음에 음욕을 품으면 간음하는 자와 같다고 하신다(마 5:21-28).

주님은 한 '호리'라도 다 갚기 전에는 결단코 옥에서 나오지 못하리라고 하셨다. 여기서 호리란 가장 작은 화폐 단위를 말하는데 우리 돈으로 1원이다. 이 말의 의미는 우리가 하나님 앞에서 빚진 것을 다 갚지 못하면 결단코 하나님의 심판을 피할 수 없다는 말이다.

그러나 하나님은 이 끔찍한 심판을 면할 수 있는 길을 열어서 누구든지 그의 아들을 믿을 때 스스로 갚을 수 없는 일만 달란트의 빚을 대신 갚아 주신다. 이것이 은혜다. 내가 받아야 할 심판을 받지 않고, 그리스도의 생명을 받는 것이 은혜다. 바리새인들에게는 어떠한 노력으로도 해결할 수 없는 문제를 해결 받을 수 있는 기회가 주어졌지만, 그들은 은혜와 진리를 만날 수 있는 기회를 스스로 외면했다.

예수님이 죄 없는 자가 먼저 돌을 던지라고 하시면서 그들의 죄를 고발하셨을 때 그들 안에 숨겨져 있던 죄가 드러났다. 그러나 그들은 그 죄를 들고 은혜와 진리 되시는 예수님 앞에 나오기는커녕 용서받을 수 있는 그 자리를 떠났다.

진리의 말씀을 통해 속에 감추어졌던 죄가 드러날 때 사람들은 자신의 죄를 가지고 주님 앞에 나오는 것이 아니라 바리새인들처럼 그 죄를 감추고 피한다. 그러나 이 여인은 그의 인생에 가장 놀라운 축복을 경험한다. 이 여인은 죽을 수밖에 없었던 죄의 심판에서 자유함과 새 생명을 얻게 되었다.

여인에게 "너를 정죄한 자들이 없느냐"고 물으신 예수님은 "나도 너를 정죄하지 아니하노니 가서 다시는 죄를 범하지 말라"고 하신다. 여기에 놀라운 하나님 나라의 원칙이 있다. 예수님은 여인에게 "네가 다시 죄를 범하지 않으면 내가 너를 용서하겠다"고 하지 않으셨다. 무조건적인 용서를 베푸셨다.

예수님은 간음한 여인의 죄를 사람들 앞에서 바리새인들처럼 끄집어내서 흔들어 대지 않으셨다. 그렇다고 여인의 죄를 묵과하신 것도 아니다. 죄를 떠나서 예수님은 그 여자를 사랑하신 것이다. 그러고 나서 여인에게 다시는 죄를 범하지 말라고 하셨다. 이 여인의 다음 행적에 대해 알 수는 없지만, 분명 이 여인은 더 이상 어둠 가운데 살아가지 않고 빛 가운데 걸어가는 삶을 살았을 것이다.

하나님의 말씀을 사람 앞에 들이댄다고 해서 사람이 바뀌고 새로워지는 것이 아니다. 내가 변화시키고 싶어하는 그 사람을 온전한 하나님의 사랑으로 받아들일 때 그가 변화되기를 원하는 갈망과 힘을 얻게 된다. 우리가 가지고 있는 하나님의 원칙이나 지식도 사람을 변화시키지 못한다. 그 지식이 하나님의 사랑과 그의 성품 안에서 흘러나오지 않으면 그 말씀은 사람을 풀어주고 자유케 해주는 생명의 말씀이 아니라 사람을 죽이는 돌이 된다.

의의 안경을 쓰면 소망이 보인다

나의 큰아들이 겪은 아픔을 통해 이 부분에 대한 실제적인 이해를 돕고 싶다. 지금은 성장해서 20대 중반의 건강한 청년이 되었지만, 성장 과정에서 받은 마음의 상처로 인해 아이는 힘들고 고통스러운 시간을 보내야만 했다. 아이는 한 살 때 우리를 따라 예수전도단에 들어와서 공동생활을 하게 되었다. 그 당시에는 가정이 들어오는 경우가 많지 않아서 이 아이와 같이 놀아줄 상대가 없었다. 아이는 함께 놀 친구가 없어서 어린 시절을 많이 외롭게 지냈다.

아이가 네 살 때 우리는 일년 반 동안 미국으로 선교여행을 떠났다. 선교여행을 하는 동안 한 곳에 정착해 안정된 생활을 한 것이 아니라 일년 반을 움직이면서 생활했다. 하루 이틀도 아닌 긴 시간 동안 그렇게 살면서 아이는 긴장감을 많이 갖게 되었다.

아이가 다섯 살쯤 되자 새로운 것에 대한 호기심이 왕성했다. 그런데 나는 자연스러운 욕구를 이해하지 못하고 오히려 억압했다. 다른 사람의 집에서 며칠 간 머물면 부모 된 우리는 이 아이가 혹시 실수해서 그 집에 있는 물건들을 깨뜨리지는 않을까 싶어 늘 주의를 주었다. "만지지 마라. 조심해라. 그렇게 하면 혼난다." 이런 부정적인 메시지를 들으면서 자란 것이 아이의 정서에 얼마나 큰 해가 되는지 몰랐다.

일년 반 후 우리 가족은 다시 한국으로 돌아와서 또다시 예수전도단에서 2년 동안 공동생활을 했다. 그러나 이번에도 함께 생활하는 공동체 안에 정서를 나눌 수 있는 상대가 없었기 때문에 아이의 내면에는 외로움의 뿌리가 깊이 내리고 있었다. 그렇게 2년이 지난 뒤 우리는 캐나다 선교사로 파송되었다. 일곱 살 아들에게 캐나다에서 시작한 새로운 생활은 설렘과 기대라기보다 긴장과 두려움이었다. 새로운 환경과 새로운 친구들, 그리고 익숙하지 않은 언어에 대한 부담으로 아이는 큰 두려움을 갖게 되었다.

나는 오랫동안 아이 안에 어떤 일이 일어나고 있는지 모른 채 지냈다. 그런데 아이가 중학교 3학년이 되었을 때 담배를 피우고 있다는 사실을 알게 되었다. 큰 충격으로 내 안에서는 분노가 일었다. 그래서 아이를 불러 왜 그랬냐고 물었더니 늘 긴장과 불안을 느껴 담배를 피우게 되었다고 아픔을 털어놓았다.

나는 자신의 고통을 정직하게 호소한 아들을 하나님의 말씀을 들어 책망했다. 그러나 아들은 변화되지 않았고 나는 말씀을 무기 삼아 정죄하기 바빴다. 아들이 왜 담배를 피워야 했는지 이해하기보다 선교사 아들이 담배를 피웠다는 것에 분노하며 그 문제를 다루려 한 것이다.

나는 아들에게 다시는 담배를 피우지 않겠다는 약속을 하라고 강요했고, 약속을 받아 냈다. 그러나 아이는 1년 후에는 마약에도 손을 댔다. 나는 이 충격적인 사실을 듣고 절망에 빠졌다. 그리고 내 인생은 실패했다는 무력감에 휩싸였다. 내게 통제되지 않는 분노가 흘러 나와 아들은 분노의 희생자가 되었다.

아들에게 무릎을 꿇게 한 뒤 왜 이런 일을 했는가 물었다. 그러자 아들이 고통을 하소연했다. "두려워요. 사는 게 너무 힘들고 고통스러워요. 모든 걸 포기하고 죽고 싶어요." 고통과 두려움에서 도와 달라는 메시지를 보내는 아들을, 나는 하나님의 말씀으로 계속 꾸짖기만 하였다. 한두 번 꾸짖고 끝낸 것이 아니라 생각날 때마다 아들을 불러서 분노를 쏟아 부었다.

하나님의 말씀이 아들을 변화시키고 자유케 하는 진리의 말씀으로, 어둠을 깨뜨릴 수 있는 능력으로 역사해야 하는데 아들의 영혼을 죽이는 무기가 되어 버린 것이다. 이 문제로 내가 삶의 의욕을 잃어버리고 깊은 절망 가운데 있을 때 하나님이 나의 마음에 찾아오셨다.

첫째, 하나님은 나에게 "너는 정말 아들을 사랑하느냐?"고 물어 보셨다. 자식을 사랑하지 않는 부모가 어디에 있겠는가. 그러나 그분은 나에게 "네가 아들을 사랑하는 사랑은 값싼 싸구려 사랑이라"고 말씀하셨다. 그 사랑은 생명이 담긴 사랑이 아니라 조건적인 사랑으로 형벌과 두려움을 주고 행위에 기반을 둔 싸구려 사랑이라는 것이다. 하나님의 무조건적인 사랑 안에는 두려움이나 긴장감이 없다고 말씀하셨다.

둘째, 하나님은 "한 번도 네 아들을 포기한 적이 없다"고 하셨다. 그때 나의 마음엔 솔직히 '내 아들이 이 세상에 태어나지 않았으면 좋았을 텐데' 라는 충동적인 감정이 일어났다. 이런 나의 고통스러운 반응을 보신 주님은 이렇게 말씀하셨다. "나는 한번도 내 사랑하는 아들을 외면하거나 수치스러워서 등을 돌려 본 적이 없다. 그를 싫어하거나 포기한 적이 없다. 왜냐하면 너의 아들 안에 그리스도의 의가 있기 때문이다. 내가 너와 너희의 세대보다 너의 아들과 너의 아들의 세대를 더 크게 사용하겠다. 그가 나의 언약 아래 있는 자요 나의 비전을 가진 아들이기 때문에 내가 그를 큰 자로 쓰겠다. 그러니 이제는 색안경을 벗어 버리고 의의 안경을 쓰고 아들을 보라."

어둠이 준 안경을 쓰고 있을 때 우리는 자신과 다른 사람들에게 절망할 수밖에 없지만 하나님이 주신 의의 안경을 쓰면 소망을 가지게 되는 것이다. 누구든지 그리스도 안에 있다면 그 사람이 깊은 어둠 속에 있다 할지라도 소망을 가질 수 있다.

주님이 나에게 이 말씀을 하신 후에 나의 아들과의 관계에 새로운 변화가 왔다. 그동안 세워졌던 벽들이 무너졌다. 아들은 별로 변화된 것이 없지만, 아들을 바라보는 나의 관점이 달라졌다. 아들의 어두운 행위에 상관없이 있는 모습 그대로 용납하고 사랑하게 된 것이다.

그러자 아버지에게서 온전히 용납 받는다는 안정감에서 나온 힘은 그에게 어둠을 거절하고 저항할 수 있는 힘과 용기를 주었다. 그래서 지금은 이전보다 더 빛 가운데로 가까이 나아가고 있다. 언젠가 하나님이 말씀하신 약속이 나의 아들 안에서 반드시 이루어질 것을 소망 가운데 바라보면서 나의 아들을 기뻐하고 자랑스러워한다.

4) 시기

성경에서 말하는 시기의 개념은 소유하려는 이기적인 욕망을 말한다. 시기의 의미를 이해하려면 질투의 의미를 함께 생각해 보는 것이 좋다. 질투가 내가 받아야 할 사랑을 다른 사람들이 받는다고 생각할 때 느끼는 불편한 감정이라면, 시기는 불편한 감정을 넘어 상대의 명성과 인격을 파괴시키는 행위를 말한다.

그리고 그 악한 행위를 비방이라고 표현한다. 비방이란 상대의 발꿈치를 뒤에서 무는 것으로 중상모략 혹은 훼방이라고도 한다. 우리는 창세기 37

장에서 요셉이 형제들의 시기로 인해 어떤 일을 경험하게 되었는지 볼 수 있다. 형들은 요셉을 시기한 나머지 악을 도모했다. 구덩이를 파서 동생을 그곳에 집어 던졌다가 지나가는 애굽 상인에게 돈을 받고 팔아 버렸다. 시기의 결과가 얼마나 무서운지 보여 주는 말씀이다. 요셉의 형들이 왜 동생을 시기했는가? 두 가지 원인이 있다. 요셉이 꿈꾸는 사람이었다는 것과 아버지가 그를 사랑하므로 채색 옷을 입혀 주었다는 것이다.

오늘 교회라는 공동체 안에도 형제들과의 관계 속에서 시기로 악을 도모하는 행위들이 있다. 우리가 시기함으로 형제를 비방하거나 모함한다면 이것은 바로 구덩이를 파서 형제를 던져 버리는 것과 같은 행위다. 교회 공동체 안에는 꿈을 가진 사람들이 있다. 그리고 하나님이 특별하게 채색 옷을 입혀준 사람들이 있다. 그들 안에 은사나 재능 혹은 지도력이 드러나서 하나님이 특별하게 사용하는 사람들이 있다.

그럴 때 겸손한 마음으로 그들을 인정하고 격려하고 칭찬하면서 배우려 하지 않고, 시기하는 마음으로 그들의 인격을 격하시키고 비방한다면 이것은 곧 하나님의 권위에 대해 거역하는 것이다.

5) 비방

이제 성경적인 관점에서 비방(중상모략)이 영적인 성장과 성숙에 어떤 결과를 가져오는지 살펴보자. 민수기 12장 1절 말씀에는 모세의 허물이 드러난다. "모세가 구스 여자를 취하였더니 그 구스 여자를 취하였으므로 미리암과 아론이 모세를 비방하니라." 미리암과 아론은 모세의 가족이다. 모세는 하나님의 사람으로 하나님의 산 호렙에서 하나님의 계명을 백성들에게 가르쳤었다. 그런데 이방인과 혼인하지 말라고 경고했던 그 자신이 먼저 하나님의 원칙과 질서를 깨뜨렸다. 미리암과 아론이 그를 비방한 것이 당연하게 보인다.

그러나 하나님은 그들 편에 서서 손을 들어 주신 것이 아니라 오히려 모세의 편에 서서 그를 보호해 주신다. 왜 하나님이 그들의 행위를 인정하지 않고 악하다 하셨을까? 2절에서 그 이유를 발견할 수 있다. "그들이 이르되 여호와께서 모세와만 말씀하셨느냐 우리와도 말씀하지 아니하셨느냐 하매 여호와께서 이 말을 들으셨더라." 그들은 하나님이 모세에게 특별히 채색 옷을 입혀 주신 것에 대해 시기하는 마음이 있었기 때문에 마음이 불편했다. 하나님이 세우신 모세에 대해 긴장과 위협을 느꼈던 것이다.

2절 후반절에 "이 말을 들으셨더라"는 말씀을 9절 이후의 말씀과 연결해 보면 그들은 모세의 지도력이 탁월한 것에 대한 영적 열등감이 있었다는 것을 알 수 있다. 이 열등감이 자신을 방어하기 위한 비방으로 나타난 것이다.

우리는 모세의 허물을 보면서 그들이 했던 동일한 행동을 우리의 공동체 안에서 행할 수 있다. 사람들의 실수와 잘못에 대해 돌을 던지는 행위를 정당화시킬 수 있다. 물론 성경은 사람들의 잘못된 행위를 볼 때 그 행위에 눈감아 주고 덮어 주라고 가르치지 않는다. 사람들의 잘못된 행위를 분명히 다루라고 말씀하신다. 단, 방법은 진리로 다루어야 한다.

주님은 우리의 죄에 대해 징계하신다. 징계란 우리를 향한 하나님의 성품에서 나온 '사랑의 법'이다. 그래서 징계할 때에는 겸손과 온유한 마음으로 사람들의 잘못된 문제에 대해 권면해야 한다.

그러나 비방이란 사탄의 성품에서 나온, 사람의 인격을 격하시키고 파괴하는 행위다. 우리는 다른 사람들의 인격을 판단할 수 있는 자격이 없다. 사람의 인격은 그 사람의 존재 가치이기 때문에 그 판단은 하나님의 권한에 속한 것이다. 우리가 어떤 사람의 인격을 비난한다면 그것은 곧 하나님의 형상대로 지음받은 인간의 가치를 위협하고 도전하는 것이다.

우리는 그 사람의 죄악을 미워할 수는 있지만, 인격 자체를 미워할 권리는 없다. 다른 사람들의 잘못된 행동에 대해 책임을 지도록 할 수는 있어도 그들의 인격을 비난해서는 안 된다는 말이다. 3절은 하나님이 왜 모세에게 채색 옷을 입혀 줄 수밖에 없었는지, 그리고 그를 더 많이 쓸 수밖에 없었는지 그 이유를 설명하고 있다. "이 사람 모세는 온유함이 지면의 모든 사람보다 승하더라."

시편 37편 11절은 온유한 자에게 땅을 기업으로 주시겠다는 약속의 말씀이다. 성경에서 땅이란 사역과 사람이란 두 가지 의미를 담고 있다. 그래서 하나님이 모세의 온유함을 보시고 그에게 이스라엘이라는 큰 공동체와 하나님 나라의 사역을 맡기셨다. 우리의 지도력이나 사역은 경험이나 지식 그리고 재능이나 은사에서 나오는 것이 아니다. 온유라는 하나님의 성품에서 나온다. 온유하지 못한 것은 내면의 정서가 불안하다는 것이다. 이런 사람은 안정감이 없으며 충동적으로 반응한다. 그래서 하나님은 이런 사람에게 자기의 사람들을 맡길 수 없다고 하신다. 영적 지도자가 온유하지 못하고 충동적으로 행동한다면 그의 지도력 아래 있는 사람들이 얼마나 큰 상처와 어려움을 겪겠는가.

미리암이 왜 모세를 비방하게 되었는지 근본적인 내면의 문제를 보자. 그녀는 정욕적이며 소유욕이 강하고 자기중심적인 사람이다. 모세보다 자신이 더 중심이 되어야겠다는 욕심에 붙잡힌 사람이다. 그러나 그녀는 원하는 대로 되지 않자 분노해 충동적으로 모세를 비방한다. 충동적인 사람의 특징은 어떤 상황 속에 들어가면 올바른 선택을 하기가 어렵다는 것이다. 그녀는 모세의 허물을 알았을 때 권면을 한 것이 아니라 비방했다. 만일 그녀가 건강한 정서를 가지고 있었다면 비방하는 대신 권면했을 것이다.

미리암과 아론이 모세를 비방했을 때 하나님은 모세의 실수보다 그 사람 안에 있는 장점을 극대화하셨다는 사실에 주목하기 바란다(민 12:3). 삶을 공유하고 나누는 공동체 안에서 우리는 다른 사람의 연약함이나 실수를 들춰내서 말하기를 좋아하는 사람인가, 아니면 다른 사람 안에 있는 장점들을 드러내서 인정하고 격려하고 칭찬해 주는 사람인가?

심지어 어떤 사람들은 평생 부부로 살면서도 상대방을 계속해서 비방한다. 왜 그렇게 힘들게 살아가는가 물어 보면 정 때문에, 그리고 자식들 때문에 어쩔 수 없이 산다고 말한다. 정말 불행한 삶이 아닐 수 없다.

장점을 크게 보는 눈을 키워야

우리는 공동체 안에서 관계를 맺고 있는 사람들 안에 어떤 재능과 은사가 있으며, 장점이 무엇인지 그리고 그들이 칭찬받을 만한 선한 행위가 무엇인지 볼 수 있어야 한다.

우리가 그것을 제대로 보지 못하면 그들을 쉽게 판단하고 무관심하게 대할 수 있다. 하나님이 모세 안에 있는 장점을 극대화시켜서 인정하신 것처럼 우리도 상대방의 약점을 들추어 비방하는 것을 멈추고 다른 사람의 장점을 격려하고 칭찬해 주는 사람이 되어야 한다.

혹 재능과 은사가 없거나 어떤 선한 행위가 없어도 우리가 서로를 인정하고 격려해 줄 수 있는 그 이상의 것이 우리 안에 있다. 그것은 바로 그 사람 안에 있는 예수님의 의다. 이로 인해 우리는 사랑받기에 합당하고 가치 있고 존귀한 사람이다. 격려의 말 한마디가 그 사람을 치유하고 자유케 해 주고 소망을 가져온다. 그래서 우리가 함께하는 공동체는 치유하는 공동체다.

어떤 능력 있는 지도자가 와서 치유 메시지를 전하고, 치유 기도를 해주어서가 아니라, 서로가 그 사람 안에 있는 그리스도의 의를 인정하고 격려해 줄 때 진정한 치유를 경험하게 되는 것이다. 우리 모두는 치유할 수 있는 자원을 가지고 있는 사람들이므로 영혼을 자유케 하는 치유의 통로가 될 수 있다.

이제 민수기 12장 9-15절을 2절과 연결해 보면서 미리암과 아론이 모세를 비방한 죄가 그들에게 어떤 결과를 가져 왔는지 살펴보자.

첫째, 비방하는 죄의 결과로 하나님의 임재를 의미하는 "구름이 장막에서 떠나갔다"고 한다. 비방하는 죄의 실체는 교만에서 나온다. 그래서 비방하는 교만의 영에 힘을 실어 주면 우리는 하나님의 임재 가운데 걸어가는 아름다운 삶을 살 수 없게 된다. 우리가 사람들을 판단하고, 비판하는 어둠의 정신을 깨뜨리지 않으면 결코 하나님의 임재 가운데 걸어갈 수 없다.

둘째, 비방하는 죄로 인해서 미리암이 문둥병에 걸렸다. 문둥병의 특징은 상처가 있어도 아픔을 느끼지 못하는 것이다. 우리도 이런 어둠에 갇히면 영적인 문둥병에 걸려서 영적인 감각을 상실하게 된다. 우리 내면에서 일어나는 하나님의 움직임에 대해서나 하나님 마음과 성품에 대해서 둔감할 수밖에 없다.

셋째, 하나님의 마음을 격동시켰던 이 비방하는 죄로 인해 미리암은 진 밖에 7일 동안 갇히게 됐다. 이 말은 미리암이 공동체로부터 분리되었다는 의미다. 오늘날 교회 생활을 하면서 제일 안타깝고 불쌍한 사람들은 공동체로부터 분리된 사람들이다. 이런 사람들은 공격적이고 부정적이며 다른 사람들을 대적하고 거역한다. 그래서 공동체의 하나 됨 속에 들어오지 못한다. 공동체로부터 분리되면 우리의 영적인 모든 활동이 정지된다.

하나님은 교회를 유기적인 관계로 부르셨다. 그래서 서로 하나로 연결된 유기적인 관계를 통해 생명을 경험할 수 있도록 하셨다. 이렇게 생명을 나누는 관계를 통해 균형 있게 성장하는 건강한 몸을 유지하도록 하신 것이다. 서로 하나 됨이 있는 곳에 영적인 활동이 일어난다.

넷째, 이 죄의 심각성을 보여 주는 말씀이 15절 후반절에 나온다. 백성은 그가 다시 들어올 때까지 진행하지 않았다. 젖과 꿀이 흐르는 가나안 땅을 향해 가고 있던 이스라엘 백성들이 이 두 사람의 비방 죄로 인해 진행을 멈춰야 했던 것이다.

우리가 지금 진행하고 있는 목표가 무엇인가? 하나님이 우리를 부르시는 소망의 항구는 어디인가? 우리는 지금 영적인 성숙을 향해 나아가고 있다. 영적으로 성숙한 사람들이 들어갈 수 있는 약속의 땅을 향해서 가고 있다. 우리 안에 진정한 안식을 말씀하시는 아버지와 아들과 성령님이 누리시는 친밀감의 관계 속에 들어가기 위해 전진하고 있는 것이다. 그 안에서 하나님을 누리고 경험할 때 열매 맺는 성숙한 하나님의 사람이 될 수 있다.

겸손한 자에게 주시는 은혜

무엇이 영적인 성숙을 향해 가는 우리의 발목을 붙잡고 있는가? 하나님이 우리에게 주신, 젖과 꿀이 흐르는 풍성한 약속의 땅으로 가지 못하도록 방해하는 어둠의 견고한 진이 무엇인가? 그것이 바로 지금까지 살펴본 다섯 가지 죄다(벧전 2:1).

교만의 실체인 다섯 가지 영역으로 인해 더럽혀진 우리 자신을 치유하고 깨끗하게 하려면 하나님의 제단에 핀 숯불이 필요하다. 오늘 이 제단에 핀 숯불이 나의 어떤 영역에 닿아야 할까? 내 안에 악독함과 궤휼이 있다면, 외식과 시기와 비방의 죄가 있다면 이제는 이 교만에서 돌이키라고 주님이 말씀하신다.

하나님은 다니엘에게 말씀하셨던 것처럼 우리에게도 "두려워하지 마라. 네가 할 일은 내 앞에서 겸손해지기로 선택하고 결심하는 것이다. 내게 나와서 너희 마음을 토설하고 부르짖으며 내 얼굴을 구하면 내가 너희를 들을 것이라"고 말씀하신다.

그러므로 하루를 열면서 주님 앞에 겸손을 구하는 기도를 드려야 한다.

오늘 하루를 살아갈 때에 겸손으로 옷 입을 수 있도록, 내 모든 삶의 영역 가운데서 겸손히 행하고 겸손의 길을 선택할 수 있도록 힘을 달라고 기도해야 한다.

"하나님! 제 마음 안에서 교만으로 이끄는 어둠의 유혹들이 일어날 때마다, 제 안에 분노하려는 충동적인 감정이 일어날 때마다 주님이 기억나게 해주십시오. 제 안에 다른 사람을 판단하고 정죄하는 마음이 생길 때마다, 제 욕망대로 하려는 마음이 생길 때마다 주님은 이런 교만들을 대적하고 미워하는 분이라는 사실을 기억나게 해주십시오. 또한 제 마음을 닫아 버리고 자신을 방어하고 숨으려는 마음이 생길 때마다 기억나게 하시고, 주님이 보시는 동일한 마음과 태도를 가지고 교만과 싸울 수 있도록 제 안에 은혜를 부어 주십시오."

우리가 매순간 주님 앞에서 우리 삶을 열어 보이기로 선택할 때 주님과 동행하는 겸손한 삶을 살 수 있다. 미가서에서 하나님은 우리에게 선한 것을 보이시는데 그것은 곧 겸손히 하나님과 동행하는 것이라고 말씀하신다(미 6:8). 하나님은 왜 우리에게 겸손을 요구하실까? 그것은 우리가 겸손의 길을 걸어갈 때만이 우리의 삶 가운데 하나님의 형상이 드러날 수 있기 때문이다. 그리고 겸손을 통해 하나님 자신이 누구인가 말씀하시기 때문이다.

다음 약속의 말씀은 우리에게 위로와 도전을 준다. "이제 저희가 그 근심중에서 여호와께 부르짖으매 그 고통에서 구원하시되 저가 그 말씀을 보내어 저희를 고치사 위경에서 건지시는도다 … 여호와께서 저희를 소원의 항구로 인도하시는도다"(시 107:19-20, 30).

이제 하나님이 우리에게 주시는 약속의 말씀을 가지고 나아가자. 야곱이 얍복 강 나루터에서 전심으로 주님을 구하고 찾았던 것처럼 주님을 놓치지 말아야 한다. 주님이 내 안에 있는 어둠을 다루어 치유해 주시도록 회복을 구해야 한다. 하나님은 신실함으로 우리가 새롭게 시작하도록 도우신다. 그분이 말씀하신다. "너희가 내 앞에서 겸손하기로 결단할 때 너희는 이전에 볼 수 없었던 놀라운 일들을 너희의 삶 가운데서 경험하게 될 것이라."

영적 갓난아이의 특징 5 진리를 사모하는 마음

다섯 가지 어둠의 견고한 진을 우리 안에서 쫓아낸 다음에 해야 할 일이 있다. "갓난아이들같이 순전하고 신령한 젖을 사모하라 이는 이로 말미암아 너희로 구원에 이르도록 자라게 하려 함이라"(벧전 2:2). 하나님 가족 안에 갓난아이들이 취해야 할 책임에 대한 말씀이다.

다윗은 시편 42편 1절 말씀에서 하나님을 사모하고 갈망하는 마음을 시냇가를 찾아 헐떡이는 목마른 사슴으로 비유했다. 우리가 다윗 왕처럼 하나님에 대한 목마름이나 의와 진리에 대한 굶주림이 없다면 하나님이 누구신지 경험할 수가 없다. 하나님은 나누어진 두 마음이 아니라 마음을 다하고 뜻을 다하고 온 힘을 다해 주님을 사모하는 마음을 가진 사람들에게 자신을 나타내신다. 베드로전서 2장 2절은 우리가 사모해야 될 대상이 어떤 분인지 말씀하고 있다. 우리 삶의 구주와 생명이 되시고 우리의 전부가 되시는 예수님이 어떤 분이신가 말씀하고 있다.

1) 순전함

우리가 사모하는 예수님은 순전하신 분이다. 예수 그리스도 외에 우리에게 순전함의 완전한 모범을 보여 주신 분은 없다. 그러나 성경에서 하나님의 사람들 가운데 순전함의 모델이 되어 준 한 사람을 소개하자면 욥을 들 수 있다.

욥기 1장 1절에 보면 우스 땅에 욥이라 이름 하는 사람이 있었다. 그 사람은 순전하고 정직하여 하나님을 경외하며 악에서 떠난 자였다. '순전하다' 의 성경적인 의미는 '진실하다, 거짓과 간사함이 없다, 그래서 나뉨 없이 충성되다, 다른 것에 오염되지 않았다' 는 뜻이다.

"결코 내 입술이 불의를 말하지 아니하며 내 혀가 궤휼을 발하지 아니하리라 나는 단정코 너희를 옳다 하지 아니하겠고 죽기 전에는 나의 순전함을 버리지 않을 것이라"(욥 27:4-5). 욥의 순전함을 잘 보여 주는 말씀이다.

사람은 누구나 고난의 위기 가운데 들어가면 본능적으로 불평과 원망을 하게 되어 있다. 그런데 욥의 고백은 내가 어떤 극단적인 상황 속에 들어간다 하더라도, 주님에 대한 나의 헌신과 믿음을 바꾸지 않겠다는 것이다. 성경에서 욥과 같은 용기 있는 놀라운 믿음의 고백을 했던 또 다른 사람들은 바로 다니엘과 그의 세 친구다. 그들은 뜨거운 풀무 속에 있을 때나 사자굴 속에 던져졌을 때도 하나님에 대한 신앙을 지켰다. 하나님이 자신들을 이 위기에서 구원해 주시지 않는다 할지라도 주님을 부인하거나 원망하지 않겠다고 고백한다. 이것이 바로 순전함이 무엇인가 보여 주는 말씀이다.

2) 신령함

예수 그리스도 외에는 신령하신 분이 없다. 그래서 사람은 지나치게 신령하려고 하지 말아야 한다. 일반적으로 사람들은 신령함이란 '강하고 실수가 없어야 하고 완벽해야 한다' 는 의미로 이해한다. 그래서 인간적이기를 두려워하고 자신의 실수나 연약함을 인정하지 않고 속으로 감춤으로써 영적인 사람이 되려고 하는데 이것은 영적이라는 의미에 대해서 잘못 생각하고 있는 것이다. 영적인 의미 속에는 궁핍함이나 메마름이 있고 절망과 무너짐도 있다. 우리 안에 있는 자연스러운 인성을 부인하고 나쁘다고 정의하는 것은 올바른 생각이 아니다. 하나님은 우리를 인간(Human being)으로 만드셨다. 인간은 한계를 가진 존재로 창조되었다. 하나님을 떠나 독립적으로 살아갈 수 없는, 하나님을 의지하고 기대면서 살아가야 하는 존재라는 것이다.

만일 인간이 하나님을 떠나 혼자 살아가려고 한다면 이것은 하나님이 인간을 창조하신 의도에서 벗어나는 것이다. 하나님께로부터 나온 겸손은 자신의 한계와 연약함을 인정하고 다른 사람이 볼 수 있도록 열어 놓는 것이다. 다시 말해, 영적이라고 하는 의미는 자기 방어가 아니라 부족하고 실수할 수 있는 자신의 실체를 자연스럽게 보여 주는 것이다. 그래서 가장 영적인 사람은 가장 인간적인 사람이다. 무엇인가를 감추고 포장하려고 하는 것은 내 안에 수치심과 두려움이 있다는 것을 인정하는 것이다.

예수님은 신성을 가진 하나님이자 인성을 가진 인간으로 이 세상에 오셔서 33년의 삶을 사셨다. 왜 그렇게 하셨을까? 인간을 죄에서 구속하실 뿐만 아니라, 구속받은 인간이 어떻게 인간으로 살아야 하는지 보여 주시기 위해서다. 또한 인간과 인간의 만남이 무엇인지를 가르치기 위해서 몸소 이 땅에서 인간으로 사셨다.

"갓난아이들같이 순전하고 신령한 젖을 사모하라"(벧전 2:2). 여기서 말하는 젖의 의미를 이사야 55장 1절을 통해 살펴보자. "너희 목마른 자들아 물로 나아오라 돈 없는 자도 오라 너희는 와서 사 먹되 돈 없이, 값 없이 와서 포도주와 젖을 사라."

성경에서 포도주가 기쁨 혹은 생수를 의미한다면 젖은 생명의 떡인 하나님의 말씀을 의미한다. 예수님이 2000년 전에 우리가 먹고 마실 수 있는 값을 대신 지불해 주셨기 때문에 우리 안에 주림과 갈증을 생수와 생명의 떡으로 채울 수 있는 것이다.

우리가 사모할 대상은 오직 예수 그리스도다. 성경은 우리가 그리스도의 장성한 분량에 이르는 사람이 되려면 신랑 되신 주님을 사모하는 마음을 가져야 한다고 강조한다. 우리의 삶 가운데 가장 위대하고 축복된 삶이 있다면 그것은 신랑 되신 예수 그리스도를 알고 경험하는 것이다. 우리에게 절대적으로 가치 있는 것은 하나님을 아는 것이다. 하나님을 아는 것에서 발견되고 하나님을 아는 진리를 가질 때 우리는 삶의 진정한 의미와 목적을 가지고 살아갈 수 있다.

우리의 가치는 생명이 있느냐 없느냐에 의해서 결정된다. 생명이 있다는 것은 끝없이 영원하다는 것이다. "영생은 곧 유일하신 참 하나님과 그의 보내신 자 예수 그리스도를 아는 것이니이다"(요 17:3).

'영생'이란 말을 들으면 우리가 영원히 살 천국이라는 그림이 그려지지 않는가? 천국에서 우리의 삶은 어떤 것일까? 영생이 주님과의 인격적인 관계, 친밀감을 나누는 관계를 통해 그분이 어떤 분이신가를 아는 것이라면 천국에서 우리의 삶이 건조하고 지루하지 않을까? 무엇인가 이 땅에서 경험해 보지 않은 새로운 것들을 천국에서 많이 경험하기 원하는데 주님을 알고 경험하는 것이 전부라면 왠지 재미없을 것 같지 않은가?

그러나 하나님은 사람을 창조하실 때 관계를 통해 그분을 알고 그분으로 채워지는 것에서 진정한 기쁨과 행복을 경험하도록 만드셨다. 그분이 얼마나 크고 위대하신 분인지 알아가는 데는 끝이 없다.

예수님은 천국이 우리 안에 존재한다고 말씀하신다. 하나님 왕국 안에서 영생이란 죽은 뒤 가는 나라에서 시작되는 것이 아니다. 내 내면에 거하시는 주님과 인격적인 관계를 통해 그분을 알고 경험하는 데서 시작되는 것이다. 하나님의 나라가 지금 내 안에 존재하기 때문에 우리는 진정한 행복과 기쁨이 있는 삶을 살아갈 수 있다. 그 안에서 주님과 친밀감을 누리며 주리거나 목마르지 않는 생명의 떡과 생수를 먹고 마시는 것이다. 그런데도 우리가 어둠이 주는 쥐엄 열매를 먹으며 절망과 좌절의 고통스러운 삶을 사는 이유는 하나님의 왕국 안에서 이런 풍성한 생명을 누리지 못하기 때문이다.

이제 우리 자신에게 심각한 질문을 던져 보자. 이 질문을 통해 자신의 영적 상태가 어떠한지 점검해 보자. 지금 예수님이 구름을 타시고 이 자리에 재림하신다면 어떻게 반응하겠는가? 두려움이나 긴장감이 생기는가, 아니면 기쁨으로 환영하겠는가? 아마 지금 말고 주님을 맞이할 준비가 된 후에 오시면 좋겠다는 것이 우리의 솔직한 마음일 것이다. 열 처녀의 비유에서 말하듯이 등불은 있지만 기름이 준비되지 않았기에 3년만 기름을 준비할 수 있도록 기다려 달라고 요청할 것이다. 그런데 이런 사람들은 3년이 지나면 3년을 더 달라고 요구할 사람들이다.

주님이 지금 오시는 것을 거절하는 사람들은 복음이 무엇인지 아직 확실하게 알지 못한다. 참된 복음은 지금 주님이 오셔도 괜찮다고 하는 것이다. 지금 예수님이 오시면 두려워해야 할 존재는 그리스도인들이 아니라 사탄이다. 예수님이 오시면 자기들은 무저갱 속으로 들어간다는 사실을 알기 때문이다. 그런데 왜 그리스도인들이 긴장하고 두려워하는가?

나는 서른 살 때 처음으로 예수님을 인격적으로 만났다. 그때 하나님의 무조건적인 사랑을 경험했고 영생의 주님을 맛보는 놀라운 첫사랑을 경험했다. 그때 나는 주의 나라에 들어가는 것에 거리낌이나 두려움이 없었다. 오히려 당당하고 자신감이 넘쳤다. 말씀과 성령님으로 오시는 예수님을 경험할 때마다 나는 풍성한 생명의 삶을 느꼈고 행복했다.

그런데 시간이 지나갈수록 주님과의 관계에 틈이 생기기 시작하면서 어둠이 주는 거짓 메시지가 내 안에 자리잡기 시작했다. 지금 예수님이 오시면 곤란하다는 것이다. 진리는 우리를 자유롭게 하지만 거짓 메시지는 우리에게 불안감과 두려움을 준다.

나는 서른 살이 될 때까지 어둡고 험한 삶을 살았다. 주님을 만나기 전의 삶은 그분이 받으실 만한 어떤 선한 행위도 없었다. 그러나 주님의 놀라운 사랑을 경험하고 영생을 맛보니 주의 나라에 들어가는 것에 막힘이 없었다.

지금 주님이 오시는 것을 좋아하지 않는 사람은 지금 말씀과 성령으로 오시는 그 예수님을 인격적으로 만나고 있지 않다고 말하는 것과 같다. 그것은 곧 주님을 만났던 첫사랑을 잃어버렸다는 말과 같다. 그때 받은 구원의 감격과 기쁨, 주님의 풍성한 생명에서 떠나 있는 것이다. 이제 우리에게는 주님을 처음 만났을 때 가졌던 뜨거운 열정과 첫사랑을 다시 회복하기 원하는 마음으로 주님 앞으로 나가는 결단이 필요하다.

너희가 낫고자 하느냐?

마태복음 20장 29-34절, 마가복음 10장 50절은 우리가 어떻게 주님을 만날 수 있는지 그 길을 보여 준다. 마태복음 20장 29-30절의 배경은 예수님이 제자들을 데리고 여리고에서 떠나 예루살렘으로 가는 길 한가운데서 바디매오라는 소경을 만나 치유하신 사건이다.

"저희가 여리고에서 떠나갈 때에 큰 무리가 예수를 좇더라"(29절). 여기서 큰 무리가 왜 예수님을 따랐을까 살펴보면서 내가 예수님을 따라가는 동기와 목적이 무엇인지 자문해 보자. 그 답에서 현재 우리의 영적 상태를 발견할 수 있을 것이다.

우리가 주님을 따르는 것이 주님을 사랑하는 동기와 목적에서 나온 것이 아니라면 제자가 아니라 교회에 출석하는 교인일 뿐이다. 제자는 자기를 부르신 주님에게 초점을 맞추는 사람이다.

성경에서 말하고 있는 가장 강한 제자도가 있다면, 갈라디아서 2장 20절이다. "내가 그리스도와 함께 십자가에 못 박혔나니 그런즉 이제는 내가 산 것이 아니요 오직 내 안에 그리스도께서 사신 것이라 이제 내가 육체 가운데 사는 것은 나를 사랑하사 나를 위하여 자기 몸을 버리신 하나님의 아들을 믿는 믿음 안에서 사는 것이라."

내가 그리스도와 함께 십자가에 못 박힌 자라면 이제는 나 자신을 위해서 시간과 삶을 사용하지 말고, 나를 위하여 죽으신 그분에게 시간과 삶을 드려야 한다. 주님의 필요를 위해서 자신을 희생하고 헌신하는 사람이 제자의 길을 걸어가는 사람인 것이다. 내가 주님을 따르는 목적과 동기가 무엇인가? 주님을 사랑해서인가, 아니면 나의 어떤 목적을 위해서인가?

주님을 따르는 이 무리들을 보면서 우리 자신들을 볼 수 있다. "소경 둘이 길가에 앉았다가 예수께서 지나가신다 함을 듣고 소리 질러 가로되 주여 우리를 불쌍히 여기소서 다윗의 자손이여 하니"(30절). 여기에서 주목해야 할 것은 여기 나오는 사람들은 지나가는 사람들이 던져 주는 동전 몇 개에 의존해서 겨우 자기 목숨을 부지하며 무력하고 궁핍하게 살았다는 사실이다.

소경은 40년 동안 성전 미문 앞에 살면서 한번도 성전 안으로 들어가 보지 못한 채 교회생활을 하고 있는 우리의 영적 실체를 보여 준다. 오늘날 교회 안에서 영적 지도자가 던져 주는 동전 몇 푼과 같은 몇 마디 하나님의 말씀에 의존해서 궁핍하게 살아가는 사람들에 대해 고발하고 있는 것이다.

이 두 소경은 길가에 앉아 구걸할 뿐 아니라, 앞을 보지 못하는 상태였다. 그러니 얼마나 절망과 좌절의 깊은 늪 속에 빠져 고통스럽게 살아가고 있었겠는가? 그런데 이 소경들이 예수님이 지나간다는 소식을 들었다. 그분이 어떤 분인지 소문을 듣고 이 사람들의 마음에 소망의 빛이 들어왔다. '아, 이분이야말로 우리에게 새로운 시작을 줄 수 있는 분일 것이다' 라는 기대와 희망이 생겨난 것이다. 그래서 그들은 절실한 소망을 이렇게 표현했다. "주여! 우리를 불쌍히 여기소서. 다윗의 자손이여."

수많은 무리가 예수님을 따랐지만, 예수님의 발걸음을 멈추게 한 것은 두 소경의 부르짖음이다. 오늘날 많은 사람이 주님 앞에 나와서 오랫동안 기도한다. 이런 사람들은 염려가 많아서 일일이 그것들을 다 아뢴다. 이 말 뜻을 오해하지 말기 바란다. 하나님이 우리를 중보자로 불러서 많은 기도 제목으로 기도하게 하실 수 있다. 그러나 우리가 염려를 품고 하는 긴 기도는 주님이 듣지 않으신다.

성경은 "아무것도 염려하지 말고 오직 모든 일에 기도와 간구로 너희 구할 것을 감사함으로 아뢰라"고 말씀한다. 주님은 우리에게 모든 염려를 맡기라고 하신다. 위에서 주님의 걸음을 멈추게 했던 두 소경은 주님을 설득시키기 위해서 자기의 모든 상황을 일일이 고하지 않았다. 주님께 설교까지 하는 사람들이 있는데, 이런 사람들은 아직 충분하게 절실하지 않은 것이다. 정말 우리 안에 절실함이 있다면 두 소경이 부르짖었던 한마디의 고백처럼 "나를 불쌍히 여겨 달라"는 몸부림이 있어야 한다. 두 소경의 부르짖음을 들은 예수님은 머물러 서서 저희를 부르셨다(32절).

마가복음 10장 50절은 이 상황을 좀더 자세히 표현하고 있다. 주님이 저들을 불렀을 때 소경은 겉옷을 내어 버리고 일어나 주님께로 달려갔다. 소경이 자신의 겉옷을 던져 버렸다는 것은 무슨 의미인가? 겉옷이란 소경의 신분을 말한다. 이 신분은 존재의 정체성이 아니라 삶의 상태에 대한 정체성을 의미한다.

이들의 신분은 길에서 구걸하는 거지요, 앞을 보지 못하는 소경이다. 모든 삶의 의욕을 잃어버리고 깊은 절망과 좌절 속에서 무력하고 지친 삶을 살았다. 그가 겉옷을 던져 버렸다는 것은 옛 생활을 벗어 버렸다는 말이다. 절망과 좌절 그리고 두려움과 어두움의 옷을 벗어 버리고 예수님께로 달려간 것이다. 어둠 대신 빛의 옷을 입혀 주시고 절망과 좌절 대신 자유와 의의 옷을 입혀 주시며 그분의 자녀들에게 진리와 거룩함의 옷을 입혀 주시는 주님을 향해서 달려갔다는 것이다. 하나님이 우리를 부르신 삶은 비바람을 맞으면서, 추위에 떨며 살아가는 고통스러운 인생이 아니다. 하나님 왕국 안에서 부요함과 풍성함을 경험하며 살아가는 것이다.

두 소경이 주님께로 달려갔을 때 주님이 "너희에게 무엇을 하여 주기를 원하느냐? 네 소원이 무엇이냐?" 물어 보셨다. 예수님이 지금 우리 가운데 말씀으로 와 계신다. 이 사실을 믿고 받아들인다면 두 명의 소경에게 말씀하신 것처럼 우리에게도 동일하게 물어 보실 것이다.

이 두 소경이 원하는 것이 무엇인지 몰라서 물어 보셨을까? 그들이 정말 변화되고 치유되기 원하며, 새로워지기를 원하는 갈망이 있는가 물어 보신 것이다. 주님은 우리 내면에 참 갈망이 있는지 보기 원하신다. 우리는 하나님의 말씀을 듣고 도전을 받지만 내면의 갈급함이 없으면 몇 번 주님의 얼굴을 구하다 예전처럼 돌아가는 습관이 있다. 우리에게 갈망이 있을 때 주님이 임하신다. 두 명의 소경에게 갈망이 있느냐고 물어 보셨을 때 그들은 "눈을 뜨기 원한다"고 대답한다. 우리 안에 존재하는 절실함이 무엇인가? 나를 불쌍히 여겨 달라고 할 만큼 우리의 삶 속에, 내면에 절실한 문제들이 무엇인가?

우리는 삶 속에 주님의 도움을 받아야 할 많은 절실한 문제들을 가지고 있다. 가족들과의 관계, 교회 공동체, 직장 생활, 개인의 삶의 문제 등 주님께 나와 부르짖어야 할 절실한 문제들을 안고 있다. 그 모든 문제들을 주님이 해결해 주겠다고 약속하신다. 그러나 그 전에 "너희가 먼저 그의 나라와 그의 의를 구하라"고 말씀하고 있다. 그의 나라가 어디 있는가? 멀리 하늘 밖이나, 바다 밖에 있는 것이 아니라 우리 안에 있다고 말씀하신다. 그의 의가 어디 있는가? 하나님과 나와의 올바른 관계, 친밀한 관계는 밖에서 이루어지는 것이 아니라 내 안에서 일어난다. 우리가 하나님을 전심으로 찾고 구한다면, 주님과의 친밀감 속에서 그분이 어떤 분이신지 알아가는 삶에 우선권을 두고 살아간다면, 우리가 구하는 삶의 모든 필요를 채우는 신실한 손길을 보게 될 것이다.

그렇다면 우리가 먼저 구해야 할 그의 나라와 의가 무엇인가? 하나님이 보시는 관점에서 우리의 절실한 문제가 무엇인가? 나를 불쌍히 여겨 달라고 부르짖어야 할 만큼 심각하게 절실한 영역이 무엇인가? 이 절실한 문제를 발견한다면 그 문제 앞에서 피하지 않고 직면하겠는가 주님이 물어 보신다.

하나님이 보실 때 우리의 가장 절실한 문제는 황폐한 우리의 내면이다. 어둠으로 황폐해진 내면을 보시는 주님의 아픔과 고통이 얼마나 크겠는가. 우리는 자신의 어두운 내면을 주님의 눈으로 볼 수 있어야 한다. 그래서 두 명의 소경이 눈뜨기 원하는 간절한 그 소원이 우리의 고백이 되기 바란다.

우리의 영의 눈과 귀가 닫혀서 내면에 거하시는 주님을 경험하지 못한다면 어둠과 정욕의 황폐함 속에 우리 자신을 던져 버리게 된다. 그리고 그 속에서 절망과 좌절을 끌고 다니면서 비참하고 초라한 삶을 살아가게 될 것이다. 이제 우리 영의 눈과 귀가 열려서 아침마다 하나님의 말씀을 볼 때 그 속에서 주님의 풍성한 생명을 경험하고 누리며 즐거워하는 삶을 살게 된다.

"예수께서 이르시되 가라 네 믿음이 너를 구원하였느니라 하시니 저가 곧 보게 되어 예수를 길에서 좇으니라"(막 10:52). 예수님의 발걸음을 멈추게 한 사람은 두 명의 소경이었다. 그러나 두 소경의 눈을 여신 분은 예수님이셨다. 우리의 눈을 여실 수 있는 분은 오직 주님뿐이다. 우리의 간절한 부르짖음 앞에 주님이 서실 것이다. 그분이 우리의 닫힌 눈을 만지실 때 우리는 우리를 치유하시는 주님의 얼굴을 볼 수 있을 것이다.

두 명의 소경이 '곧 보게' 되었듯이 주님은 우리가 내일이나 나중에 여유 있는 시간을 만들어 치유하는 분이 아니라 바로 오늘 이 시간에 우리의 눈을 만지고 열어 주기 원하신다.

그들이 보게 되었을 때 예수를 좇았다고 한다. 제자의 삶을 살아가게 되었다는 것이다. 제자의 길은 넓지 않다. 그 길은 희생을 요구하고 대가를 요구한다. 왜 오늘날 많은 사람이 주님을 따르는 데 갈등하는가? 그들은 왜 제자의 삶이 아니라, 신자의 삶을 살아가기로 선택하는가? 어떤 고통이 따른다 할지라도 제자의 길을 선택하겠다는 사람이나 영생의 주님을 자신 안에서 발견하고 경험한 사람들만이 온전한 마음으로 주님을 따를 수 있다. 주님이 부르시는 곳이라면 어디든지 가고, 자신을 기꺼이 드리며 즉시, 온전히, 기쁘게 따라가는 사람들이 제자다.

우리가 본다고 하지만 사실은 보지 못하는 소경이요, 듣는다고 하지만 사실은 듣지 못하는 귀머거리요, 우리가 말한다고 하지만 사실은 벙어리며, 우리가 걷는다고 말하지만 사실은 걷지 못하는 장애인으로 살아가고 있다. 주님이 우리를 부르신다. 이런 우리의 삶과 내면을 치유하시고 회복시키실 때 우리는 신실한 제자의 길을 걸어갈 수 있다.

2000년 전에 두 소경을 만나 주셨던 동일하신 주님이 이미 오늘 우리 가운데 말씀과 성령으로 와 계신다. 그리고 우리가 찬양하고 기도할 때 우리 앞으로 지나가신다. 이때 그분을 내 발 앞에 머물러 서게 했다면 그분이 내 눈을 만지실 것이다. 모든 치유의 출발은 주님이 우리의 눈을 여시는 일부터 시작된다. 내 영의 눈이 열릴 때, 내가 누구인가 알게 되고 그분 안에서 내가 얼마나 가치 있는 존재인지 발견할 수 있다. 그때부터 온전한 치유를 우리 안에서 경험하게 될 것이다. 두 명의 소경 안에 있었던 절실함이 우리의 안타까운 부르짖음으로 고백될 때 이전에 경험하지 못했던 새로운 차원에서 우리의 신랑 되신 예수님을 보게 될 것이다.

영적 갓난아이의 특징

___

- □ 크든 작든 문제가 발생할 때마다 안정감을 잃고 불안해하는 편이다.
- □ 일단 행동과 태도가 거룩하게 보여야 영적으로 성숙한 그리스도인처럼 생각된다.
- □ 성숙한 그리스도인들의 말투와 행동을 닮고 싶어한다.
- □ 큰 은혜와 영적 도전을 받았을 때, 제일 먼저 경건 생활을 위한 규칙과 기준들을 세운다.
- □ 정해진 규칙을 잘 지키며 훈련해야만 성숙한 그리스도인이 될 수 있다고 생각한다.
- □ 경건 생활이 계획대로 안 될 때마다 정죄감과 실패감으로 힘들어한다.
- □ 스스로에 대한 기대치가 필요 이상으로 높기 때문에 자신의 연약한 모습을 용납하지 못한다.
- □ '사역을 얼마나 크게, 얼마나 많이 하는가'를 기준으로 사역자를 평가한다.
- □ '하나님이 보시는 나'에 대한 성경 말씀에 그리 감동받지 않는다.
- □ 자신이 아닌 다른 누군가가 칭찬받고 주목받는 것처럼 느껴질 때, 불쾌하고 불편하다.
- □ (경쟁심 때문에) 일을 할 때 팽팽하게 긴장해 있다.
- □ 대화중에 의견이 엇갈리면 공격받는다고 느끼고 부정적으로 반응한다.
- □ 자신에 대한 다른 사람의 평가에 지나치게 신경 쓰고 힘들어한다.
- □ 다른 사람과 친밀함을 경험하기 힘들고, 무미건조하고 사무적인 관계를 형성한다.

영적 갓난아이의 특징

- 권위 구조를 수평 관계가 아닌 상하 관계로 받아들인다.
- 권위자의 말과 행동을 간섭과 통제로 받아들인다.
- 자신이 느끼는 감정을 무시하고, 특히 부정적인 감정을 해결하려 하지 않는다.
- 상처와 아픔에는 '시간이 약'이라고 생각한다.
- 필요 이상으로 자신을 비하한다.
- 현실이 힘들 때마다 습관적으로 공상 속으로 도피한다.
- 의심이 많고 잘 믿지 못한다.
- 충동적이다.
- 지속적인 훈련보다는 하나님의 능력으로 단번에 변화받아 성숙한 사람이 되기를 원한다.
- 다른 사람의 부탁과 요구를 단호하게 거절하지 못한다.
- 자신의 실수나 연약함을 인정하는 것이 너무 어렵다.
- 여러 가지 일을 하다가 금세 지쳐 포기하고 나가떨어진다. 하지만 곧 또 다른 일들을 떠맡는다.

먼저, '영적 갓난아이, 흔들리는 사람'을 읽은 소감과 가장 인상 깊었던 내용을 나눠 보자. 그리고 영적 성숙의 4단계 중 나는 현재 어느 단계에 있다고 생각하는지 정리해 보자.

1. 영적 갓난아이의 특징 다섯 가지(요동한다, 경쟁의식, 그리스도의 의, 견고한 진, 진리를 사모하는 마음) 중에서 새롭게 깨달은 내용이나, 특별히 공감하면서 읽은 부분은?

2. 종교적인 삶과 참된 신앙생활의 차이점에 대해 나눠 보고, 현재 내 신앙의 현주소를 짚어 보자.

3. 하나님은 때로 우리 인생에 계획하신 놀라운 일을 성취하기 위해 광야학교에서 우리를 훈련시키신다. 야곱은 하나님의 사람으로 빚어지기까지 20년이 걸렸다. 그가 외삼촌 라반을 만나 좌절과 고통을 겪으며 성숙한 하나님의 사람으로 빚어졌듯이, 나의 삶 가운데 라반과 같은 강적을 만나 삶의 변화를 가져온 일이 있는가?

4. 바울에게 주신 가시는 축복의 통로가 되었다고 한다. 나의 약점을 통해 하나님의 은혜를 더 크게 누린 경험이 있으면 나눠 보자.

5. 당신은 지금 당신의 나이와 상관없이 당신이 현재 하고 있는 일에 소명을 가지고 있는가? 삶 가운데 하나님의 부르심을 확인한 특별한 경험이 있다면?

6. 나의 자존감의 근거는 어디에 있는가? 왜 그렇게 생각하는가?

7. 기드온과 모세는 하나님의 부르심을 받고 처음엔 부정적인 반응을 보였다. 내가 그들의 입장이었다면 어떤 태도를 취했을까? 겸손과 낮은 자존감은 어떻게 다른지 되짚어 보자.

8. 예수님은 많은 성품 중에 왜 온유와 겸손을 강조하셨는가? 내가 생각하는 온유와 겸손의 개념은 성경에서 말하는 개념과 어떻게 다른지 정리해 보자.

9. 영적으로 갓난아이 때에는 진리 안에서 행하지 못하도록 하는 다섯 가지 어둠의 견고한 진(악독, 궤휼, 외식, 시기, 비방)이 있다. 그중 내 안에 깨뜨려야 할 견고한 진은 무엇인가? 견고한 진을 파한 후 자유함을 경험한 일이 있는가?

10. 현실이 하나님이 지배하는 영역이라면, 비현실은 사탄이 통치하는 영역이다. 밧세바를 범한 다윗의 실수가 우리에게 주는 교훈을 나눠 보자. 잘못된 것인 줄 알면서도 비현실 세계에 빠지거나 유난히 집착하는 것이 있다면?

11. 영적 갓난아이 특징 중 '사모하는 마음'이 있다. 두 명의 소경이 눈뜨기를 간절히 원한 것처럼 내 안에 존재하는 절실함은 무엇인가? 나를 불쌍히 여겨 달라고 할 만큼 절실한 문제는 무엇인가?

2
영적 어린아이, 분별력 있는 사람

이제 영적 갓난아이의 단계를 마치고 어린아이의 단계를 살아가는 사람들의 모습을 살펴보자. 요한일서 2장 12-14절은 영적으로 성숙함에 이르는 세 단계의 특징을 보여 준다. 우리는 세 구절 속에서 영적 어린아이 단계의 두 가지 특징과 함께 영적 청년의 단계와 아비의 단계를 살아가는 성숙한 자의 삶의 특징을 발견할 수 있다.

영적 어린아이의 특징 1 죄 사함의 확신이 있다

"자녀들아 내가 너희에게 쓰는 것은 너희 죄가 그의 이름으로 말미암아 사함을 얻음이요"(요일 2:12). 하나님 가족 안의 어린아이들이란 죄 용서를 받았다는 확신 가운데 걸어가는 사람들이다. 하나님이 나를 용서하셨다는 사실을 머리로 이해하는 것이 아니라, 마음으로 받아들인 사람들이다. 마음으로 받아들일 때 주님께서 주시는 자유를 누리게 된다. 용서받고 자유를 누리는 사람들만이 다른 사람들을 또한 자유롭게 용서할 수 있다.

이것이 바로 영적으로 어린아이 때를 살아가는 사람들이다.

오늘날 많은 그리스도인들이 풍성한 생명과 기쁨, 자유를 누리지 못하는 이유는 그들 안에서 죄 용서가 해결되지 않았기 때문이다. 그들은 주님이 자신을 구원하셨다는 확신과 죄 용서에 대한 확신이 없기 때문에 주님의 은혜 안에 충분히 머물지 못한다.

정죄감은 사탄이 주는 거짓 메시지다. 성경은 말씀한다. "이제 그리스도 예수 안에 있는 자에게는 결코 정죄함이 없나니"(롬 8:1). 생명의 성령의 법이 우리를 죄와 사망에서 자유케 하셨기 때문이다. 즉, 누구든지 예수 그리스도 안에 있는 자는 결코 무가치하거나 무기력한 사람이 아니다. 영적인 어린아이들은 자신의 존재 가치, 신분에 대해서 더 이상 갈등하지 않는다.

영적인 갓난아이들은 정체성의 위기가 오면 자신을 무가치한 사람으로 받아들인다. 그러나 어린아이들은 하나님이 나를 얼마나 사랑하시는지, 그리고 그 사랑 안에서 내가 얼마나 가치 있는 사람인지 알고 자유를 누린다.

우리는 이 정죄감이 삶에 얼마나 심각한 영향을 주는지 알아야 한다. "만일 우리가 우리 죄를 자백하면 저는 미쁘시고 의로우사 우리 죄를 사하시며 모든 불의에서 우리를 깨끗하게 하실 것이요"(요일 1:9). 영적 어린아이들은 이 진리를 자신의 삶 가운데 적용하는 데 갈등하지 않는다.

죄를 자백하면 용서받는다, 이것은 한순간에 일어나는 하나님의 은혜다. 하지만 죄를 범하면 죄가 우리의 삶에 영향을 미친다. 죄를 범하고 나면 불의와 정죄감이 남는데, 이 정죄감은 우리 안에 있는 상처와 연결된다. 그래서 정죄감이나 상처는 어둠이 역사하는 견고한 진이다.

상처를 받으면 내 존재 가치에 혼란이 일고 갈등하게 된다. 그러나 나의 존재 가치는 하나님이 주시는 선물이다. 그 가치는 우리가 어떤 죄를 범할지라도 바뀌거나 없어지지 않는다. 죄는 자백을 통해 한순간에 용서받을 수 있지만, 상처가 치유되는 것은 과정이 필요하다. 죄를 범하면 우리의 삶과 내면이 상하고 황폐하게 되는데, 회복하기까지는 오랜 시간이 걸린다.

많은 사람이 이 부분에서 혼란스러워하는데, 고린도후서 5장 17절은 이것을 분명히 이해할 수 있도록 도와준다. "그런즉 누구든지 그리스도 안에 있으면 새로운 피조물이라 이전 것은 지나갔으니 보라 새것이 되었도다." 여기서 새로운 피조물이 되었다는 의미는 신분의 회복이지, 상태의 회복이 아니다.

우리가 예수를 믿으면 죄인에서 의인으로 신분이 바뀐다. 하지만 죄인으로서 살 때 내면이 파괴되었기 때문에 그것을 치유하는 과정이 필요하다. 온전하게 회복되기까지는 많은 시간이 걸린다.

이를 위해 견고한 진을 제거해야 한다. 죄보다 더 무서운 것이 바로 정죄감이요, 상처다. 이것이 다른 죄를 번식시키는 온상 역할을 하기 때문이다. 내 안에 어둠의 견고한 진을 그대로 둔다면 치유되지 않은 상처를 통해 삶을 파괴하도록 사탄에게 권위를 부여하는 것과 같다. 그래서 우리의 상처가 다루어지고 치유되는 것은 정죄감에서 자유롭게 된다는 것을 의미한다.

영적 어린아이의 특징 2 아버지를 안다

요한일서 2장 14절에 영적 어린아이의 또다른 특징이 나온다. "아이들아 내가 너희에게 쓴 것은 너희가 아버지를 알았음이요." 여기서 아버지를 안다는 것은 아버지에 대해서 알고 있는 것이 아니다. 인격적인 관계를 통해 하나님 아버지를 알아가는 삶을 산다는 것이다. 어린아이들은 아버지를 알아갈수록 아버지를 신뢰하고 사랑하는 마음, 동경하는 마음이 생긴다.

그래서 아버지와 더 깊은 친밀감 속에 들어가게 된다.

이 시기의 사람들은 영적으로 성숙한 사람의 자원을 모방하지 않고 자기 안에서 개발된 자원을 가지고 다른 사람들을 조금씩 기쁘게 해주기 시작한다. 또한 책임감을 가지고 자기에게 맡겨진 일을 조금씩 이루어간다.

우리는 어떤 일을 행할 때 두려움을 갖는다. 하나는 새로운 일에 도전할 때면 누구나 갖게 되는 두려움이고, 또 하나는 하나님에 대한 믿음과 신뢰가 없고, 그분을 전폭적으로 의지하는 마음이 약한 데서 오는 불안과 두려움이다.

그리스도인들의 삶에는 고난이 있다. 고난의 폭풍이 위협할 때 당신은 주님께 어떻게 반응하는가? 주님은 우리에게 "두려워하지 마라. 내가 참으로 너를 도와주겠다. 나의 의로운 오른손으로 너를 붙들고, 이 환난에서 너를 보호하고 지켜주겠다"고 약속하신다.

고난을 통해서도 우리를 축복하겠다고 하시는 말씀이 정말 놀랍고 흥분되지 않는가? 그래서 우리는 날마다 우리의 짐을 지시고 우리에게 구원을 베푸시는 주님을 찬양한다. 주님은 고통에서 우리를 건지시고 모든 문제를 해결하시는 신실한 분이기에 우리는 모든 어려움을 주님께 올려 드릴 수 있다.

염려와 걱정에서 벗어나려면

당신은 무거운 짐에서 벗어난 후에 얼마 동안 자유를 즐겼었는가? 어떤 사람들은 정신없이 부르짖는 동안에는 모든 염려가 사라졌다고 생각했지만 '아멘'과 동시에 다시 염려가 시작되는 것을 본다. 주님께 다 맡겼으면 염려도 끝 아닌가? 그런데 또다시 염려와 근심을 끌어안고 살아간다.

우리는 지금까지 살아오면서 염려와 걱정에 길들여져 그것에 익숙한 사람이 되었다. 염려에 중독된 사람이 되었다는 말이다. 그래서 항상 염려에 집중하고 집착한다. 문제와 염려를 묵상하면 그것에 지배당하게 된다. 하나님보다 문제가 더 커 보이고 그 문제로 인해 위협받는다.

우리가 문제를 주님께 95% 맡겼다고 하자. 그 정도라면 대단한 믿음이라고 생각할 수 있다. 그러나 맡기지 않는 5%가 있다면 그것은 주님 앞에서 100% 불신앙이다. 95%만 맡기고 5%는 염려하면서 문제를 해결하려는 것, 이것은 하나님의 뜻이 아니다. 그런데도 우리는 하나님께 100% 맡기고 싶지만, 잘 안 되니까 갈등한다. 하나님께 온전히 맡기지 못하는 이유가 뭘까? 내가 하나님을 인격적으로 알지 못하기 때문이다. 그분에 대한 지식과 정보 때문이 아니라, 그분을 인격적으로 알고 경험하며 말씀과 성품을 신뢰할 때 온전히 그분에게 맡길 수 있는 것이다.

하나님은 내가 그분을 온전히 믿고 신뢰하는 사람이 되기 원하신다. 그분은 나의 삶에 일어나는 일에 대해서 나보다 더 관심이 많으시며, 더 안타까워하고 더 고통스러워하신다.

하나님은 그 문제 자체보다 그 문제 속에 있는 자녀들이 어떠한 태도로 그분을 신뢰하고 의지하는가에 관심이 있다는 사실을 알아야 한다. 이스라엘 백성들은 주님을 잘 알지 못하는 사람들이 위기를 맞으면 어떤 반응을 하는지에 대한 전형적인 모델이다.

이스라엘 백성들은 출애굽한 후에 약속의 땅을 향해서 진행하고 있었다. 그런데 바로의 마음이 바뀌어서 바로의 군대가 이스라엘 백성들을 위협하면서 따라온다. 앞에는 홍해가 가로막고 있다. 아주 절박한 상황이었다. 그때 이스라엘 백성들은 죽게 되었다며 하나님과 모세를 불평하고 원망했다. 그러나 하나님은 이스라엘 백성들을 위해서 홍해 밑에 그들이 지나갈 수 있는 길을 예비해 놓으셨다. 인간의 지혜나 능력으로 발견할 수 없는 깊고 은밀한 곳에 백성들이 지나갈 길을 준비해 놓으신 것이다.

우리가 누구인가? 예수님의 의를 가진 사람들이 아닌가? 우리 각 사람이 예수님만큼이나 가치 있는 하나님의 백성이요, 자녀이기 때문에 하나님은 절박한 상황에서도 바다 밑에 길을 예비해 놓으신다.

이런 하나님의 마음을 아는 사람들이라면 어떤 절박한 상황 가운데 있다 할지라도 이스라엘 백성처럼 원망하고 불평할 것이 아니라, 주님을 신뢰하고 의지하며 그의 도움과 구원을 기다릴 것이다. 그러면 하나님은 왜 처음부터 길을 열어 주지 않으실까?

성경은 이 문제에 대해 두 가지 이유가 있다고 한다. 하나는 그분을 끝까지 신뢰하는 사람으로 우리를 훈련시키기 위해서다. 우리는 재정적으로나 다른 여러 가지 절박한 어려움 가운데서 하나님을 기다리지만 그분은 때로 아무런 변화도 보이지 않고 침묵하신다. 그러나 두려워하거나 염려하지 말기 바란다. 하나님은 약속을 붙잡고 끝까지 인내하라고 하신다. 우리 삶의 절박한 상황들은 하나님의 사람들이 그분을 신뢰하는 온전한 믿음을 얻게 하기 위한 것이다.

또 하나는 하나님이 하나님 되심을 그 후손들에게 알리기 위한 것이다. 하나님은 이스라엘 백성들에게 "내가 홍해 바다를 가른 것은 너희의 자녀들과 후손들에게 내가 너희를 구원한 하나님이라는 사실을 알게 하기 위함이라"고 말씀하셨다. 이스라엘 백성들이 그 후손들에게 물려줄 영적 유산, 즉 믿음의 유산은 하나님에 대한 지식이 아니라 그들이 직접 경험한 하나님의 성품이다.

우리는 삶 가운데 찾아오는 다양한 고난을 통해 구원의 하나님을 발견하고 경험한다. 우리가 고난중에 경험한 하나님의 성품을 후손들에게 영적인 유산으로 물려주기 위해서 주님이 우리 삶 가운데 고난을 허락하신 것이다. 하나님의 관점에서 본다면 고난은 재앙이 아니라, 우리가 생명을 인격적으로 만나고 경험할 수 있는 놀라운 축복의 기회다.

사도행전에서 초대 교회의 선교 역사를 돌아보면 거기엔 극단적인 궁핍과 환난과 핍박이 있었다. 그러나 그리스도의 복음은 이런 위기들을 통해 흘러 나갔다. 위기는 땅 끝까지 그리스도의 생명이 흘러 나갈 수 있는 축복의 통로가 되었다. 하나님의 능력이 부족해서 우리 삶 가운데 이런 고난이 일어나는 것이 아니다. 고난은 우리의 완고하고 강퍅한 마음을 깨뜨려서 겸손하고 온유한 하나님의 사람으로 만드는 하나님의 선물이다. 그래서 성경은 고난이 우리에게 유익이요 축복이라고 하는 것이다.

고난이 주는 유익

시편 23편 말씀은 고난이 우리에게 주는 유익이 무엇인가 보여 준다. "여호와는 나의 목자시니 내가 부족함이 없으리로다"(1절). 다윗은 자기 자신과 주님과의 관계를 목자와 양으로 비유했다. 선한 목자는 양들의 욕구와 필요가 무엇인지 알고 채워 준다. 또한 선한 목자는 양의 필요를 공급하기 위해서 푸른 초장과 쉴 만한 물가로 인도한다.

다윗 왕이 모든 부귀영화를 가졌기 때문에 아무것도 부족함이 없다고 고백한 것이 아니다. 그가 왕이었기에 이렇게 고백했다면 시편 23편 말씀은 우리에게 아무런 의미가 없다.

"그가 나를 푸른 초장에 누이시며 쉴 만한 물가로 인도하시는도다"(2절). 다윗의 이 고백은 주님이 내 영혼의 필요를 아시고 내 영혼의 주림과 목마름을 채워 주신다는 고백이다. 우리의 파라다이스는 밖에 있는 것이 아니라 우리 안에 있다. 목자 되신 예수 그리스도를 통하지 않고서는 어느 누구도 우리 영혼의 갈증과 주림을 채우시는 아버지 품 안으로 들어갈 수 없다.

우리가 아버지 품 안에 들어갈 때 그곳에서 내 존재가 발견된다. 우리의 존재는 영원 전부터 그분의 마음 안에 존재했다. 그래서 우리는 영원성을 가진 가치 있는 인격체다. 아버지의 품, 바로 그곳이 아버지와 아들과 성령님이 친밀한 관계를 누리는 곳이다. 그곳에 거할 때 진정한 행복과 만족을 경험하게 된다. 그곳에 거할 때 다윗이 누렸던 부와 영화가 없어도 아무것도 부족함이 없다는 고백을 할 수 있다.

"내 영혼을 소생시키시고 자기 이름을 위하여 의의 길로 인도하시는도다"(3절). 이 말씀은 우리가 하나님과의 친밀감 속에 들어갈 때 우리의 영혼이 새롭게 소성함을 입게 된다는 뜻이다. 그곳에서 그리스도의 아름다운 신부로서 우리의 내면세계가 가꾸어진다.

이어지는 구절에서는 주님이 자기의 이름을 위해 우리를 의의 길로 인도하신다고 기록되어 있다. 여기에서 의의 길이란 주님을 따르는 제자의 길을 말하며 고난의 길을 의미한다. 제자의 길은 넓은 길이 아니라 좁은 길이다. 그 길은 고통과 희생이 따른다. 그래서 사람들이 신자는 되기 원해도 쉽사리 제자가 되려고 하지는 않는다. 제자의 길은 자신의 권리를 포기하지 않으면 결코 갈 수 없는 길이기 때문이다. 주님과 친밀감을 경험하는 사람들만이 이 생명의 길을 선택할 수 있다. 자신의 영혼이 주님과의 관계 속에서 소성함을 입은 사람들만이 주를 따라갈 수 있다.

다음 말씀은 이러한 의의 길을 구체적으로 보여 주고 있다. "내가 사망의 음침한 골짜기로 다닐지라도 해를 두려워하지 않을 것은 주께서 나와 함께하심이라"(4절). 여기서 사망의 음침한 골짜기란 십자가를 통과하는 길을 의미한다.

주를 따르는 길에는 고통이 있고 해가 있다. 그러나 다윗은 이것을 두려워하지 않는다고 고백한다. 무엇이 죽음의 길을 걸어가는 이 사람을 당당하게 만드는가? 모든 사람이 우리를 떠난다 해도 우리의 목자 되시는 주님은 결코 우리를 떠나거나 포기하지 않으신다. 내 속에 예수님의 의가 있기 때문이다.

고난을 통과할 때 얻는 네 가지 보상

사망의 음침한 골짜기, 눈물의 아골 골짜기를 통과하고 나면 주님이 우리에게 보상하기 시작하신다. 어떤 보상인가?

첫째, "주의 지팡이와 막대기가 나를 안위하신다." 안위란 영어로 'comfort'인데, 'fort'라고 하는 말은 요새라는 뜻을 담고 있다. 견고한 성이란 의미다. 흔들리거나 요동하지 않는 성, 적들의 공격이 있다 할지라도 무너지지 않는 강한 성과 같이 만들겠다는 것이다.

여기서 지팡이란 성령님을 상징하고 막대기는 하나님의 말씀을 상징한다. 우리가 사망의 음침한 골짜기를 통과할 때, 주께서 성령님과 말씀으로 우리 가운데 오셔서 요새처럼 강하게 만드신다. 사람이 주는 위로는 우리를 잠깐 기쁘게 하거나 감동하게 만들 수 있다. 하지만 하나님이 주시는 위로는 우리를 견고하게 한다. 그래서 우리는 주님의 안위 가운데 나가야 한다. 이 부분을 이해할 수 있도록 돕는 말씀이 있다. 히브리서 13장 12-13절에 보면 주님이 고난을 받으실 때 영문 밖에서 받으셨다고 한다. 영문이란 예루살렘 성을 말한다. 예수님이 십자가를 지신 것은 예루살렘 성 밖이라는 것이다.

이 말씀을 우리에게 어떻게 적용해야 할까? 우리가 주의 뜻을 행하려면 영문 안에 머물지 말고 밖으로 나가야 한다. 영문 안에는 우리의 말에 동의해 주는 사람들이 있다. 우리가 격려와 위로를 받을 수 있는 곳이다. 그러나 영문 밖에는 사람이 주는 어떤 따뜻한 위로나 격려도 없다. 그 대신 예루살렘 성 밖에는 하나님이 주시는 위로와 격려가 있다. 그곳은 하나님이 보호해 주심으로 안정감이 있다. 그곳은 우리의 피난처다. 그곳은 우리를 하나님의 사람으로 훈련시키고 준비시키는 광야다.

고난이 오면 우리는 어디로 가는가? 사람을 찾아서 영문 안으로 들어가는가? 그래서 그곳에서 다른 사람에게 나의 옳음을 주장하겠는가? 나의 의를 강조하겠는가? 내 말에 동의해 달라고 사람들을 설득하고 요구하겠는가? 나 자신을 스스로 변명하고 보호하겠는가? 그렇게 할 수 있는 권리가 우리에게 있다. 그러나 우리가 사람이 주는 인정과 위로를 받으려고 성 안으로 들어간다면 영적인 궁핍 속에 스스로 들어가는 것과 같다. 우리의 삶이 영적으로 궁핍하고 가난한 것은 사람들 속에 들어가 위로를 찾기 때문이다. 사람이 주는 자원을 가지고 살아간다면 우리는 아직도 미성숙한 상태에 머물러 있는 것이다.

영적으로 성숙한 하나님의 사람이 되기 원한다면, 제자가 되기를 갈망한다면, 영문 밖으로 나가기 바란다. 하나님께로부터 오는 자원을 가지고 살아가는 사람이 되기를 소원한다면 영문 밖으로 나가기 바란다. 사람이 주는 위로로는 다른 사람들에게 도전을 주거나 생명을 줄 수가 없다. 그러나 주님의 위로와 격려가 있다면 그 자원은 많은 사람에게 기쁨과 축복이 된다.

주님은 우리에게 도전하신다. 주님의 위로를 얻길 원하는가? 만약 이 말에 '아멘'으로 반응한다면 고난을 달라고 한 것이다. 고난 없이는 주님의 위로를 경험할 수 없기 때문이다. 우리가 주를 위해 의의 길을 걸어가지 않는다면, 결코 주님께로부터 오는 놀라운 자원을 소유할 수 없다.

둘째, 고난을 통과한 사람에게 주님은 원수의 목전에서 상을 베푸신다. "주께서 내 원수의 목전에서 내게 상을 베푸시고 기름으로 내 머리에 바르셨으니 내 잔이 넘치나이다"(5절). 원수는 우리에게 거짓 메시지를 전한다. 고난은 우리의 죄 때문에 받는 재앙이라고 말이다. 만일 우리가 자신의 죄로 인해 고난을 받는다면 고난 받지 않는 사람들이 고난 받는 사람보다 더 도덕적인 삶을 사는 사람이라고 단정할 수 있는가? 아니다.

이 고난을 통과하면 주님이 원수의 목전에서 보상하신다. '너를 높은 고원으로 데려가겠다', '너를 원수의 목전에서 높이 세우시겠다' 는 의미다.

그리고 기름을 머리에 바르셔서 내 잔을 넘치게 하신다고 한다. 여기서 '기름'이 성령님의 기름 부으심을 의미한다면 흘러넘치는 잔은 '풍성함'을 뜻한다. 즉, 풍성한 생명이 흘러나오는 기름 부음으로 보상하겠다고 말씀하시는 것이다.

당신은 삶과 사역, 사람들과의 관계 속에서 풍성한 기름 부음을 경험하기 원하시는가? "예"라고 한다면 지금 고난을 주님께 달라고 요구한 것과 같다. 기름 부음은 불을 통과한 사람들에게 주시는 하나님의 보상이다.

우리가 하나님의 기름 부음을 원한다면 주님이 우리를 이끄시는 광야 안으로 들어가기로 선택해야 한다. 그리고 우리의 믿음의 시련을 위해서 주시는 다양한 고난을 피하지 말고 직면해야 한다. 그 안에서 온전한 인내를 이룰 때 소망의 자리에 들어갈 수 있다.

그 다음 보상은 무엇인가? "선하심과 인자하심이 정녕 나를 따르리니"(6절). 우리가 주를 위해 의의 길을 걸어갈 때 하나님은 선하심과 인자하신 성품으로 나와 동행하신다. 내가 고난을 통과할 때 하나님의 선하심이 나를 떠나지 않는다는 말은 나를 선대하신다는 말이다. 그리고 고난을 통해 오히려 축복이 되게 하신다는 말이다.

그래서 성경은, 하나님은 모든 것을 합력해서 선을 이루시는 분이라고 말씀한다. 로마서 8장 28-29절은 고난이 축복이 된다는 말씀을 확인시켜 주는 말씀이다. "우리가 알거니와 하나님을 사랑하는 자 곧 그 뜻대로 부르심을 입은 자들에게는 모든 것이 합력하여 선을 이루느니라"(28절). 29절은 우리에게 고난을 주신 궁극적인 목적이 무엇인지 분명하게 보여 준다. 아들의 형상을 본받게 하기 위해 모든 것이 합력한다고 한다. 그리스도인들에게 최고의 선이 있다면 그것은 그리스도의 성품을 닮는 것이다.

요한계시록 3장 18절을 보자. "내가 너를 권하노니 내게서 불로 연단한 금을 사서 부요하게 하고." 여기서 불이 고난을 의미한다면 금은 그리스도의 성품을 말한다. 금이란 뜨거운 풀무 속에서 단련되어 나온다. 용광로의 뜨거운 불을 통해 불순물이 제거될 때 순수한 정금으로 만들어지는 것이다. 이와 같이 그리스도의 성품이 나의 내면과 삶에 나타나기 위해서는 불이라는 고난 속에 머물러 있어야 한다. 그리고 그 고난을 통과할 때 우리의 삶이 부요하게 된다. 이 세상에서 가장 부요한 사람은 많은 재물을 소유한 사람이 아니라 그리스도의 성품을 닮은 사람이다.

하나님은 그분의 자녀들이 당신의 성품에 참여하는 자가 되기를 원하신다. 경건한 주님의 성품을 가진 사람이 되길 원하는가? 만일 마음 깊은 곳에서 '아멘' 이라고 반응한다면 또다시 고난을 달라고 간청한 셈이다. 주님은 우리의 기도와 소원에 신실함으로 응답하신다. 아니, 벌써 우리에게 응답하심으로 지금 우리가 이해할 수 없는 다양한 고난 가운데 있는지도 모르겠다.

마지막으로 주어진 보상은 "내가 여호와의 집에 영원히 거하리로다"(6절)라는 말씀에서 찾을 수 있다. 우리가 고난 가운데 있을 때 하나님이 어떻게 우리를 후대하시는가 보여 주는 격려의 말씀이다. 시편 23편 6절은 1절과 연관이 있다. "내가 부족함이 없다" 는 고백은 다윗이 왕으로서 부귀영화를 누렸기 때문에가 아니라 여호와의 집을 소유한 자신을 발견했기 때문에 한 고백이었다. 우리에게도 다윗이 발견한 것과 동일한 여호와의 집이 있다. 그래서 다윗의 고백이 우리의 고백이 될 수 있다.

"또한 모든 것을 해로 여김은 내 주 그리스도 예수를 아는 지식이 가장 고상함을 인함이라 내가 그를 위하여 모든 것을 잃어버리고 배설물로 여김은 그리스도를 얻고"(빌 3:8). 이 말씀은 바울이 빌립보 교회에 전한 것으로 그리스도의 의를 가진 자로 발견되기 원한다는 간절한 마음이 들어 있다.

또한 이 말씀은 하나님의 왕국을 소유한 자의 가치와 부요함을 드러내는 동시에 세상에 묶이지 않은 자유로운 사람이 될 수 있는 길을 보여 주고 있다. 여호와의 집을 소유한 사람은 결코 초라하거나 비굴하게 살지 않는다. 하나님은 우리가 부자로 살지는 못해도 부요한 자로 살아갈 수 있는 조건을 만족시켜 주신다.

성경은 이 세상 모든 것을 가지고 있다고 할지라도 여호와의 집을 소유하지 못한 사람은 실상 벌거벗은 사람이라고 말씀한다. "너희가 없는 자 같으나 있는 자요, 너희가 가난한 자 같으나 부요한 자요, 너희가 궁핍한 자 같으나 넉넉한 자요, 무명한 사람 같으나 유명한 자다. 또한 너희가 실패한 사람 같지만, 실상은 너희가 성공한 사람이다"(고후 6장 참조).

세상은 모든 것을 소유한 사람을 성공한 사람이라고 말하지만, 하나님이 보시는 관점에서 진정한 성공은 하나님의 왕국을 소유한 사람이다.

영적 어린아이의 특징 3 빛과 어둠을 분별한다

요한일서 2장 18-19절을 함께 살펴보자. "아이들아 이것이 마지막 때라 적그리스도가 이르겠다 함을 너희가 들은 것과 같이 지금도 많은 적그리스도가 일어났으니 이러므로 우리가 마지막 때인줄 아노라 저희가 우리에게서 나갔으나 우리에게 속하지 아니하였나니 만일 우리에게 속하였더면 우리와 함께 거하였으려니와 저희가 나간 것은 다 우리에게 속하지 아니함을 나타내려 함이니라."

영적 어린아이들은 하나님을 사랑하는 사람과 하나님을 사랑하지 않는 사람을 분별할 수 있는 능력이 있다. 하나님을 사랑하는 사람들이란 빛 가운데 걸어가는 사람을 말한다. 이들은 하나님과 사귐이 있는 사람들이다(요일 1장).

그런데 하나님이 영적 어린아이들에게 요구하시는 것이 있다. 하나님과 사귐을 갖는 경건한 사람들과 하나가 되라는 것이다. 부모는 자녀들이 어떤 친구들과 어울려 다니는가에 상당히 관심이 많다. 어떤 사람과 어울려 다니느냐에 따라서 그들의 삶이 결정되기 때문이다.

우리의 아버지이신 하나님도 우리가 아무나 만나서 어울려 다니는 것을 원하지 않으신다. 그럼 예수를 믿지 않는 친구들은 어떻게 대해야 하는가? 그들에게 하나님의 사랑과 복음을 전해야 하지만, 함께 어울려 다니지 말라고 하신다. 그들이 우리에게 어떤 영향을 주는지 아시기 때문이다.

영적인 어린아이들은 영향을 주기보다 받는다. 때문에 믿지 않는 친구들에게 영향을 줄 수 있을 때까지 기다리라고 말씀하신다. 세상의 영향을 받지 않고 오히려 세상에 도전을 줄 수 있는 그때가 될 때까지 조용히 하나님 앞에 머무는 사람이 되라는 것이다.

하나님의 가족 안에서 청년의 때가 되면 영향을 주는 사람이 될 수 있다. 청년의 특징은 하나님과 친밀감을 깊이 즐기는 사람이다. 그분과의 친밀감이 없으면 세상이 주는 어둠의 유혹을 거절하고 이길 수 없다. 깊은 영성을 가진 하나님의 사람으로 자라날 수도 없다. 친밀감이란 세상에 도전할 수 있는 영적인 힘이다.

헌신의 척도, 위기에서 검증돼야

주님을 따른다는 것은 제자훈련이나 뜨거운 열정만으로 충분하지 않다. 주님을 경외함에서 나오는 친밀감을 가질 때 온전히 주님을 위해 자신을 드리는 제자가 될 수 있다. 베드로와 욥의 경건은 삶의 위기를 통해 검증되었다. 믿음의 훈련이나 헌신의 척도는 교회라는 온실 속에서 평가되는 것이 아니라 삶의 현장, 위기 속에서 검증되는 것이다.

사탄이 욥의 경건을 하나님 앞에서 참소했을 때 하나님은 욥을 시험하도록 사탄에게 허락했다. 하나님이 욥을 사탄에게 맡길 만큼 신뢰하신 근거가 무엇인가? 그것은 친밀감이다.

그렇다면 주님이 우리를 이 세상에 보내시면서 믿고 신뢰할 수 있는 근거가 무엇인가? 우리가 제자훈련을 잘 마쳤기 때문에, 경건의 시간을 날마다 하고 있기 때문일까? 묵상 및 하나님의 음성 듣기 훈련을 받았기 때문일까? 중보 기도와 영적 전쟁에 대한 지식과 원칙을 알고 있기 때문일까?

이것은 경건의 모양일 수 있다. 우리가 행하는 모든 경건의 훈련과 삶 가운데 하나님과의 친밀감이 없다면 베드로처럼 무너질 수밖에 없다는 사실을 인식해야 한다. 하나님이 안심하고 이 세상 가운데 보낼 수 있는 사람은 하나님과 친밀한 사람들이다. 그들만이 이 세상을 감당하고 이길 수 있다고 하신다. 그래서 하나님은 영적인 갓난아이들과 어린아이들에게 세상 가운데로 들어가지 말고 하나님과의 친밀감을 통해 성숙한 하나님의 사람이 될 때까지 기다리라고 말씀하신다. 하나님은 그분의 자녀들이 빛 가운데 걸어가는 사람들과 사귀기를 원하신다. 그들과 사귐을 통해 경건의 열매를 맺을 수 있기 때문이다. 어둠 가운데 있는 사람들과 사귄다면 어둠의 열매를 맺기 쉽다. 이제 어둠 가운데 행하는 이들 가운데서 나오라고 하신다.

또한 우리가 마음을 돌이켜 어둠의 길에서 떠나 진리의 길, 의와 경건의 길을 걸어가는 자가 되길 원하면, 하나님이 우리의 관계에 가지치기를 하신다. 하나님은 그분의 자녀들이 거룩함의 열매를 맺게 하시기 위해 열매를 맺지 못하는 가지들을 깨끗이 정리하신다(요 15장). 하나님이 관계 속에 개입하셔서 가지치기할 때는 고통과 아픔이 뒤따른다. 오랫동안 서로에게 붙어 있던 관계가 깨지기 때문에 힘들고 고통스럽다. 이것을 하나님의 관점에서 볼 수 있어야 상처를 받지 않는다.

이것을 볼 수 있는 사람들은 영적인 어린아이의 때를 지나가고 있는 사람들이다. 영적 어린아이들은 하나님과의 친밀감 속에서 그분과 동행하는 경건한 사람들을 내 삶에 보내 주시도록 기도해야 한다. 우리의 삶과 마음과 생각을 함께 나눌 수 있는 충성된 친구들을 보내 주시도록 간구해야 한다. 그리고 주님의 나라를 위해서 함께 비전을 나누며 동역할 수 있는 신실한 사람들을 구해야 한다. 이 사람들은 우리 삶을 부요하게 하고 축복하는 통로가 된다. 잠언은 우리가 많은 재물을 가진 사람인가에 가치를 두는 것이 아니라, 얼마나 신실한 친구를 많이 가지고 있는 사람인가를 부요함의 가치 기준으로 삼고 있다.

우리는 이와 같이 순전하고 충성된 친구를 만나도록 하나님께 구해야 하지만, 그전에 먼저 내 자신이 충성된 사람으로 준비되어야 한다. 그때 하나님이 욥이나 다니엘같이 순전하고 충성된 사람들을 우리에게 허락하실 것이다.

영적 어린아이의 특징 4 성령의 기름 부음이 있다

영적 어린아이의 특징은 요한일서 2장 20-21절에 나와 있다. 이 특징을 구체적으로 설명해 주는 말씀은 요한일서 2장 27-28절이다. 그리고 갈라디아서 1장 11절, 18절은 이 말씀을 더 구체적으로 풀어서 설명해 준다. 이 말씀들을 차례로 살펴보면서 영적 성숙에 들어갈 수 있는 기반을 세워 보자.

"너희는 거룩하신 자에게서 기름 부음을 받고 모든 것을 아느니라 내가 너희에게 쓴 것은 너희가 진리를 알지 못함을 인함이 아니라 너희가 앎을 인함이요 또 모든 거짓은 진리에서 나지 않음을 인함이니라"(요일 2:20-21).

여기서 기름 부음이란 말의 원어를 보면 성령으로 세례를 받는다는 뜻이다. 주께로부터 기름 부음을 받고 성령 세례를 받으면, 우리가 진리 안에서 그리스도의 장성한 분량에 이르는 사람이 될 수 있다는 것이다. 다시 말해 우리가 교회생활을 오랫동안 했을지라도 성령으로 세례를 받지 못하거나 성령의 충만함을 경험하지 못했다면 어느 누구도 진리 안에서 깊은 영성을 가진 성숙한 사람이 될 수 없다는 말이다. 기름 부음이란 어린아이 때 나타나는 성령의 역사다. 성령의 초자연적인 능력은 성숙한 사람들 안에서만 나타나는 것이 아니라 어린아이 때에 나타난다. 그래서 하나님이 우리의 경건을 평가하실 때는 드러나는 은사가 아닌 우리의 인격과 성품으로 검증하신다.

"그날에 많은 사람이 나더러 이르되 주여 주여 우리가 주의 이름으로 선지자 노릇 하며 주의 이름으로 귀신을 쫓아내며 주의 이름으로 많은 권능을 행치 아니하였나이까 하리니 그때에 내가 저희에게 밝히 말하되 내가 너희를 도무지 알지 못하니 불법을 행하는 자들아 내게서 떠나가라 하리라"(마 7:22-23).

이 말씀은 우리에게 많은 혼돈을 줄 수 있다. 그들이 주님의 이름으로 사역했을 때 놀라운 역사들이 일어났다. 성령의 기름 부음을 통해 초자연적 역사들이 나타났는데, 주님이 그 사역을 인정하지 않고 불법을 행하는 자들이라고 책망하시면서 그들을 외면했다.

그들의 문제가 무엇인가? 그들에게 나타난 성령의 기름 부음은 외적 기름 부음이다. 이것은 주께로부터 오는 것이지만 우리의 삶이 주님과 연결된 경건한 삶을 살지 않아도 나타나는 것이다. 그러나 내적 기름 부음은 우리 내면에 거하시는 주님과의 관계 속에서 흘러나온다. 그래서 하나님은 그분과의 관계에서 나오는 내적 기름 부음만 인정하신다.

성경은 하나님과의 관계에서 나오지 않은 모든 행위들을 헛된 것이라고 한다. 하나님의 사랑으로 시작되지 않은 모든 것은 인정할 수 없다고 한다. 하나님의 이름으로 하는 모든 사역에 그분이 함께하지 않는다면 그 수고가 헛된 것이라고 한다. 성령의 초자연적인 역사가 나타난다 할지라도 주님이 "내가 너를 도무지 알지 못한다"고 말씀하시는 이유가 여기에 있다.

하나님이 영적 갓난아이 때 주시는 선물이 예수 그리스도의 의라면, 영적 어린아이 때 주시는 선물은 성령의 기름 부음이다. 이 기름 부음이라는 성령세례는 예수 그리스도의 의를 가진 모든 사람에게 주시는 넉넉한 하나님의 선물이다. 예수 그리스도를 나의 구주로 영접하는 순간 선물로 받게 되는 그리스도의 의로 인해 성령의 기름 부음도 받을 수 있는 것이다.

기름 부음은 우리의 행위로 받을 수 있는 조건적인 것이 아니라 예수 그리스도의 의를 믿는 믿음으로 경험할 수 있는 것이다. 많은 사람이 성령세례를 두고 신학 영역에서 상당히 혼란스러워한다.

성령세례에는 두 가지 의미가 있다. 하나는 은혜적 성령세례요, 또 다른 하나는 은사적 성령세례다. 은혜적 성령세례는 구원, 중생과 연결되어 있다. 이것은 예수님을 영접할 때, 즉 평생에 한 번 경험한다. 우리는 은혜적 성령세례를 받고 그리스도의 의를 가진 하나님의 자녀가 되었다. 하나님은 우리에게 선물로 주신 그리스도의 의로 말미암아 다시 우리에게 은사적 성령세례를 주신다.

봉사와 섬김을 위한 성령세례는 현재적이고 계속적으로 그리스도의 의를 가진 하나님의 자녀들이 주님의 부르심에 합당한 삶을 살도록 하기 위해 하나님이 주신 것이다. 그분은 또한 빛 가운데 걸어가는 능력 있는 삶을 살도록, 진리 안에서 그리스도의 장성한 분량에 이르는 사람이 되도록 능력의 세례를 주신다. 그리고 무엇보다 중요한 것은 주 안에 거하는 삶의 기반을 세워 주기 위해 영적 어린아이들에게 선물로 성령의 기름 부음을 주신다.

영적 어린아이의 기반, 주 안에 거함

이제 주 안에 거하는 삶의 기반을 세우기 위한 말씀을 나누고자 한다. "너희는 주께 받은바 기름 부음이 너희 안에 거하나니 아무도 너희를 가르칠 필요가 없고 오직 그의 기름 부음이 모든 것을 너희에게 가르치며 또 참되고 거짓이 없으니 너희를 가르치신 그대로 주 안에 거하라 자녀들아 이제 그 안에 거하라 이는 주께서 나타내신 바 되면 그의 강림하실 때에 우리로 담대함을 얻어 그 앞에서 부끄럽지 않게 하려 함이라"(요일 2:27-28).

'담대함을 얻는다'는 것은 우리 내면의 강함, 속사람의 강함을 말하는 것으로 영적으로 성숙한 사람의 특징을 나타낸다. 하나님을 아는 백성은 강하고 용맹을 발할 수 있다고 하는데, 주 안에 거하는 삶을 통해서만 이처럼 성숙한 자리에 들어갈 수 있다.

27절에 "기름 부음이 너희 안에 거하면 아무도 너희를 가르칠 필요가 없고"라는 말을 잘 이해해야 한다. 문자 그대로 받아들이고 적용하면 하나님의 말씀을 왜곡할 수 있다. 이 말씀을 오해하면 교주가 되거나 이단에 빠질 수 있다. 이것은 우리 안에 기름 부음, 즉 성령이 하는 기능이 무엇인지 말해 준다. 성령은 우리의 상담자시요 옆에서 우리를 돕는 보혜사다. 또한 우리를 가르치고 진리 가운데로 인도하시는 분이다.

사람들은 참된 진리만을 가르치지 않는다. 거짓된 것, 왜곡된 것, 자기의 생각을 진리인 것처럼 가르칠 수가 있다. 그러나 우리 안에 거하시는 기름 부음은 우리에게 참되고 거짓이 없는 진리만을 가르치고 인도한다. 기름 부음이 주 안에 거하는 삶의 기반을 세워 주신다. 주 안에 거하는 삶이란 하나님과의 친밀한 관계를 통해 그분의 성품을 알아가는 삶이다. 즉, 에녹이 300년 동안 믿음으로 하나님과 동행했던 삶을 말한다.

주 안에 거하는 삶에 대해 좀더 구체적으로 이해하기 위해 다음의 말씀을 보자. "내가 여호와를 항상 내 앞에 모심이여 그가 내 우편에 계시므로 내가 요동치 아니하리로다 이르므로 내 마음이 기쁘고 내 영광도 즐거워하며 내 육체도 안전히 거하리니 이는 내 영혼을 음부에 버리지 아니하시며 주의 거룩한 자로 썩지 않게 하실 것임이니이다 주께서 생명의 길로 내게 보이시리니 주의 앞에는 기쁨이 충만하고 주의 우편에는 영원한 즐거움이 있나이다"(시 16:8-11).

다윗은 주 안에 거하는 이 신비로운 삶이 얼마나 놀라운 삶인가 고백하고 있다. '항상 내 앞에 여호와를 모시는 삶'은 바로 주 안에 거하는 삶을 말한다. 하나님의 임재 가운데 들어가서 그분의 존재를 의식하는 삶을 의미한다. 우리의 생각과 마음을 항상 주님께 고정해 그분을 의식하며 사는 삶을 말한다. 우리의 모든 욕구와 생각이 성령의 이끌림을 받도록 온전히 복종하는 것을 말한다. 이것이 바로 그리스도인들의 정상적인 삶이다.

우리가 하나님 임재 가운데 걸어가는 삶을 산다면 어떤 폭풍이 위협할지라도 두려워하거나 요동하지 않는다. 항상 우리의 시선을 주님께 고정시키고, 우리 마음을 그분께 둔다면 환난 가운데서도 안정감을 누리며 살 수 있다.

11절에서 '주 안에 거하는 삶의 길'을 생명의 길, 진리의 길이라고 했는데, 이 생명의 길은 내 안에 있다. 아버지와 아들과 성령이 나누는 친밀한 관계 속으로 들어가 내 영 안에 거하시는 주님의 존재를 발견하고 경험하면, 세상이 줄 수 없는 기쁨과 즐거움을 경험할 수 있다고 한다. 외적 기쁨은 잠깐 있다가 사라져 버리지만 주님께로부터 오는 기쁨은 영원하다.

그렇다면 이 기쁨을 삶 속에서 어떻게 누릴 수 있는가? 하나님의 임재 가운데서 그분과 친밀감을 어떻게 나눌 수 있을까? 이런 삶을 살아가려면 먼저 하나님의 임재를 기다리는 훈련을 해야 한다. 기다림의 훈련은 주님 앞에 우리의 시선을 고정시키는 훈련이다. 우리의 내면에 존재하시는 주님의 나타나심을 기다리는 훈련이다.

"너희는 가만히 있어 내가 하나님 됨을 알지어다"(시 46:10). 성경은 그분이 어떤 분인지 알기 위해 하나님 앞에서 기다리는 경건의 훈련을 해야 한다고 강조한다. 하나님의 임재를 경험하기 위해 조용히 주님을 기다려 본 기억이 있을 것이다. 얼마 동안 잠잠히 그분을 기다릴 수 있는가? 기다린다는 것이 얼마나 어려운 일인지 경험해본 사람은 잘 알 것이다. 우리가 잠잠히 주님을 기다리는 일을 시작하자마자 들어가는 곳은 하나님의 임재가 있는 빛의 영역이 아니라 비현실이라는 어둠의 영역일 때가 많기 때문이다.

진정한 영성은 균형이 있어야

나는 비현실에 대한 문제를 다루면서 묵상이 왜 어려운지 언급했다. 오랜 시간을 비현실 속에 머물러 있었기에 하나님을 묵상하며 기다리는 동안 힘들고 어려워서 쉽게 포기하고 체념하고 싶은 마음이 생기는 것이다. 주님을 조용히 기다릴 때 무엇이 우리를 방해하는가? 우리가 그분의 임재를 기다릴 때 내면에서 떠오르는 더럽고 추한 생각들로 인해서 하나님께 송구했던 적은 또 얼마나 많은가?

그런 생각들을 차단하기 위해 우리는 입을 연다. 하지만 일방적으로 수십 분 동안 주님께 쏟아 붓고 나면 어떤 마음이 생기는가? 내가 이만큼 기도했다는 만족감에 빠지지는 않는가? 일방적으로 쏟아 붓는다는 것은 주님께 대한 무례를 범하는 것이다. 주님이 말씀하시려고 하는데 내 볼일 다 보았다고 등을 돌리고 떠나 버리는 것과 같다. 이때 주님이 얼마나 안타까워하실지 생각해 본 적이 있는가?

이런 관계는 인격적 관계가 아니다. 성경은 우리가 오랜 시간을 기도했기 때문에 깊은 영성을 가진 사람이 된다고 말하지 않는다. 우리가 기도원에 올라가서 '주여' 삼창하고 밤새도록 부르짖으며 기도하는 것을 절대적 경건이라고 말하지 않는다.

진정한 영성은 균형이 있어야 한다. 묵상기도와 부르짖는 기도, 어느 한쪽으로 치우치는 것이 아니라 균형을 가져야 한다는 것이다. 깊은 영성을 가진 자로 자신을 넓히고 발전시키고 싶다면 하나님과의 친밀감을 나누면서 그분을 묵상하는 삶을 회복해야 한다. 묵상이란 기다림의 훈련을 통해 더 깊어질 수 있다. 묵상이란 말씀을 공부하고 연구하는 그 이상의 것이기 때문이다.

묵상이란 나의 내면에 존재하시는 그분의 음성을 듣는 것이다. 내 안에서 들려오는 주의 음성을 듣기 위해 기다린다는 것은 결코 쉬운 일이 아니다. 우리는 자신의 내면세계에서 일어나는 영적 움직임이나 내면의 침묵에 익숙하지 않다.

주님을 기다린다는 것은 침묵 속에서 시작된다. 그래서 침묵 훈련이 필요한 것이다. 침묵이란 말하지 않고 조용히 시간을 보내는 그 이상의 의미를 가지고 있다. 그것은 주님께 귀를 기울이고 청종하는 것을 의미한다. 내 마음의 귀를 열어서 주님을 기다리는 것이다. 나의 모든 시선을 그분의 음성에 맞추는 것이다. 영성 있는 지도자가 되려면 침묵에 익숙한 지도자가 되어야 한다. 하나님이 침묵을 깨뜨리시기 전에 우리가 먼저 침묵을 깨뜨린다면 그분에 대해 민감한 사람이 될 수 없다.

이제 다시 실제적인 문제를 다루어 보자. 우리는 앞에서 주님을 기다릴 때 왜 정욕적인 생각들이 떠올라서 우리를 괴롭히는지 그 근본 원인을 보았다. 너무 오래 비현실 가운데 사는 동안 어둠이 쓰레기 같은 생각들을 우리의 내면에 채워 넣었기 때문이다. 그러나 이런 생각들로 주의 기다림을 방해받는다 해도 이 과정을 통과해야 한다.

자신의 내면을 들여다보면 그 속에 환난과 어둠과 두려움 그리고 깊은 공허와 절망과 혼란이 있음을 알게 된다. 그러나 이 고통스러운 내적 갈등에 부딪혀 포기하지 않고 성실하게 자신을 드리면, 우리 내면에서 흘러나오는 주님의 음성을 들을 수 있는 민감함을 얻게 된다.

여기서 알아야 할 것은 빛과 생명이 존재하는 우리 내면에는 생명과 진리의 길로 나가지 못하도록 방해하는 어둠도 존재한다는 것이다. 아말렉이라는 어둠의 군대가 그 길을 가지 못하도록 방해하고 있다. 그러므로 우리는 우리를 지배하려고 하는 어둠의 생각들과 싸우면서 가야 한다. 그러나 이 전쟁은 하나님께 속한 싸움이고 하나님이 이미 승리하신 싸움이다. 이 싸움에서 우리가 취해야 할 태도는 무엇인가?

첫째, 우리의 내면에 존재하는 주님께로 갈 때 그분을 사랑한다는 한 가지 목적과 동기를 가지고 가야 한다. 그분을 사랑하기 때문에 함께 있고 싶고 그분이 어떤 분인가를 알고 싶은 것, 이것이 주님을 기다리는 유일한 이유가 되어야 한다.

이 기다림의 훈련은 우리가 아침에 눈을 뜨자마자 침대에 누워서 할 수도 있고 화장실에서 할 수도 있다. 어떤 장소든 상관없이 있는 그곳에서 시작할 수 있다. "주님, 제가 오늘 하루를 시작하면서 당신이 어떤 분이신가 알고 싶습니다. 당신을 사랑함으로 제가 하루 종일 함께 있고 싶습니다." 이렇게 주님께 우리의 사랑을 고백하면서 나아갈 때 우리 마음속에 주님을 향한 뜨거운 사랑과 그분을 알려는 갈망을 느낄 수 있을 것이다.

둘째, 목마른 사슴이 시냇물을 찾는 것처럼 내 영혼이 주를 찾기에 갈급하다고 고백했던 다윗의 심정을 가지고 주님을 찾아야 한다.

셋째, 성실함으로 나가야 한다. 성실성은 지속성이다. 시작하다가 멈추는 것이 아니라 약속을 가지고 예수님께로 나가는 것이다. "믿음이 없이는 기쁘시게 못하나니 하나님께 나아가는 자는 반드시 그가 계신 것과 또한 그가 자기를 찾는 자들에게 상 주시는 이심을 믿어야 할지니라"(히 11:6). 이 약속을 붙잡고 포기하거나 체념하지 말고 주님께 나아가야 한다.

그렇게 지속적으로 주님을 기다리는 훈련을 하다 보면 우리 내면에서 어떤 영적 움직임을 느낄 수 있다. 많은 사람이 이 기다림의 훈련에 실패하는 이유는 몇 번 해보다가 그만 두기 때문이다. 처음에 시작할 때 기대를 가지고 기다려 보지만 내면에 아무런 변화나 느낌이 없다. 그런 상황이 계속되면 인내의 한계가 오고 그래서 멈추게 된다. 이런 사람들은 자신의 내면에서 영적 보화를 발견할 수가 없다.

우리의 영은 주님을 인격적으로 만나는 곳이다. 그런데 그곳에서 주님을 만나지 못하고 경험하지 못하는 이유는 우리가 비현실 가운데 들어가 있는 동안 어둠이 우리의 영을 딱딱하게 만들었기 때문이다.

우리가 주님을 사랑하는 동기를 가지고 성실하게 지속적으로 주님을 기다리면 주님이 서서히 우리 영을 만지면서 부드럽게 만들어 가신다. 양파 껍질을 벗기듯이 우리의 영을 감싸고 있는 딱딱한 껍데기를 하나씩 벗기신다. 우리는 한순간에 부드러운 영을 갖기 원하지만, 하나님은 그렇게 역사하지 않으신다. 한순간에 그런 사람이 된다면 주님도 감당하기 힘드시다. 우리는 훈련을 통해 하나님이 어떤 분이신가를 배워 나가야 한다.

여기서 성실성이 얼마나 중요한지 실제적인 예를 들어본다. 우리의 신앙생활 속에서 믿음의 훈련은 쉽지 않다. 하나님의 말씀을 묵상하는 훈련, 하나님 음성을 듣는 훈련, 중보기도하는 훈련, 하나님의 임재를 기다리는 훈련 등은 결코 쉽지 않다.

출애굽기 34장에는 하나님이 모세를 제자로 만들기 위한 다양한 훈련 내용이 기록되어 있다. 앞에서 언급한 믿음의 훈련에 관한 원칙들을 여기에서 발견할 수 있다. 하나님은 모세를 훈련시키기 위해 하나님의 산, 시내산으로 부르셨다.

"여호와께서 모세에게 이르시되 너는 돌판 둘을 처음 것과 같이 깎아 만들라 네가 깨뜨린바 처음 판에 있던 말을 내가 그 판에 쓰리니 아침 전에 예비하고 아침에 시내 산에 올라와 산꼭대기에서 내게 보이되 아무도 너와 함께 오르지 말며 온 산에 인적을 금하고 양과 소도 산 앞에서 먹지 못하게 하라"(출 34:1-3).

하나님이 모세에게 돌판을 깎아서 아침 일찍 시내 산에 올라오라고 하신다. 이 말씀은 우리가 어떠한 마음으로 경건의 시간을 가져야 하는지에 대한 원칙을 보여 준다. 경건의 시간이란 아침 일찍 하나님의 말씀을 듣기 위해 주님 앞에 나가는 시간을 말한다. 돌비가 아닌 심비에 하나님의 말씀이 새겨지도록 주님께 나가는 것이 묵상이다.

그런데 이 믿음의 훈련이 쉽지 않다. 하나님의 산에 오르는 것이 결코 쉬운 일이 아니다. 산 정상에 오르는 데에는 대가 지불이 필요하다. 편하고 익숙한 길이 아니라 수고와 희생과 인내가 요구되는 길이다. 산을 오르다 보면 멈추고 싶은 충동이 일어나기도 한다.

묵상, 중보기도, 하나님의 음성 듣기, 주님을 기다리는 훈련 등 이 모든 믿음의 훈련에는 땀과 수고, 무엇보다 성실과 인내가 따른다. 이것이 없이는 원하는 것을 성취할 수 없다.

하나님의 음성을 듣는 훈련

내가 믿음의 훈련을 받을 때 배운 좋은 예를 들어 적용해 본다. 공동체 생활을 하면서 훈련을 받을 때 제일 흥분되었던 부분이 하나님의 음성을 듣는 훈련이었다. 하나님의 음성을 듣는다는 것은 나에게 익숙하지 않은 데다 그 사실 자체도 수용하기가 어려웠다. 그러나 하나님의 음성을 듣지 못하면 묵상이든 중보기도든 다른 훈련과 연결되지 않기에 열심히 하나님의 음성을 듣는 원칙들을 배우고 적용했다.

중보기도란 하나님의 음성에 근거해서 다른 사람들이나 열방을 위해 기도하는 것이다. 한 팀은 다섯 명으로 구성되었고 팀 리더가 기도를 인도했다. 먼저 리더가 하나님이 우리에게 보여 주고 말씀하시는 것이 무엇인지 듣고 기도하자고 했고 우리는 잠시 기다렸다. 그리고 한 사람씩 하나님이 보여 주셨다고 하는 내용들을 나누기 시작했다.

다섯 명이 돌아가면서 나누는데 한 형제가 하나님께로부터 어떤 계시를 받았다고 했다. 그 말을 듣자 부담과 긴장이 확 몰려왔다. 그 옆에 있던 형제는 성경을 펼치더니 하나님이 말씀하셨다고 하면서 약속의 말씀을 읽기 시작했다. 그 형제의 말을 들으면서 '와! 저 사람 굉장한 사람이구나, 정말 영적인 사람이구나' 하는 생각이 들어 위축되기 시작했다. 또 다른 형제는 환상을 봤다고 말했고, 그 다음 사람도 어떤 글자가 선명하게 떠올랐다고 했다.

'저 사람들은 눈만 감으면 보이는 신령한 사람들이구나' 라고 생각하니 그들과 함께 있는 것이 왠지 불편했다. 그들은 다 영에 속한 사람들처럼 보이고 나는 육에 속한 사람처럼 느껴졌다. 나는 안정감을 잃어버렸다. 긴장감이 나를 지배했다. 나도 무엇인가를 나누어야 하는 부담감이 생겼다. 그런데 나는 그 사람들처럼 본 것이 없었다. 하지만 내 차례가 되었을 때 긴장감 때문에 나도 모르게 무엇인가를 보았다고 거짓말했다. 거짓이란 두려움과 긴장감에서 나오는 어둠의 열매다. 두려움과 긴장감이 있으면 진실한 사람이 될 수 없다.

리더가 팀원들이 나누었던 모든 기도 제목을 연결해서 기도하기 시작했다. 하나님의 음성을 들었다고 하는 이 사람들은 한 시간 내내 얼굴이 벌개지도록 열심히 기도했다. 그 사람들이 얼굴을 들고 하늘을 향해 기도할 때 나는 영적 실패자처럼 느껴져 얼굴을 숙였다. 그렇게 한 시간을 보내고 나면 기도회가 끝나 있었다. 하나님의 음성을 듣고 기도했다고 하는 어떤 포만감으로 만족해 있는 그들과는 대조적으로 나는 하루 종일 죄인처럼 고개를 떨구고 다니면서 사람들의 얼굴을 보지 못했다.

'저 사람들이 나를 어떻게 생각할까' 하는 두려움과 열등감에 사로 잡혀서 힘든 시간을 보냈다. 나는 그날 모든 삶의 의욕과 식욕을 잃어버리고 외로움의 광야 속으로 들어갔다. 그리고 이 어둠의 광야 속에서 어둠이 들려주는 거짓 메시지에 갇혀서 실패한 낙오자처럼 절망과 외로움 속에 헤매었다. 이때 하나님이 나를 찾아오셨다. 하나님은 "너 그 정도밖에 안 되느냐"고 나를 몰아붙이지 않으셨다. 초라한 모습으로 앉아 있는 나에게 "괜찮다. 낙심하지 마라"고 하셨다.

하나님이 모세를 하나님의 산, 시내 산으로 부르셨다. 그가 하나님을 만나기 위해 올라가야 할 길은 산길이다. 힘들고 고통이 따르는 길이다. 포기하고 싶은 마음이 일어나고 다시 내려가고 싶은 갈등과 충동이 얼마든지 일어날 수 있는 길이다. 이와 마찬가지로 믿음의 훈련을 받으며 갈등하고 있는 우리에게 하나님은 괜찮다고 말씀하신다. 이것은 누구나 다 지나가는 과정이다.

진짜 문제는 어둠이 우리에게 전하는 '돌아가라'는 말을 받아들이는 것이다. 그렇게 하면 우리는 정말 실패자가 된다. '멈추라'고 하는 그 소리를 받아들이는 순간, 우리는 더 이상 올라갈 수 없다. 하지만 우리가 힘이 들어도 성실하게 올라가면 거기에 주님의 보상이 있다. 그 보상은 하나님의 기름 부음이다. 승리는 지속적인 성실함을 통해 주어진다.

믿음의 훈련을 위해 함께 출발했던 사람들이 있다. 그런데 시간이 지나고 보니 함께 시작한 어떤 사람들의 삶과 사역에는 기름 부음이 있지만, 또 어떤 사람의 사역은 아직도 영적으로 궁핍한 상태에 놓여 있다. 우리의 삶과 사역 가운데 성령의 능력과 나타나심을 원한다면 묵상, 중보기도, 하나님의 음성 듣기 훈련을 성실히 해야 한다.

주님을 기다리는 경건의 훈련을 성실히 한다면 하나님이 우리의 삶을 풍요롭게 하실 것이다. 반드시 하나님의 때가 되면 성실한 자들에게 약속하신 주님의 신실하심을 보게 될 것이다. 그분이 우리를 높이시고 우리의 삶 가운데 놀라운 생명의 기름 부음을 더하시는 것을 경험하게 될 것이다.

이제 하루를 시작하는 이른 아침에 하나님의 임재와 영광이 있는 시내산으로 올라가자. 성실함으로 단 10분이든 20분이든 우리의 내면에 거하시는 주님께 나아가자. 그렇게 지속적으로 주님을 찾고 구할 때 주님께로 가는 거룩한 시온의 대로가 열린다. 그곳에서 생수가 강처럼 흘러나온다.

내 안에서 발견한 영원한 기쁨

몇 년 전 한국에 나와서 강의를 하다가 쓰러진 적이 있다. 병원에 가서 검사해 본 결과 당뇨가 발견되었다. 당뇨가 무서운 것은 합병증을 가져오기 때문이다. 당뇨는 몸을 잘 관리하지 않아서 오는 아주 무서운 병이다. 그래서 사람들은 이 병을 평생 동안 끌고 다녀야 하는 아주 고질적인 병이라고 한다.

나를 진단한 의사가 내 당뇨 수치를 보더니 약을 먹고, 음식을 조절하고, 운동을 해야 한다고 경고했다. 내게 이 경고는 상당히 큰 충격이었다. 그런데 하나님이 이 병을 통해 내가 지금까지 살아온 삶을 돌아볼 수 있는 기회를 주시고, 나를 만지고 다루셨다.

나는 그동안 내가 속한 공동체 안에서 나름대로 열심히 사역하며 살았다. 그렇지만 내 삶을 돌아보니 예수님 중심이 아닌 일 중심적으로 살아왔다는 것을 알 수 있었다. 나의 정체성과 안정감은 사역에 있었다. 내가 가르치는 사역에 기름 부음이 있느냐 없느냐에 따라서 내 감정이 춤을 추는 안타까운 삶을 살아왔다. 다른 사람에게는 기쁨을 주었지만 정작 내 안에서는 기쁨을 경험하지 못했다. 공허함과 외로움이 가득해지면서 위기가 찾아왔다.

나는 이런 갈등 속에서 더 이상 이렇게 살 수 없다고 몸부림쳤다. 그때 헨리 나우웬의 책을 보게 되었다. 그의 책을 보면서 하나님이 나의 내면과 삶의 많은 부분을 치유하신다는 것을 느꼈다. 특히 마음속에 크게 다가온 놀라운 말씀은 하나님이 밖에 계시는 것이 아니라 내 안에 계시다는 사실이었다. 주님이 우리의 마음 안에 계신다는 사실은 어린아이들도 잘 알고 있는 내용이지만, 내게는 새로운 계시로 다가왔다. 그때 하나님이 나에게 "네 안에 있는 우물을 파라"고 말씀하셨다.

기쁨과 만족이 없는 자신을 보면서 정말 내게 만족을 주실 수 있는 분이 내 안에 계시다는 사실에 놀라 그때부터 내 내면의 우물을 파기 시작했다. 열심히 일하면서 공허함을 채우려고 했을 때 그 일 속에서 나온 것은 생수가 아니라 쓴 물이었다. 그 물이 내면과 삶을 더럽혔다는 것을 알게 되었다. 그래서 생수의 근원이 되시는 주님께로 내려가는 우물 파는 작업을 시작했다.

나는 캐나다 밴쿠버에 있는 집 근처의 공원을 산책하면서 하나님을 기다리는 훈련을 했다. 당뇨병 때문에 식후에 운동을 해야 했으나 그럴 만한 몸 상태가 아니어서 하루에 한두 시간씩 산책을 했던 나는, 산책하는 동안 주님께만 집중하면서 내 안에 계신 주님을 향해 내려가는 훈련을 했다. 그리고 기회가 될 때마다 주님 앞에 몇 시간씩 앉아 있는 훈련을 했다.

그것은 내게 너무나 힘든 시간이었다. 주님 앞에 나가면서 보게 된 나의 내면은 너무나 황폐하고 어두웠다. 지금까지 살아왔던 내 인생이 아무것도 아니었다는 상실감 때문에 모든 것을 포기하고 도망가고 싶었다. 더 이상 주님을 집중하며 기다리는 훈련을 하고 싶지 않다는 절망감으로 힘들어하면서 하나의 약속을 붙잡았다. 그것은 내가 이 고통스러운 과정을 통과해서 주님께로 내려가면 주님이 나를 기다리신다는 것과 주님을 전심으로 찾으면 반드시 보상하신다는 것이다.

그 약속을 붙잡고 매일 성실하게 주님 앞에 내려가는 믿음의 훈련에 집중했다. 어느 날 점심을 먹고 예전처럼 혼자서 공원을 산책하고 있는데 갑자기 내 안에서 이전에 한 번도 경험하지 못했던 어떤 새로운 느낌이 일어났다. 나의 내면에서 보이지 않는 어떤 손이 내 영을 감싸는 듯한 평화로운 느낌을 받았다. 충분하게 표현하기 어렵지만, 나의 영혼은 이전에 느껴보지 못했던 충만한 행복감 속에 젖어 있었다.

하나님께 대한 존경과 경외하는 마음, 그리고 하나님을 사랑한다는 고백이 내 안에서 강처럼 흘러나왔다. 그래서 주님을 경배하면서 길을 걸어가는데 갑자기 어떤 30대 중반으로 보이는 여성이 내 앞에 멈춰 서더니 말을 건넸다. "정말 행복해 보이네요." 그 순간 내 몸은 전율했다. 그 사람의 소리가 하나님의 음성처럼 들렸다. 하나님이 지나가는 사람을 통해 나의 행복과 기쁨이 어디서 오는지 확인시켜 주신 것이다.

생수의 근원이신 주님을 그분의 임재 가운데서 만났을 때 그 따뜻한 사랑의 품 안에서 내가 얼마나 행복했는지 그 기쁨은 말로 표현할 수 없다. 고요함과 평화로움 속에서 행복을 느끼면서, 영원한 즐거움과 기쁨이 내 안에 계신 그분과의 관계 속에 주어지는 하나님의 선물이라는 사실을 깨달았다.

모조품이 아닌 진짜 생수를 퍼 올리려면

요한일서 2장 27-28절을 구체적으로 풀어 주는 내용이 갈라디아서 1장 11-18절이다. 이 말씀을 통해 앞에서 얘기한 내용들을 정리해 본다.

"형제들아 내가 너희에게 알게 하노니 내가 전한 복음이 사람의 뜻을 따라 된 것이 아니라 이는 내가 사람에게서 받은 것도 아니요 배운 것도 아니요 오직 예수 그리스도의 계시로 말미암은 것이라"(갈 1:11-12).

사도 바울은 그가 전한 복음은 사람에게 배웠거나 전수받은 것이 아니라 그리스도의 계시로 말미암은 것이라고 했다. 때문에 그의 모든 사역에는 기름 부음이 있었고 생명이 있었으며 열매가 있었다.

그런데 왜 우리 사역에는 기름 부음이 없는가? 바울은 "내가 받은 복음, 내가 전한 복음은 사람으로부터 온 것이 아니다"라고 했다. 이 말은 사람들에게서 모방한 것이 아니라는 것이다. 다른 사람의 자원을 흉내내서 하는 사역에는 기름 부음이 없다는 것이다.

요한복음 6장에 보면 예수님이 보리떡 다섯 개를 손에 들고 축사하신 후 이것을 열두 제자들에게 나누어 주신 사건이 나온다. 떡을 받은 열두 제자들이 그 자리에 있는 5천 명에게 나누어 주었는데 다 먹은 후에 보니 떡이 열두 광주리나 남았다.

떡은 제자들이 만든 것이 아니라 주님께로부터 받은 것이다. 제자들은 5천 명의 무리에게 떡을 전달해 주는 심부름을 했을 뿐이다. 떡을 받아먹었던 사람들 모두가 배불렀다. 열두 광주리가 남을 만큼 넘치도록 풍성했다.

떡은 영의 양식이다. 영의 양식인 하나님의 말씀을 먹는 사람들이 늘 배고프고 궁핍한 것은 그 떡이 하나님께로부터 온 생명의 떡이 아니라 사람에게서 받은 것이기 때문이다. 모방한 것은 먹어도 배부르지 않다. 사람이 만든 떡 안에는 생명이 없기 때문에 결코 영혼의 허기진 배를 채울 수가 없다.

좀더 실제적으로 말한다면 우리가 하는 모든 사역이나 설교는 다른 사람들의 것을 모방하고 짜깁기해서는 안 된다. 주님께로부터 직접 받은 것을 나누어 줘야 모든 사람을 넉넉하게 채워 줄 수 있다. 따라서 성실하게 묵상해야 한다. 묵상이란 하나님의 말씀 안에 거하면서 주님께로부터 생명을 받는 것을 의미한다. 묵상을 통해 얻게 된 풍성한 생명의 자원을 나눠 줄 때 모든 사람이 풍성함을 누린다.

그러면 바울은 생명의 계시를 어디에서 받았을까? 다음 말씀에서 그 과정을 볼 수 있다. "내가 이전에 유대교에 있을 때에 행한 일을 너희가 들었거니와 하나님의 교회를 심히 핍박하여 잔해하고 내가 내 동족 중 여러 연갑자보다 유대교를 지나치게 믿어 내 조상의 유전에 대하여 더욱 열심이 있었으나"(갈 1:13-14).

바울은 다메섹에서 빛과 생명으로 오신 예수 그리스도를 인격적으로 만나기 전에는 육체를 신뢰하는 삶을 살았다. 그는 하나님께 인정받고 사랑받으려고 행위로 인한 자기 의를 자랑하는 삶을 살았다. 그런데 다메섹에서 바울에게 두 가지 사건이 일어났다(행 9장).

첫째, 아나니아라는 하나님의 사람이 안수하자 바울의 눈에서 비늘이 벗겨졌다. 비늘이 벗겨지기 전에 그는 영적 소경으로 살았다. 즉, 자기 스스로의 행위 속에서 가치와 정체성을 찾았다. 그런데 눈에서 비늘이 벗겨지면서 그는 참된 자신을 발견했다. 자기 스스로의 열심이 아니라 그리스도의 의를 통해 발견된 은혜를 보게 된 것이다.

바울의 눈에서 비늘이 벗겨진 것처럼 우리도 우리의 눈에서 비늘이 벗겨질 때 그리스도의 의를 발견하고 그 은혜 가운데 살아갈 수 있다.

둘째, 바울은 다메섹에서 아나니아의 안수 기도를 통해 성령의 충만함을 경험했다. 성령세례, 즉 기름 부음을 받았다는 것이다. 이 기름 부음은 그리스도의 의를 가진 사람들에게 주시는 하나님의 선물이다. 그럼 그가 받은 기름 부음이 바울을 어떤 고백으로 이끌고 가는지 주목해 보자.

"그러나 내 어머니의 태로부터 나를 택정하시고 은혜로 나를 부르신 이가 그 아들을 이방에 전하기 위하여 그를 내 속에 나타내시기를 기뻐하실 때에 내가 곧 혈육과 의논하지 아니하고"(갈 1:15-16).

여기서 은혜란 그리스도의 의를 말한다. 그가 가진 하나님께 대한 열정과 재능과 능력을 보시고 부르신 것이 아니라 은혜 때문에 부르셨음을 강조하는 말씀이다. 하나님이 우리를 부르시는 것은 우리가 어떤 자격이나 조건을 갖추었기 때문이 아니다. 우리에게 선물로 주신 그리스도의 의를 통해 그의 부르심을 충족시켜 주신 것이다.

그렇다면 그리스도의 의를 가진 자로서 우리를 부르신 이유가 무엇인가? 그 아들을 이방에 전하기 위해서다. 즉, 세계 선교에 대한 놀라운 부르심 때문이다. 우리 모두에게도 바울과 같은 동일한 비전, 즉 세계 선교에 대한 부르심이 있다.

하나님이 우리를 온 민족과 나라와 열방에 그리스도를 전하는 사람으로 부르셨다. 그들에게 빛을 비추는 자로, 치유의 강물을 흘러 보내는 자로 부르셨다. 부르신 주님이 어떻게 세계 선교를 성취해 나갈지도 말씀해 주실 것이다.

그리스도의 의를 통해 주어진 기름 부으심이 바울을 어디로 인도하는가 주의 깊게 보기를 바란다. 하나님이 바울을 세계 선교를 위한 사역으로 곧장 이끌지 않으신다는 것을 눈여겨보자.

16절과 17절을 보자. "그 아들을 이방에 전하기 위하여 그를 내 속에 나타내시기를 기뻐하실 때에 내가 곧 혈육과 의논하지 아니하고 또 나보다 먼저 사도 된 자를 만나려고 예루살렘으로 가지 아니하고 오직 아라비아로 갔다가 다시 다메섹으로 돌아갔노라."

아라비아로 가기 전에 언급된 두 가지를 살펴보자. 그는 혈육과 의논하지 않았고, 영적 지도자를 만나려고 예루살렘으로 가지도 않았다.

기름 부으심이 바울을 아라비아 광야로 인도했다. 성령이 바울을 가족들에게 인도하지 않았다는 것이 무슨 의미인가? 요한일서 2장 27절 말씀을 기억하는가? 기름 부으심이 너희 안에 거하면 아무도 너희를 가르칠 필요가 없고, 이 기름 부으심이 우리를 가르친다고 했다. 이 기름 부으심이 우리를 인도한다고 했다. 우리의 삶, 진로, 인생을 누가 결정하는지 보여 주는 말씀이다.

우리의 인생을 누가 결정하는가? 여러분의 삶과 진로를 누가 결정하는가? 우리 안에 거하시는 기름 부으심인가, 아니면 우리의 가족들과 영적 지도자들인가? 우리는 살면서 진로를 결정해야 할 때가 있다. 그때마다 누가 우리의 다음 길을 인도하는가? 성령이 우리의 길을 이끌고 가시도록 하는가, 아니면 사람들에게 나의 삶과 진로를 결정하도록 권위와 기회를 주는가?

오늘날 많은 그리스도인들이 영적 어린아이 때 주신 하나님의 기름 부으심에 이끌림을 받는 것이 아니라, 가족들이나 영적 지도자가 그들의 인생을 결정하게 한다. 사람들을 의존하는 갓난아이처럼 행동하는 것이다. 이 사람들이 우리의 인생에서 필요 없다든가 의미 없다는 뜻이 아니다. 가족들이나 영적 지도자들은 우리 삶과 진로와 인생에서 중요한 사람들이다. 그러나 그들의 역할은 우리의 삶을 결정해 주는 것이 아니라 확인해 주는 것이다.

기름 부음이 너희 안에 거하면 아무도 너희를 가르칠 것이 없다는 이 말을 오해하면 안 된다. 하나님의 기름 부으심에 이끌려 내 인생, 진로를 결정한 다음에 가족들이나 교회 지도자들과 상담하고 기도하면서 그것이 하나님께로부터 온 것인지 확인하는 것, 이것이 하나님이 원하시는 영적 질서다.

17-18절에 보면 기름 부으심이 바울을 아라비아 광야로 데려갔다고 한다. 성령이 이끄시는 광야에는 생명과 풍성함이 있다. 그곳은 하나님이 내일을 위해 우리를 훈련시키고 연단시키시는 곳이다. 바울은 아라비아 광야에서 3년 간 머물렀다. 3년 동안 그곳에서 무슨 일이 일어났는가?

여기서 바울은 그가 전한 복음의 메시지를 계시받았다. 3년 동안 성실하게 내면의 우물을 팠고 주 안에 거하는 삶의 기반을 세웠다. 하나님과의 친밀감 속에 들어가서 하나님이 어떤 분인가를 알아가는 일에 자신의 삶을 온전히 위탁했다. 광야 3년의 기간에 아버지와 아들과 성령이 누리시는 친밀감으로 들어가는 생명의 길, 진리의 길, 막힘과 장애가 없는 시온의 대로를 만들었다(예레미야애가 3:26-27 참조).

우리도 내면의 우물에서 생수가 흘러나올 때까지 주님 앞에 온전히 머물러 있어야 한다. 하나님이 세계 선교를 위해 우리를 열방 가운데로 보내실 것이다. 그러나 처음에는 아라비아 광야로 이끄신다. 우리는 선교를 위해 필요한 생수의 자원이 흘러나올 때 사역 가운데 기름 부으심을 경험하게 될 것이다.

바울은 자신이 전한 복음이 사람에게서 모방한 것이 아니라 계시로부터 나왔다고 했다. 이 계시를 통해 그의 사역 가운데 주님의 놀라운 역사가 나타났다고 한다. 우리의 모든 사역 가운데서도 이런 동일한 역사가 일어나기 위해서는 광야로 들어가야 한다. 거기서 외적 기름 부으심이 아니라 내면에서 흘러나오는 기름 부으심이 강처럼 흘러나오도록 내면을 개발해야 한다. 우리의 내면에 존재하시는 주님께 집중하지 않는다면, 항상 주님을 내 앞에 모시는 삶에 대한 훈련이 없다면, 우리의 삶 가운데 참된 만족과 기쁨은 존재할 수 없다.

영적 갓난아이, 어린아이 시절은

에베소서 4장 13절과 15절을 보면 우리를 향한 주님의 부르심은 그리스도 안에서 온전한 사람이 되는 것이라고 한다. 이것이 주님의 비전이요 또한 우리의 목표다. 그렇다면 어떻게 이런 성숙한 자리에 들어갈 수 있을까? 갓난아이와 어린아이 시절에 기반을 어떻게 세우는지 정리해 보자.

갓난아이의 기반은 성실성이라고 했다. 이 성실성이란 부르심에 대한 성실성이다. 이때 하나님이 주시는 선물은 그리스도의 의다. 한편, 어린아이 때의 기반은 주 안에 거하는 것이다. 주 안에 거하는 삶은 기름 부음을 통해

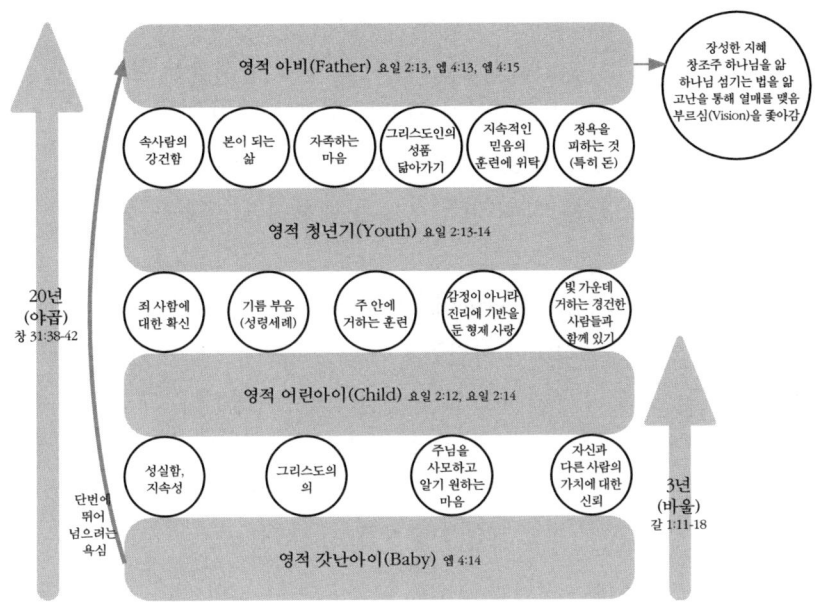

가능하고, 기름 부음은 예수 그리스도의 의를 가진 사람에게 주시는 하나님의 은혜다.

하나님이 성숙의 자리로 부르셨는데 내가 갓난아이 단계에 있다고 하면, 나는 하나님이 세워 주신 질서(기반들)를 통해서만 성숙의 자리에 들어갈 수가 있다. 그런데 영적 갓난아이들의 대표적 특징 중 하나는 때가 되기 전에 조급함으로 영적으로 성숙한 사람들의 옷을 입는 것이다. 영적으로 성숙한 사람들 안에서 자기의 정체성을 찾는다. 그래서 실제로는 갓난아이 단계에 있는데 거인의 옷을 입고 성숙의 자리에 있는 것처럼 행동한다. 그렇게 하면 사람들이 나를 영적인 사람으로 인정하고 환영해 줄 것이라고 생각한다.

실제로 아이들은 어른들이 멋있어 보이고 모든 것을 원하는 대로 할 수 있다고 생각하기 때문에 어른을 부러워한다. 어른들이 가지고 있는 책임감에 대해서는 생각하지 않는다. 다만 행동에 제한을 받지 않는 어른들을 보면서 '나도 어서 저렇게 되었으면 좋겠다' 고 생각한다. 그래서 어른이 되고 싶어하는 본능적 반응으로 엄마의 옷을 입고 구두를 신고 핸드백을 들고 왔다갔다하며 어른 흉내를 내보지만, 행동은 상당히 부자연스럽다.

우리도 이와 같다. 영적 갓난아이로서 성숙한 사람들처럼 보이려고 행동할 수 있다. 영적으로 성숙한 사람들을 보면 "나도 저 사람처럼 되고 싶다. 닮고 싶다"는 게 우리가 가지고 있는 자연스러운 욕망이다. 그러나 문제는 하나님이 만들어 놓은 질서를 무시하고 때가 되기 전에 잘못된 길로 올라가는 것이다.

하나님이 금하시는 것을 내가 스스로 불일 듯 일으켜서 움켜잡는 것이 정욕인데, 그 다음에는 절망과 좌절이 따라온다. 우리의 삶과 사역 가운데 절망과 좌절이 오는 원인이 여기에 있다. 다시 말해서 기반이 없다는 말이다. 영적 갓난아이가 영적으로 성숙한 사람들이 해야 될 일들, 즉 무거운 책임을 맡아서 이끌어 가면 당연히 두렵고 긴장하며 버겁다. 많은 사역자들이 쉽게 한계를 느끼고 탈진해 버리는 것은 기반이 없기 때문이다.

영적으로 성숙한 사람들은 자기 안에서 나오는 자원을 가지고 섬기는 사람들이다. 주 안에 거하는 삶의 기반을 통해 흘러나오는 자원으로 그리스도의 몸을 섬기고 이끄는 사람들이 성숙한 사람들인데, 영적 어린아이들은 아직 충분한 자원이 개발되지 않았기 때문에 다른 사람의 자원을 모방한다. 자신 안에서 개발된 자원이 아니라 모방한 자원에는 기름 부음이 없다. 이 기반이 얼마나 중요한지 이해하고 기반을 만들어야 한다.

사도 바울은 이 기반을 만드는 데 3년이 걸렸다. 그러면 우리는 몇 년이나 걸릴까? 20년쯤 걸릴까? 영적 성장과 성숙을 위한 기반은 하나님이 만들어 주신다. 씨를 뿌리고 물을 주는 이는 사람이지만, 자라게 하시는 분은 하나님이시다. 하나님이 영적 성숙을 위한 기반을 만드실 때 우리에게 요구하시는 책임이 성실성이다.

하나님은 영적 기반을 만드는 데 바울은 3년, 우리는 5년 이상이 필요하다고 하지 않으신다. 우리에게도 동일하게 3년이 필요하다. 왜냐하면 하나님은 우리의 성실함을 가지고 영적 성숙을 위한 기반을 만드시기 때문이다. 우리가 3년 동안 하나님이 부르시는 아라비아 광야로 나간다면 우리의 삶에 엄청난 변화를 가져올 수 있다. 3년 동안 성실하게 우물을 파는 일에 우리의 삶을 위탁하겠는가? 주님을 기다리는 훈련과 묵상 그리고 중보기도하는 일을 작은 일로 여기지 않고 귀하게 여기고 순종하며 살아간다면 이전에 우리의 삶에서 볼 수 없었던 놀라운 생명을 경험할 수 있다. 우리가 사랑의 동기를 가지고 지속적으로 우리 내면으로 내려가는 일에 순종한다면 모든 삶의 영역 안에서 성공적인 삶을 살 수 있다.

그러나 주 안에 거하라고 하시는 주님의 부르심에 실패한다면 다른 모든 삶은 성공했을지라도 하나님이 보시는 관점에서 성공한 삶이 아니다. 우리가 새롭게 위탁하고 헌신해야 할 높은 차원의 부르심이 있다면 그것은 주 안에 거하는 것, 주님의 말씀에 순종하는 삶이다.

주님이 우리를 부르신 가장 높은 차원의 부르심은 아버지와 아들과 사귐의 관계 속에 들어가는 것이다. 그리고 친밀감 속에서 그의 생명을 경험하며 살아가는 것이다. 주님은 우리의 삶 가운데 가장 가치 있는 부르심에 신실하시기 때문에, 순종하며 나오는 자들을 실망시키지 않으신다. "너희를 불러 그의 아들 예수 그리스도 우리 주로 더불어 교제케 하시는 하나님은 미쁘시도다"(고전 1:9).

그럼 지금 우리 삶 가운데서 가장 필요한 것은 무엇인가? 명예, 학위, 돈, 지혜, 평안, 권위, 능력, 열매, 기쁨, 치유, 하나님의 성품, 비전, 기름 부음,

사역 등 아마 우리는 이 모든 것을 다 소유하고 싶을 것이다. 주님도 그분의 자녀들에게 이 모든 것을 주기 원하신다. 하나님은 그의 나라와 아들까지도 이미 주신 분이기 때문이다.

그러나 하나님은 세워진 질서와 기반을 통해 이 모든 것을 소유할 수 있도록 계획하신다. 요한복음 15장에서 강조하는 핵심은 주 안에 거하라는 것이다. 너희가 나를 떠나서는 아무것도 할 수 없고 아무런 열매도 맺을 수 없다고 하신다. 열매란 친밀감을 나누는 신랑과 신부의 관계처럼 우리의 신랑 되시는 주님과 친밀감을 나누는 관계를 통해 맺어진다.

우리의 삶 가운데서 항상 열매를 맺도록 하는 길은 바로 주 안에 거하는 것이다. 성경은 만일 주 안에 거하지 않는다면 실족하게 될 것이라고 경고한다. "내가 이것을 너희에게 이름은 너희로 실족지 않게 하려 함이니"(요 16:1). 성경에서 실족이란 주 안에 거하라는 주님의 말씀에서 떠나는 것을 의미한다. 부르심에 순종하지 않고 우리의 삶 가운데 이 기반을 세우지 않는다면 자동으로 어둠의 광야 속에 들어가 영적 침체에 빠지고 만다. 하나님이 이끄시는 아라비아 광야 속에 들어가지 않는다면 스스로 절망과 좌절이 있는 어둠의 광야 속에 들어갈 수밖에 없다는 것이다.

지금까지 우리의 삶을 이렇게 황폐하게 만든 근본적인 원인이 무엇인지 알았다면 앞으로 우리가 어떤 삶을 살아야 될지 분명한 삶의 목표를 세워야 한다. 바울이 3년 동안 아라비아 광야로 들어가서 그리스도의 멍에를 메고 주님과 함께 동행하는 법을 배웠던 것처럼 우리의 내면에 계시는 주님과의 친밀한 관계 속에서 그분이 어떤 분인지 알아가는 삶에 도전해야 한다.

또한 날마다 성실함으로 생수의 우물을 파는 일에 헌신한다면 우리의 삶 전체가 새로운 차원의 기름 부음으로 충만하게 될 것이다. 이제는 우리의 삶에서 쓴 물을 흘려 보내 다른 사람에게 상처와 고통을 주며 더럽히는 것이 아니라, 우리 안에서 흘러나오는 생수로 인해 온 열방에 기쁨과 축복을 주는 주의 제자가 되는 것이다.

우리를 제자로 부르신 목적

주님이 우리를 제자로 부르신 근본 목적은 무엇인가? "또 산에 오르사 자기의 원하는 자들을 부르시니 나아온지라 이에 열둘을 세우셨으니 이는 자기와 함께 있게 하시고 또 보내사 전도도 하며 귀신을 내어쫓는 권세도 있게 하려 하심이러라"(막 3:13-15). 주님이 우리를 제자로 부르신 세 가지 목적에 대한 말씀이다. 주님이 원하는 자들을 부르셨고, 그 부르심에 순종해서 나왔을 때 그들을 세우셨다.

주님이 우리를 택하신 것은 다른 사람보다 우리를 더 사랑하셔서도 아니고 우리가 다른 사람들보다 더 특별해서도 아니다. 우리가 택함을 받고 부르심을 받은 이유가 있다면 그것은 단지 주님이 원하셨기 때문이다.

하나님이 자기를 특별히 사랑하셔서 택하고 부르셨다고 생각하는 사람들이 많다. 그러나 하나님은 다른 사람들과 비교해서 나를 더 사랑하는 분이 아니라 우리 모두를 공평하게 사랑하신다. 우리를 향한 주님의 사랑은 무조건적 사랑이기 때문이다.

14절에 주님이 우리를 부르시고 세우신 세 가지 목적이 있다. 첫째, 함께 있게 하기 위해 우리를 제자로 택하셨다. 즉, 주 안에 거하라고 부르신 것이다. 우리의 부르심 가운데 가장 가치 있는 차원의 부르심은 주 안에 거하라는 것이다.

하나님이 우리를 부르신 목적은 사역을 위해서가 아니라 관계의 회복을 위해서다. 예수님은 우리와 하나님 아버지의 친밀감을 회복하기 위해 십자가에 달리셨다. 이 세상에는 예수 그리스도의 죽음만큼 가치 있는 부르심이 존재하지 않는다. 그래서 주 안에 거하라는 관계의 부르심에 순종하지 않는다면 주님이 날 위해 죽으신 것이 별로 가치 없는 일이라고 고백하는 것과 같다. 이 부르심에 순종하지 못하면 다른 부르심에 순종할 수 없고, 이 부르심에 성공하는 삶을 살지 못하면 성공했다고 할 수 없다.

누가복음 9장 23절은 주님을 따르는 제자의 조건에 대한 말씀이다. "또 무리에게 이르시되 아무든지 나를 따라오려거든 자기를 부인하고 날마다 제 십자가를 지고 나를 좇을 것이니라."

주님을 따르는 제자가 되려면 먼저 자신을 부인해야 한다. 자기를 부인하지 않으면 어느 누구도 자기 십자가를 질 수가 없다. 자기 십자가란 나를 향한 하나님의 뜻을 의미한다. 어떤 사람들은 주님의 십자가를 지고 따르겠노라고 고백하지만, 우리는 주님의 십자가를 질 수 없다. 온 인류의 죄를 위해 죽을 수 있는 일은 주님만이 하실 수 있는 일이다.

우리가 지고 따라야 할 십자가는 주님이 우리에게 하라고 하신 일에 순종하는 것이다. 우리 마음의 결단이나 생각만으로는 의지와 감정과 욕망을 하나님의 뜻에 굴복하기가 어렵다. 그래서 예수님도 자기의 십자가를 지기 전날 밤에 겟세마네 동산에 올라가서서 "할 수만 있거든 이 잔을 내게서 지나가게 해 달라"고 밤새도록 기도하셨다. 어려운 일을 앞에 두고 아버지의 뜻에 순종한다는 것이 얼마나 고통스러운 것인가 보여 주는 말씀이다.

우리가 주님의 뜻을 행한다는 것은 결코 쉽지 않다. 순종에는 자신을 부인하는 고통스러운 희생이 뒤따르기 때문이다. 그러나 예수님은 "내 뜻대로 하지 마시고 아버지 뜻대로 하시라"고 자신의 의지를 아버지의 뜻에 복종시키셨다. 아버지의 뜻에 순종하시기 위해 자신을 부인하신 것이다.

우리도 날마다 자기 십자가를 지고 예수님을 따르려면 겟세마네 동산에 올라가야 한다. 이 겟세마네 동산은 바로 우리 자신의 욕망과 의지와 이기적인 자아를 깨뜨리는 광야다. 이 광야에서 내면의 십자가를 질 수 없다면 결코 우리 삶 가운데서 자신의 십자가를 지고 주님을 따를 수 없다. 이 아라비아 광야의 부르심에 순종하지 않는다면 결코 주의 십자가를 통과하는 제자가 될 수 없다.

십자가를 통과하는 것은 자기를 죽이는 것이다. 우리가 죽지 않으면 우리의 내면 깊은 곳에 거하시는 예수님께로 들어갈 수 없다. 우리의 내면에는 주님께 가지 못하게 하는 수많은 장애물들이 존재한다. 이 장애물들을 제거하는 것이 바로 자신을 부인하는 것이다. 내 욕망과 의지를 죽이고, 내 감정을 죽이는 것이다. 이것을 죽이지 않고서는 우리 내면에 거하시는 그분의 움직임을 민감하게 알 수 없다.

예수님은 겟세마네 동산에서 자기를 부인하셨다. 결국은 자신의 십자가를 짐으로써 온 인류를 구원하시는 하나님의 뜻을 성취하신 것이다. 마찬가지로 오늘 이 겟세마네 동산으로 올라오라는 그분의 부르심에 순종하지 않고는 결코 우리 삶 가운데 주님의 뜻을 이룰 수 없다.

영적 어린아이의 특징 5 하나님의 무조건적 사랑을 안다

영적 어린아이들은 진정한 사랑이 무엇인가를 배우고 경험한 사람들이다. 어린아이들은 하나님이 말씀하시는 진정한 사랑의 본질과 세상이 말하는 사랑의 차이를 분명하게 아는 사람들이다. 오늘날 특별히 젊은 사람들은 올바른 분별력이 없어서 혼란스러워한다.

사탄은 대중가요를 통해 사랑에 대한 거짓 메시지로 사람들을 혼란하게 한다. 50-60대의 사람들에게 노래로 전달된 사랑의 메시지는 "사랑이란 눈물의 씨앗이다"라는 것이었다. 그러나 성경은 사랑을 눈물의 씨앗에 비유하지 않는다. 오히려 진정한 사랑의 본질 안에서 발견되는 것은 기쁨이다.

많은 그리스도인들이 하나님 앞에 나올 때 얼마나 하나님 앞에서 많은 눈물을 흘렸는가로 자신의 영성을 평가하려 한다. 그래서 이런 사람들은 주님 앞에서 기쁨으로 자신의 삶을 표현하는 데 어색해 한다. 깊은 영성을 지닌 믿음이란 그리스도 안에서 성취해 놓으신 그 은혜들을 기뻐하며 감사함으로 하나님 앞에 나오는 것이다.

30-40대에게 어둠이 주는 사랑에 대한 거짓 메시지는 '애모' 라는 노래를 통해 전달되었다. "그대 앞에만 서면 나는 왜 작아지는가?" 이 가사의 의미는 사랑하는 사람들 앞에 서면 자신이 초라하고 궁핍하게 느껴진다는 것이다.

그러나 하나님이 우리에게 보여 주신 사랑은 작은 것이 아니라 크고 가치 있는 것이다. 사랑이란 가치라고 정의했다. 예수 그리스도만큼이나 가치 있는 존재로 하나님이 우리를 부르셨다. 그의 사랑 안에서 자신이 누구인가를 알 때 우리 자신에 대해 자유로워질 수가 있다. 누구 앞에 서 있든지 결코 비참하거나 비굴하지 않고 당당할 수 있다. 우리가 하나님 앞에 서 있을 때도 크고 넉넉한 사람으로 서 있을 수 있는 것이다.

하나님은 그리스도 안에서 결코 우리를 작거나 초라한 자들이라고 말씀하지 않으신다. 우리 안에 있는 그의 의를 보시면서 그리스도만큼이나 가치 있는 자라며 사랑을 받기에 충분한 조건을 가진 자들이라고 말씀하신다.

10-20대는 상업 광고를 통해 "사랑은 움직이는 것"이라는 메시지를 듣고 자란 세대다. 어둠이 말하는 사랑이란 언제나 상황에 따라서 변하고 변질될 수 있는 것이다. 사랑하다가 감정에 변화가 오면 그 사람에게서 떠나 또 다른 상대를 찾아 사랑할 수 있다는 의미다.

그러나 이것은 하나님께 속한 사랑이 아니라 어둠 안에 있는 정욕적 사랑이다. 이런 정욕적 거짓 사랑으로 우리 자신을 파괴시키고 다른 사람을 파괴시키는 것이 사탄의 전략이다. 하나님이 우리에게 보여 주신 사랑은 감정이나 상황에 따라서 변하거나 변질되는 것이 아니라 영원한 것이다. 성경은 "형제들을 위하여 목숨을 버리는 것"(요일 3:16)이 진정한 사랑이라고 정의하고 있다.

형제를 위해 죽는다는 것이 실제로 가능한가? 형제를 사랑한다는 것이 곧 옆에 있는 형제를 위하여 죽는 것을 의미한다면 아마 우리의 감정은 이 질문에 쉽게 동의할 수 없을 것이다. 그러나 이 말씀이 진리라면 우리의 감정이나 기분에 상관없이 동의해야 한다. 진리이기에 내 의지로 선택하는 것이다. 그래서 사랑이란 진리에 기반을 둔 선택이다.

우리의 믿음은 감정에서 나오는 어떤 기분이나 느낌에 근거하는 것이 아니다. 감정은 우리를 속이려고 하지만 진리는 우리의 감정이나 외적인 어떤 것에 의해서 변질되지 않기에 결코 우리를 속이지 않는다. 그래서 우리의 믿음은 진리에 근거를 두어야 한다. 하나님이 나를 용서하시고 사랑하시며 또한 나와 함께하신다는 사실을 내가 믿음으로 받아들일 수 있는 것도 이 사실이 진리이기에 선택하는 것이지 감정으로 결정하는 것이 아니다.

성경에 기록된 하나님의 모든 말씀은 언제나 진리요, 일점일획도 변하지 않는다. 한 가지 알아야 할 것은 진리에 대한 깨달음과 이해가 변할 수 있다는 것이다. 우리가 하나님을 아는 지식에서 자라갈수록 진리에 대한 이해와 관점이 변화된다는 사실이다. 본질적인 진리를 따라가지 않고 상황이나 환경에 따라 변하는 감정이나 기분을 따라간다면 주님을 기쁘시게 하는 믿음의 사람이 될 수 없다. 믿음이 아닌 감정에 의해서 충동적으로 반응하는 사람이라면 아직 갓난아이의 상태에 있는 것이다. 그러나 성숙한 사람들은 감정이 아니라 진리에 근거한 믿음으로 행한다. 영적 어린아이들은 믿음이란 감정에 기반을 두고 행하는 것이 아니라 진리에 기반을 두고 행하는 것임을 배워야 한다.

성경은 또 말씀한다. "사람이 친구를 위하여 자기 목숨을 버리면 이에서 더 큰 사랑이 없나니"(요 15:13). 이웃 사랑이나 원수 사랑이 아니라 친구를 사랑하는 것이 가장 큰 사랑이라고 한다. 친구란 서로를 보여 주는 관계다. 서로의 약점과 실수 그리고 허물과 부족함에 대해 잘 아는 관계를 말한다. 그럼에도 불구하고 상대의 허물을 덮어 주고 용서하며 있는 그대로를 수용하고 사랑하기에 큰 사랑이라고 한다. 우리는 감정이 동의할 수 없을지라도 이 큰 사랑을 선택해야 한다.

그렇다면 형제를 위하여 죽는다는 것은 실제로 어떤 의미일까? "누가 이 세상 재물을 가지고 형제의 궁핍함을 보고도 도와 줄 마음을 막으면 하나님의 사랑이 어찌 그 속에 거할까 보냐"(요일 3:17).

여기서 하나님이 말씀하시는 사랑은 막연하고 추상적인 것이 아니라 아주 실제적이고 현실적이다. 형제의 실제적 필요에 따라 우리가 소유하고 있는 것을 함께 나누어 주라는 것이다. 자신이 누릴 수 있는 권리를 형제의 필요를 위해 포기할 수 있는 것이 바로 형제를 위하여 목숨을 주는 것과 같은 것이다.

영적 어린아이들은 이 진리를 알고 삶에 적용하며 살아가는 사람들이다. 이 말씀은 요한일서 3장 18절과 연결된다. "자녀들아 우리가 말과 혀로만 사랑하지 말고 오직 행함과 진실함으로 하자." 여기서 우리가 배워야 할 중요한 진리가 있다. 사랑은 말로도 표현되어야 한다. 하나님은 인간을 만드실 때 사랑하는 사람들에게서 사랑의 고백과 표현을 들어야 힘을 얻고 안정감을 가질 수 있도록 창조하셨다. 주님이 나를 얼마나 사랑하시는지 가슴으로 들을 수 있다면 내 존재에 대해 갈등하지 않을 것이다. 내가 얼마나 가치 있는 존재인지 그의 사랑의 음성을 통해 들을 수 있다면 날마다 안정감을 누리며 살아갈 수 있을 것이다.

사랑 안에는 자신에 대한 긴장과 두려움이 없다. 그의 사랑 안에서 내가 누구인가 인식하지 못했기 때문에 갈등과 혼란이 오는 것이다. 특별히 가족 중 부부 관계나 자녀들과의 관계에서 서로 사랑을 고백하고 표현하는 것이 얼마나 중요한지 인식해야 한다. 만일 우리가 신랑 되시는 예수님에게서 "내가 널 사랑한다"는 말 한마디를 가슴으로 들을 수 있다면 이 말 한마디를 평생 기억하며 주님을 위해 헌신할 수 있을 것이다.

마찬가지로 가정 안에서 아내가 남편에게서 "사랑한다"는 고백을 듣는다면 그 아내는 남편을 위해 온전히 순종하는 삶을 살아갈 수가 있다. 성경은 남편에게 "아내 사랑하기를 그리스도께서 교회를 사랑하는 것처럼 하라"고 하고, 아내는 남편에게 "주께 하듯 순종하라"고 한다. 먼저 남편이 아내를 사랑할 때 아내가 남편에게 순종할 수 있다. 순종할 수 있는 힘은 사랑 안에서 나오기 때문이다. 18절 후반절에 "오직 행함과 진실함으로 하자"는 말씀은 진리와 행동에 대한 말씀이다. 진실한 사랑은 진리를 선택하고 또한 그 진리에 책임지는 것을 의미한다. 진리를 행한다는 것은 희생이 따른다.

하나님은 자신의 아들을 우리에게 주심으로 우리에 대한 자신의 사랑을 확증하셨다. 아들을 희생시킨 대가를 통해 우리에 대한 자신의 사랑을 보여 주신 것이다. 그리고 그 사랑 안에서 너희가 서로 사랑하라고 말씀하신다.

"이로써 우리가 진리에 속한 줄을 알고 또 우리 마음을 주 앞에서 굳세게 하리로다"(19절), 18절과 연결해서 보면 "내가 너희를 사랑한 것처럼 너희가 서로 사랑하면 너희가 진리 가운데 속한 자인 줄 알게 될 것이다"라는 말씀이다. 진리에 대해 혼란스러워하거나 갈등하지 않는다는 말씀이다. 오늘날 많은 그리스도인들이 진리에 대해 갈등하고 의심하는 이유는 "형제를 사랑하라"는 주님의 계명에서 떠나 있기 때문이다. 우리가 이 계명을 지키고 행하면 진리가 우리를 자유케 할 것이라고 분명하게 약속하고 있다. 또 "너희 마음이 주 앞에서 담대함을 얻는다"고 한다. 사랑이란 우리에게 자유와 안정감을 준다. 하나님 가족 안에 있는 어린아이들은 이처럼 사랑 안에서 자신의 정체성에 대한 안정감을 가지고 다른 사람들을 사랑하고 섬기는 것을 배워가는 사람들이다.

영적 어린아이의 특징

- 그리스도의 십자가를 통해 죄를 용서받았다는 것을 확신한다.
- 죄를 지었을 때 죄책감이 아니라 하나님의 마음을 아프시게 한 것에 대한 안타까움과 속상한 마음이 든다.
- 규칙이나 다른 사람의 영향에 매이지 않고 스스로의 자유로운 선택과 결정으로 하나님을 섬긴다.
- 자신에 대한 부정적인 평가에도 요동하지 않는다.
- 새벽 기도나 묵상을 빼먹어도 자신을 정죄하지 않는다.
- 다른 사람을 모방하기보다 자신이 가진 것, 자신에게 어울리는 것으로 하나님과 사람들을 섬기고 싶어한다.
- 어려운 문제가 생길 때 피하지 않고 문제를 직면해서 뚫고 나간다.
- 언제 어디에서든 주눅들지 않고 자유롭게 자신의 것을 드러내고 표현하는 편이다.
- 하나님을 위해 일하는 것보다 하나님과 친밀한 관계 맺는 것이 더 즐겁다.
- 사역 가운데 성령의 기름 부음이 드러난다.
- 영적인 권위와 능력은 '자리'(position)가 아니라, 그 자리에 있는 사람으로 인해 주어진다고 생각한다.
- 예배 시간이 무덤덤해지고 아무 감동이 없어도, 여전히 나는 구원받은 그리스도인임을 안다.
- 다른 사람을 위해 나의 권리를 포기하는 것이 그렇게 어렵지 않다.
- 아무도 알아주지 않는 '별 볼일 없는' 자리에서 사람들을 섬겨도 속상하지 않다.

STUDY GUIDE

1. 하나님이 나를 용서하신 것을 마음으로 받아들이면(영적 어린아이 단계) 다른 사람을 자유롭게 용서할 수 있다. 당신의 용서 문제는 다 해결되었는가? 혹시 풀지 못한 용서 문제로 아직도 고통당하는 일이 있다면?

2. '아버지를 안다'는 것은 영적 어린아이의 특징이다. 여기서는 특별히 고난에 대해 어떻게 반응하는가를 집중해서 다루고 있다. 시편 23편을 통해 고난을 통과한 후에 받을 복을 정리해 보고, 내 인생에서 가장 힘들고 고통스러웠을 때 하나님과 나와의 관계가 어떠했는지 돌아보자.

3. 영적 어린아이 단계에 있는 사람들은 주위의 영향을 많이 받는다. 따라서 이들은 하나님과의 친밀감 속에서 그분과 동행하는 경건한 사람을 붙여 주시도록 구해야 한다. 주님의 나라를 위해 함께 비전을 나누며 동역할 수 있는 사람이 주위에 충분히 있는가?

4. 하나님이 우리를 평가하실 때 '인격과 성품'으로 평가하신다. 이 두 가지 기준은 기름 부음과 어떤 관련이 있는가? 은혜적 성령세례와 은사적 성령세례의 개념을 정리해 보자.

5. 사랑이란 가치다. 하나님은 자신의 아들을 우리에게 주심으로 우리에 대한 자신의 사랑을 확증하셨다. 오늘날 많은 그리스도인들이 진리에 대해 갈등하고 의심하는 것은 "형제를 사랑하라"는 계명에서 떠나 있기 때문이라는데, 삶의 현장에서 형제를 사랑하기 위해 위험을 감수하거나 손해를 본 경험이 있으면 나눠 보자.

3
영적 청년,
삶의 모범이 되는 사람

하나님 가족 안에서 영적 청년의 때를 사는 사람들은 주 안에 거하는 영적 기반을 세웠기 때문에 열매 맺는 삶을 살아가기 시작한다. 그들은 하나님과의 친밀감을 나누는 관계에서 열매를 맺는다. 하나님을 아는 지식과 신뢰의 관계에서 열매를 맺는다.

이런 면에서 볼 때 성경에 나오는 디모데는 영적 청년의 단계에 있는 삶의 모델이다. 그래서 목회 서신이라 불리는 디모데전·후서에는 그리스도의 제자로서 살아가는 데 도전을 주는 내용이 기록되어 있다. 이제 요한일서와 디모데전서 말씀을 통해 청년의 때에 나타나는 특징을 살펴보자.

영적 청년의 특징 1 영적 전쟁에서 승리한다

"청년들아 내가 너희에게 쓰는 것은 너희가 악한 자를 이기었음이니라" (요일 2:13). 청년의 때를 살아가는 사람들은 영적 전쟁에서 승리하는 삶을 산다. 어쩌다 한 번씩 이기는 것이 아니라 항상 이긴다. 사탄의 정체와 행위를 알고 그들의 전략을 알기 때문에 자신들에게 주어진 그리스도의 권세를 가지고 사탄의 일을 멸하는 삶을 산다. 그들은 하나님에 대한 믿음이 있기 때문에 마귀의 존재를 두려워하지 않는다. 또 영적 전쟁에 능하기 때문에 사탄을 다스릴 수 있는 지혜와 권위를 갖고 있다.

"청년들아 내가 너희에게 쓴 것은 너희가 강하고 하나님의 말씀이 너희 속에 거하시고 너희가 흉악한 자를 이기었음이라"(14절). 이 말씀에서 보듯이 청년들은 내면이 강한 사람들이다. 내면의 상처들이 치유되지 않고 그리스도의 성품으로 변화되지 않았다면 우리는 강한 사람이 될 수 없다.

하나님의 말씀을 지식으로 아는 것이 아니라, 말씀이 우리 안에 있을 때 강한 사람이 된다. 말씀을 묵상하고 적용하고 실천할 때 하나님의 말씀이 우리 속에 거하는 것이다. 말씀 안에서 주님과 인격적 관계를 통해 주님을 알아가는 사람이 강한 영을 가진 사람이다. 그들은 말씀 안에 거하는 사람들이기 때문에 말씀의 권위와 능력을 가지고 있다. 그래서 그 말씀에서 나오는 권위와 능력으로 흉악한 자와 싸워서 이기는 것이다.

사탄이 두려워하는 사람들은 말씀에 대한 지식을 가진 사람들이 아니라, 그 말씀을 삶 가운데 행함으로 그리스도의 의가 나타나는 사람들이다. 만일 우리의 삶에 불의가 있다면 아무리 많은 성경 지식이 있을지라도 권위가 드러나지 않는다.

영적 청년의 특징 2 삶의 모범이 된다

"네가 이것들을 명하고 가르치라"(딤전 4:11). '이것들'이란 4장 6-10절에서 말하는 삶의 경건을 말한다. 경건한 삶의 열매는 훈련을 통해 맺어진다는 것이다. 영적 청년들은 오랜 시간 주님과 친밀감을 나누는 관계 속에서 삶의 열매를 맺는 사람들이다. 그들은 성경적 이론이나 원칙만을 가르치는 것이 아니라, 인격과 성품을 통해 삶의 모범이 된다.

"누구든지 네 연소함을 업신여기지 못하게 하고 오직 말과 행실과 사랑과 믿음과 정절에 대하여 믿는 자에게 본이 되어"(딤전 4:12). 하나님이 우리를 쓰시는 기준은 나이의 많고 적음에 있지 않다. 그러나 사람들은 어려서, 경험이나 지식이 부족해서, 큰일을 할 수 없다고 한다. 하나님은 청년의 때를 살아가는 이들에게 "사람들이 너희에게 무엇을 말하더라도 두려워하거나 염려하지 마라"고 하신다.

청년들은 사람들의 소리에 연연하지 않고 그 소리를 통과하는 법을 배운 사람들이다. 주님은 사람을 두려워하지 말고 무한한 기대를 갖게 하시는 하나님을 바라보라고 하신다. 이 말은 하나님의 기준을 인간의 기준에 양보하지 말라는 것이다.

청년의 때가 되면 하나님이 책임을 맡겨 주시는데, 그때 그 부르심 앞에 핑계를 대는 사람이 아니라 순종하는 사람이 될 수 있어야 한다. 하나님 가족 안에 있는 청년들은 맡겨 주신 책임을 완수하는 데 중점을 두지 자신의 권리를 주장하는 데 초점을 맞추지 않는다. 공동체 안에 머리가 된다는 것은 섬김에 대한 책임을 지는 것을 의미한다. 갓난아이나 어린아이 때에는 하나님 아버지께서 무엇인가를 해주셨으나 청년의 때에는 무엇인가를 해야 할 책임을 주신다. 그래서 청년들은 다음 다섯 가지 삶의 영역에 모범이 되도록 해야 한다. 말·행실·사랑·믿음·정절, 이 다섯 가지 영역에 책임을 지고 본이 될 때 하나님과 사람들로부터 진정한 영적 권위를 얻는다.

청년들은 주 안에 거하면서 주님께로부터 말하는 법을 배운다. 그래서 어떻게 말해야 하는지 안다. 이들은 감정을 따라 말하지 않고 하나님을 경외함으로 말하며 어떤 상황에서나 침묵 속에서도 자신의 감정과 마음을 통제할 수 있는 사람들이다. "내 형제들아 너희는 선생 된 우리가 더 큰 심판 받을 줄을 알고 많이 선생이 되지 말라"(약 3:1)고 했다. 지도자가 된다는 것은 특권일 수 있지만 책임도 따라온다는 사실을 보여 주는 말씀이다.

오늘날 교회 안에는 선생은 많으나 영적 아비가 없다. 주님은 우리에게 말로만 가르치는 선생이 아니라, 자신이 한 말에 책임을 지고 삶과 행동으로 보여 주는 영적 아비가 되라고 말씀하신다. 선생은 가르치지만 책임을 지지는 않는다. 그러나 영적 아비는 자신이 가르친 말에 책임을 지는 사람이다.

"우리가 다 실수가 많으니 만일 말에 실수가 없는 자면 곧 온전한 사람이라 능히 온몸도 굴레 씌우리라"(약 3:2). 여기서 온전함이란 성숙함을 의미한다. 성숙한 인격을 가진 사람을 평가하는 기준을 말에 두고 있다. 지도자는 말을 많이 하는 자리에 있다. 그만큼 말로 실수할 수 있는 위험성이 많기 때문에 말하는 법을 배워야 한다.

신명기 30장 11-14절은 혀를 다스리는 방법을 보여 준다. "내가 오늘날 네게 명한 이 명령은 네게 어려운 것도 아니요 먼 것도 아니라"(11절). "오직 그 말씀이 네게 심히 가까워서 네 입에 있으며 네 마음에 있은즉 네가 이를 행할 수 있느니라"(14절). 하나님의 말씀을 성실하게 묵상함으로 그 분의 말씀을 가까이 하고 그 말씀을 입과 마음에 두면 혀를 통제하고 다스릴 수 있다는 말씀이다.

청년들은 행동에 책임지는 사람이다. 사랑과 믿음에 대해서도 모범이 된다. 이들은 어린아이 시절에 사랑은 말과 혀로 하는 것이 아니라, 진실과 행함으로 하는 것이란 진리를 배웠다. 그래서 청년의 때에 진정한 사랑의 열매를 보여 준다. 또한 청년들은 어린아이 때 하나님께 대한 믿음에 초점을 두는 훈련을 받았기에 담대하며, 주 안에 거하면서 주님께 대한 믿음을 배웠기에 성령의 능력이 흘러나오는 삶을 살아간다.

청년들은 내 속에 계신 이가 세상에 있는 자보다 크다는 것을 알고 담대함으로 사탄의 일을 멸하는 사람들이다. 그들은 주님께 믿음을 두는 것을 배웠기에 어떤 상황 속에 있든지 넘어지지 않고 모든 공격들에 대해 충분히 이길 수 있다. 도덕적으로도 순결한 삶을 살아야 한다는 것을 기억한다.

"내가 이를 때까지 읽는 것과 권하는 것과 가르치는 것에 착념하라"(딤전 4:13). 이것은 다른 사람들을 섬기고 이끄는 사역에 대한 말씀이다. 어린아이 시절이 하나님께로부터 받아들이는 일에 집중하는 시기라면 청년 시절은 배우고 받아들인 것, 즉 내 안에서 계발된 영적 자원을 다른 사람들에게 나누어 주는 때다. 앞에서 언급했던 것처럼 다른 사람들에게 삶의 본이 되었기에 그 안에서 나오는 영적 권위를 가지고 가르치며 지도력을 행사하라는 것이다.

여기서 '착념하라'는 말은 '충성하라'는 의미로 하나님이 맡겨 주신 일에 지속적으로 머물러 있으라는 말이다. 사람들이 갈등하는 것 중 하나는 장래에 대한 하나님의 인도하심이나, 앞으로 무엇을 해야 할지 모른다는 것이다. 그래서 현실 속에 머물러 있거나 맡겨진 사역에 집중하지 못한다.

중요한 것은 앞날에 대해 지나친 관심을 가지고 불안해하거나 초조해하지 않는 것이다. 그렇게 되면 현실에 대한 하나님의 뜻에 순종하기가 어렵다. 장래에 대한 부르심을 알 수 없다 하더라도 지금 부르신 곳에서 맡겨진 일을 지속적으로 성실하게 행하면 하나님은 신실하게 우리를 그 다음 길로 인도하신다.

"네 속에 있는 은사 곧 장로의 회에서 안수받을 때에 예언으로 말미암아 받은 것을 조심 없이 말며"(딤전 4:14). 조심 없이 말라는 의미는 귀하고 가치 있게 여기라는 말이다. 사람들은 나타나는 성령의 은사를 지나치게 강조하고 집착해서 그 은사만 따라가려 한다. 그러나 우리가 받은 가장 큰 은사는 주님이시다.

그러면 우리가 받은 은사를 어떻게 하면 불일 듯 일어나게 할 수 있을까? 그것은 주님과 함께 시간을 보내면서 친밀함을 발전시켜 나갈 때 가능하다. 사람들에게 은사가 무엇인지 물어 보면 많은 사람은 아직 잘 모르겠다고 하거나 자신에게는 은사가 없다고 한다. 사람들이 은사를 발견하지 못하는 근본 원인은 독립 정신이 강하기 때문이다. 아무 은사도 없다고 말하는 사람들은 문제를 혼자 해결하려고 하는 독립심이 강하다.

이들은 자신의 마음을 다른 사람들에게 여는 것이 아니라, 사람들을 외면하고 복잡한 상황들을 피하며 문제가 생기면 도망간다. 은사란 참여하고 적극적으로 다른 사람들과 관계를 맺을 때, 다른 사람들을 헌신적으로 섬기기 시작할 때 나타난다. 다른 사람들의 문제 속에 들어가서 그 문제를 풀려고 노력하고 도와 줄 때 은사가 드러난다. 은사는 그리스도의 몸, 즉 다른 사람들을 섬기기 위한 것이기 때문이다.

"이 모든 일에 전심전력하여 너의 진보를 모든 사람에게 나타나게 하라"(딤전 4:15). 청년의 때를 살아가는 지도자는 모든 일에 성장과 성숙이 계속되어야 한다. 믿음과 삶의 진보가 있어야 하고, 성품과 인격에 변화가 있어야 한다. 가르치는 사역과 말과 행실에서 책임지는 삶의 모습을 보여 줌으로써 다른 사람들이 따라올 수 있도록 도전을 주어야 한다. 진보란 말의 의미는 앞서가며 본을 보여 준다는 것이다.

만일 영적 청년들의 삶에 영적 진보가 멈추었다면 그를 따르는 사람들의 성숙도 중지된다. 지도자의 성숙은 그의 지도력 아래서 그를 따르는 사람들과 직결되어 있다. 그래서 지도자가 된다는 말에는 그를 따르는 사람들의 경건에 대한 책임이 더해진다는 뜻도 포함되어 있다. "네가 네 자신과 가르침을 삼가 이 일을 계속하라 이것을 행함으로 네 자신과 네게 듣는 자를 구원하리라"(딤전 4:16). 하나님 가족 안에 있는 청년들은 권면하고 가르치는 사역에 기름 부음이 있다. 그러나 가르치는 사역에 기름 부음이 있는 것으로 충분하지 않다. 그의 가르침은 삶과 인격에서 나와야 한다. 얼마나 능력 있게 잘 가르치느냐가 중요한 것이 아니라, 나 자신이 어떤 사람인가 하는 것이 더 중요하다. 하나님은 나와 나에게 가르침을 받는 사람들을 함께 구원하기 원하시기 때문이다. 영적 지도자가 경건의 삶을 추구하지 못하고 자신의 삶 속에서 영적 움직임을 멈추었다면 자신과 다른 사람들을 실족하게 할 수 있다. 이것이 지도자에게 따라오는 중요한 책임이다. 영적 청년들은 자신과 자신을 따르는 사람들이 실족하지 않도록 계속해서 경건의 훈련을 하며 영적 성숙을 전심전력으로 추구해야 한다.

영적 청년의 특징 3 대인관계의 기본 원리를 안다

"늙은이를 꾸짖지 말고 권하되 아비에게 하듯 하며 젊은이를 형제에게 하듯 하고 늙은 여자를 어미에게 하듯 하며 젊은 여자를 일절 깨끗함으로 자매에게 하듯 하라"(딤전 5:1-2).

교회라는 공동체는 다양한 계층의 사람들이 모여서 형성된 큰 가족이다. 다양한 종류의 사람들이 모여 있기 때문에 서로를 통해 다양한 경험들을 배우고 인격적으로 성장하고 성숙할 수 있다. 반면 서로 다름에서 오는 갈등과 관계의 어려움으로 고통 받고 상처 받을 수도 있다.

본문 말씀은 청년의 단계에 있는 이들이 공동체 안에서 다른 사람을 어떠한 태도와 관점을 가지고 섬겨야 하는지 보여 준다. "늙은이를 대할 때에는 아비에게나 어미에게 하듯 하라." 성경에서 말하는 공경의 의미란 내가 공경하려는 대상에 대해서 그분의 가치를 인정하고 관계 맺는 것을 말한다. 그들이 잘못하거나 실수할 때 꾸짖거나 책망하지 말고 권면하라는 것이다. 권면이란 하나님의 성품과 말씀에 기반을 두고 관계를 지켜나가는 것이다.

어떤 사람들이 잘못이나 실수를 범했을 때 관계를 쉽게 끊어 버린다면 관계의 가치를 소중히 여기는 성숙한 사람이 아니다. 사람은 누구나 나이가 들면 자신을 통제할 수 있는 자제력이 약해져서 쉽게 실수할 수 있다. 때문에 잘못과 실수를 이해하고 용납하는 마음을 가지고 노인을 대해야 한다.

젊은이를 대할 때에는 형제와 자매에게 하듯이 해야 한다. 성경은 특별히 젊은 자매에 대한 태도에서 "일절 깨끗함으로 자매에게 하듯 하라"고 강조한다. 바울이 영적으로나 육신적으로 청년이었던 디모데에게 주의를 주었던 영역은 정절에 대한 부분이었다.

공동체란 이성의 만남이 쉽게 이루어지며 유혹을 많이 받을 수 있는 곳이다. 그래서 자매에게 하듯 젊은 여자들을 존중하며 순결을 지켜 주는 깨끗한 관계의 책임을 강조한 것이다. 사역자들에게 이것은 대인관계의 기본 원리요, 상담하는 데 반드시 지켜야 할 기본 원칙이다. 사역자들이 이 원칙을 벗어나면 주님께로부터 오는 어떤 권위도 가질 수 없다.

영적 청년의 특징 4 자족하는 마음이 있다

"그러나 자족하는 마음이 있으면 경건이 큰 이익이 되느니라 우리가 세상에 아무것도 가지고 온 것이 없으매 또한 아무것도 가지고 가지 못하리니 우리가 먹을 것과 입을 것이 있은즉 족한 줄로 알 것이니라" (딤전 6:6-8).

영적 청년들의 경건한 삶의 표적(열매)은 '자족하는 마음'이다. 하나님이 허락하신 모든 현실을 있는 그대로 받아들이고 자족하는 태도를 가져야 한다. 사역자는 욕심을 버리지 않으면 유혹을 받게 되고 진리를 떠나 그 마음이 부패하게 되는 것을 기억하고 경계해야 한다. 사역을 생계의 수단으로 이용해서는 안 된다. 하나님을 향한 순수한 동기와 목적을 가지고 사역을 이끌어야 한다. 그러기 위해서 하나님이 허락하신 모든 상황과 환경 가운데서 자족하는 경건의 훈련을 해야 한다.

자족하는 훈련은 영적 청년들이 반드시 배워야 하는 필수과목이다. 하나님은 이스라엘 백성들에게 하나님의 백성으로 자족하며 살아가는 법을 가르쳐 주시기 위해 광야 40년 길을 걷게 하셨다. 애굽에서 이스라엘 백성들은 먹을 것, 입을 것, 즉 팥죽에 자신들의 안정감과 정체성을 두고 살았다. 하나님은 그의 백성들이 이런 것을 의지하고 않고 온전히 하나님만 의지하고 살아가도록 부르신 것을 알게 하기 위해 광야에서 40년 길을 걷게 하신 것이다.

팥죽을 의지하는 삶이 아니라 하나님의 약속의 말씀을 의지하는 믿음의 삶이 얼마나 부요한 삶인지 가르치시기 위해 하나님은 그들을 광야의 길로 인도하면서 40년 동안 하루도 빠지지 않고 성실하게 일용할 양식을 공급하셨다. 그런데 그들은 하나님이 공급하시는 필요에 만족하지 않고 음식에 대해 불평하고 원망했다. 사실 그들의 문제는 음식 자체가 아니라 음식에 대한 태도에 있었다. 그들은 40년 동안 만나로 만든 햄버거를 먹었고 만나로 만든 과자와 빵을 먹었다. 그래서 박한 식물이 싫다면서 하나님이 주신 음식을 거절했다. 이들은 자족하는 마음을 잃어버렸다. 감사를 잃어버린 것이다. 디모데전서에서는 자족을 얘기할 때 "너희가 먹을 것 입을 것이 있으면 족한 줄 알라"고 했다. 우리가 빈손으로 왔다가 빈손으로 간다고 하는 이 진리를 매일의 삶 가운데에서 배우지 못한다면 결코 경건한 하나님의 사람으로서 믿음의 길을 걸어갈 수가 없다.

바울은 평생을 두고 배웠던 경건의 삶에 대해 "내가 모든 상황 속에서 하나님을 의지하며 살아가는 자족의 비결을 배웠다"고 말한다(빌 4:11-13 참조). 이것은 또한 주어진 모든 상황과 환경에 대해서 불평하고 원망하지 말고 감사하며 자족하는 경건의 삶을 살라는 도전이다.

자족하는 마음을 배우지 못하면 결코 하나님의 사람들이 걸어가는 믿음의 길을 걸어갈 수 없다. 다음은 자족하는 마음을 잃어버린 사람들의 삶의 결과를 보여 주는 말씀이다. "부하려 하는 자들은 시험과 올무와 여러 가지 어리석고 해로운 정욕에 떨어지나니 곧 사람으로 침륜과 멸망에 빠지게 하는 것이라 돈을 사랑함이 일만 악의 뿌리가 되나니 이것을 사모하는 자들이 미혹을 받아 믿음에서 떠나 많은 근심으로써 자기를 찔렀도다"(딤전 6:9-10).

부자가 되려고 하는 것이 잘못된 것이 아니다. 부에 대한 가치관이 건강하지 못하면 그 부로 인해 정욕에 떨어져서 파멸을 맞는다는 것이 문제다. 부는 가치가 있지만 여기에 절대적 가치와 의미를 부여하고 집착하면, 돈에 지배를 당함으로써 믿음에서 떠난 삶을 살게 된다.

청년의 단계에 있는 사람들은 돈의 영향력에서 벗어날 때 영적 사역을 감당할 수 있다. 돈에서 자신의 정체성을 찾고 안정감을 두면 주를 따르는 제자로서의 길을 걸어갈 수 없다. 성경은 돈과 주님을 겸하여 섬길 수 없다고 한다. 부자 청년이 영생을 얻고자 주님을 찾아왔을 때 주님은 그분을 따르는 데 방해가 되는 가장 큰 장애물이 무엇인가 지적하셨다. 이 청년의 문제는 돈에 자신의 정체성과 안정감을 두었다는 것이다. 그가 소유한 재물이 우상이 된 것이다.

사람들의 자연스러운 욕구는 많은 재물을 소유하면서 주님을 따르는 것이다. 그러나 입을 것과 먹을 것이 있으면 족한 줄 알라는 성경의 원칙을 배워서 우리의 삶에 적용하지 않는다면 누구도 재물에 대한 집착에서 벗어날 수 없다. 자족이라는 경건의 훈련을 함으로써, 많은 재물로 인해 우쭐대거나 가난 때문에 비굴해지지 않는 법을 배워야 한다. 먹고 입는 것이 자족의 기준이라면 필요 이상의 것이 주어졌을 때는 책임감이 따라온다는 것을 알아야 한다.

우리는 하나님이 우리에게 주신 것을 그분의 목적대로 주님의 뜻을 따라 사용해야 한다. 청지기로서 책임 있는 역할을 잘 감당해야 한다. 경건을 추구하는 하나님의 사람들이 가져야 하는 가장 중요한 마음은 모든 욕심을 다스리는 자족하는 태도다. 그럴 때 하나님과 자신을 따르는 사람들을 향해서 자신의 경건한 삶을 성숙시켜 나갈 수 있다.

영적 청년의 특징 5 하나님의 사람이 된다

"오직 너 하나님의 사람아 이것들을 피하고 의와 경건과 믿음과 사랑과 인내와 온유를 좇으며 믿음의 선한 싸움을 싸우라 영생을 취하라 이를 위하여 네가 부르심을 입었고 많은 증인 앞에서 선한 증거를 증거하였도다" (딤전 6:11-12).

이 말씀은 하나님의 사람으로서 경건의 삶에 도전하기 위해 먼저 다루어져야 할 영역이 무엇인가를 강조하고 있다. 즉, 하나님의 가족 안에 청년들이 피해야 할 것이 무엇이며 싸워야 할 것과 취해야 할 것이 무엇인가를 보여 준다.

청년들이 피해야 할 유혹은 돈에 대한 영역이다. '피하라' 는 말은 소극적 명령이 아니라 적극적 태도를 요구하는 말씀이다. 어떤 상황 가운데서도 타협하거나 정당화하거나 합리화하지 말고 돈의 유혹에서 떠나라는 강력한 주문이다. 돈에 대한 순수한 동기를 잃어버리면 실족하게 된다는 무서운 경고다. 그러면 하나님의 사람들이 집중해야 하고 추구해야 할 영역이 무엇인가를 다음의 네 가지 영역에서 살펴보자.

첫째 명령은 의와 경건과 믿음과 사랑과 인내와 온유를 좇는 것이다. 이것은 그리스도의 성품 안에서 발견되는 인격이다. 주님은 청년들에게 이것이 삶 가운데 나타나도록 자라가라고 도전하신다. 그럴 때 진정한 자유와 부요함을 누릴 수 있기 때문이다. 이것은 우리 안에서 자동적으로 생기는 것이 아니기에 대가를 지불하고 붙잡아야 한다.

먼저 의란 하나님과 나와의 관계에서 올바른 관계의 기초가 되는 중요한 덕목이다. 하나님 앞에 설 때 거리낌 없이 당당하게 서게 하는 것이 바로 그리스도의 의다. 그리고 경건이란 하나님께로 나아가는 삶의 태도와 열정이요, 하나님을 닮아가는 인격적 특성이다. 청년들은 주님과의 올바른 의의 관계를 통해 하나님을 알고 닮아가는 삶의 적극적 태도와 열정을 추구해야 한다.

다음으로 언급된 믿음은, 다른 사람들과의 관계에서 나타나는 덕목이다. 거짓이 없는 진실과 신뢰에 기초를 둔 믿음의 관계를 발전시켜야 한다는 것이다. 그리고 희생적 헌신에 기초를 둔 사랑에 자신의 인격을 담아야 한다.

끝으로 인내와 온유는 자신을 둘러싸고 있는 사건이나 상황들과 연결된 것이다. 인내란 자신을 위협하는 여러 가지 어려운 상황 속에서 참고 견딜 수 있는 힘을 말하며, 온유란 성숙한 사람들의 인격과 삶 속에서 나타나는 성품으로 본래 거칠고 힘센 야생마를 잘 훈련해서 길들였을 때 사용하는 말이다. 성경에서 말하는 온유란 자신 안에 있는 힘을 통제하는 자제력을 의미한다. 즉, 하나님의 사람으로서 자신의 힘을 함부로 사용하지 않고 잘 통제해서 하나님이 원하시는 목적대로 사용하는 것을 말한다. 하나님의 가족으로서 청년들은 어떤 상황 속에 있든지 그 안에서 그리스도의 인격과 성품으로 반응하는 경건을 위해 힘써야 한다.

둘째 명령은 믿음의 선한 싸움을 싸우는 것이다. 성경에서 일반적으로 싸운다는 말은 영적 전쟁에 대한 개념으로 사탄과 죄를 대적하는 의미로 사용한다. 그러나 여기서 싸운다는 말은 좀더 적극적인 표현이다. 그것은 하나님이 기뻐하시는 선한 일을 행할 때 사용하는 말이다. '선하다'는 성경적 의미는 하나님의 기뻐하시는 뜻을 행하는 것이다.

"하나님을 사랑하는 자 곧 그 뜻대로 부르심을 입은 자들에게는 모든 것이 합력하여 선을 이루느니라"(롬 8:28). 여기서 선을 이룬다는 것은 하나님께서 기뻐하시는 뜻대로 이루어진다는 것이다. 그래서 "너희가 선한 일을 행하고, 선한 사업으로 부하고, 나누어 주기를 좋아하고, 동정하는 자가 되라"고 도전한다. 이것이 곧 믿음의 선한 싸움을 싸우는 영적 청년들의 삶이다.

셋째 명령은 영생을 취하라는 것이다. 여기서 '취하라'는 의미는 견고하게 붙잡고 즐기라는 말이다. 영생을 취하라는 것은 그리스도 안에서 영원한 생명을 맛보고 누리라는 것이다. 오늘날 많은 그리스도인들은 영생을 소유하고 있으면서도 그것을 누리지 못한다. 영생이란 유일하신 참 하나님과 그의 보내신 자 예수 그리스도를 알고 경험하는 것이다. 주님의 생명을 경험하며 즐기는 삶이 그리스도인들의 정상적인 삶이다. 시간과 공간을 초월해서 존재하시는 주님의 생명을 내 안에서 맛보고 즐길 때, 이 세상과 세상적인 것에 묶이지 않고 영원한 나라에 소망과 기쁨을 두는 승리의 삶을 살 수 있다.

넷째 명령은 하나님이 주신 것을 지키는 것이다.

"디모데야 네게 부탁한 것을 지키고 거짓되이 일컫는 지식의 망령되고 허한 말과 변론을 피하라"(딤전 6:20), "우리 안에 거하시는 성령으로 말미암아 네게 부탁한 아름다운 것을 지키라"(딤후 1:14).

여기서 '지키라'는 말씀은 앞에서 명령하신 것들을 힘써서 지키라는 것이다. 지킨다는 것은 하찮고 소홀히 여기는 것이 아니라 귀하고 중요하게 여기는 것이다. 그럴 때 하나님이 더 많은 것을 주실 수 있다.

하나님의 사람들이 죄 가운데 빠지는 이유가 있다면 하나님이 주시고 명령하시는 것을 소중하게 생각하지 않았기 때문이다. 하나님이 쓰시던 사람들이 넘어지고 실족하는 원인이 있다면 주님이 하라고 하신 일을 끝까지 지키지 않았기 때문이다. 하나님의 사람인 청년들에게서 기름 부음이 없어지는 근본 원인은 주 안에 거하라는 부르심에 순종하지 않았기 때문이다. 돈으로부터 자신의 믿음을 지키지 않았거나 주님을 닮아가기 위해 믿음의 훈련에 자신을 위탁하고 헌신하지 않았기 때문이다.

디모데후서 1장 14절의 말씀과 같이 "성령으로 말미암아 네게 부탁한 아름다운 것을 지키라." 결코 나의 힘으로 가능하지 않다. 이 말씀과 같이 우리는 모든 일에 성령님의 도움을 구하고 의지해야 한다. 내 안에 계신 아름다우신 그리스도와 성령님을 거룩함 가운데 지키고 있는가, 아니면 세상의 모든 더러움과 정욕 속에 모시고 사는가?

디모데전서 6장 20절 후반절에 "지식의 망령되고 허한 말과 변론을 피하라"는 말씀은 지적 교만에 대한 말씀이다. 경건에 유익하지 못한 허탄한 말에서부터 자신의 믿음을 지키기 위해 쓸데없는 변론을 피하라는 말이다. 유익함이 없는 변론에 빠져들면 하나님께 대한 순수성을 잃어버려 믿음에서 떠나는 결과를 가져올 수 있다. 지적 우월감을 증명해 보이려고 변론하는 것을 경계해야 한다.

특별히 사역자들은 말씀을 전하면서 자신이 얼마나 많은 영적 지식을 가졌는가 드러내려고 해서는 안 된다. 영적 청년들은 말씀을 듣는 청중들에게 자신이 영적 지식이나 하나님 나라의 원칙을 가진 사람임을 나타내는 것이 아니라, 자신 안에 있는 그리스도께 대한 믿음과 사랑을 보여 주어야 한다.

영적 청년의 특징 6 정욕의 유혹을 피한다

"또한 네가 청년의 정욕을 피하고 주를 깨끗한 마음으로 부르는 자들과 함께 의와 믿음과 사랑과 화평을 좇으라"(딤후 2:22).

여기서 말하는 정욕이란 성적 욕구를 의미하는 것이 아니다. 이 말 속에 담겨 있는 본뜻은 하나님이 금지하시는 것을 갈망하며 움켜잡는 것이다. 하나님이 주시지 않은 것을 간절히 소유하려는 욕망이다. 하나님 가족 안에 있는 청년들이 받는 유혹은 인간적 방법으로 하나님을 위해 무엇인가를 하려고 하는 것이다. 즉, 하나님이 사역을 주셨을 때 그분이 주시는 비전과 열정이 아니라, 자신의 욕망과 야심을 가지고 주를 섬기려 하는 것이다.

이것은 사역자들의 마음 깊은 곳에 절망과 좌절 그리고 실패를 가져온다. 주 안에 거하는 삶에서 떠나 하나님의 음성을 듣지 않고 자신의 정욕대로 하려고 할 때 이런 고통스러운 결과가 따른다. 하나님의 사람들은 어떤 일을 행할 때 먼저 하나님께로부터 온 것인지 충분히 기도하고 확인한 후에 시작한다. 하나님이 어떤 영역에서 나를 사용하시고 축복하셨다고 해서 평생 동안 그 분야에서 나를 사용하실 것이라는 보장은 없다. 계속 하나님의 뜻을 알기 위해 그분의 음성을 들어야 한다. 이것이 청년들이 가져야 하는 겸손한 태도다.

예수님의 삶과 사역 가운데 늘 성령의 기름 부음과 생명의 열매가 있었던 이유는 모든 일에 먼저 아버지의 뜻을 알고 아버지와 함께 시작하셨기 때문이다. 요한복음 5장 19절 말씀은 예수님의 삶과 사역이 어디에서 시작되었는지를 보여 준다. "그러므로 예수께서 저희에게 이르시되 내가 진실로 진실로 너희에게 이르노니 아들이 아버지의 하시는 일을 보지 않고는 아무것도 스스로 할 수 없나니 아버지께서 행하시는 그것을 아들도 그와 같이 행하느니라."

예수님의 깊은 영성은 아버지와의 관계에서 나오는 것이었다. 사실 주님은 모든 것을 스스로 할 수 있으나 스스로 할 수 있는 권리를 포기하셨다. 주님은 본이 되는 삶을 사심으로써 자신을 보내신 아버지와 함께하는 것의 중요성을 제자들에게 가르치셨다.

요한복음 2장 1-11절은 주님이 아버지와 함께 동역하시는 방법과 그 결과로 나타났던 열매에 대한 실례를 보여 주는 내용이다. 갈릴리 가나에서 열린 혼인 잔치에 예수님과 어머니, 그리고 제자들이 초대받았다. 그런데 혼인 잔치에 포도주가 떨어졌다. 마리아는 이 당혹스러운 상황을 예수님께 알리면서 문제를 해결해 줄 것을 부탁했다.

그러자 예수님은 자신의 어머니에게 "여자여 이 일이 나와 무슨 상관이 있나이까? 내 때가 아직 이르지 못하였다"고 대답하신다. 이 얼마나 쌀쌀하고 냉정한 태도인가? 그런데 우리를 혼란스럽게 하는 것은 얼마 지나지 않아 어머니의 부탁을 거절했던 예수님이 물을 포도주로 바꾸셨다는 것이다.

요한복음 5장 19절에 나타난 예수님의 깊은 영성을 보면, 이 혼란스러운 부분이 충분히 이해된다. 예수님은 어머니의 부탁에 대해 모자지간의 정으로 반응하지 않으셨다. 어머니의 부탁이라 할지라도 냉정하게 거절하셨다. 예수님은 많은 사람의 필요에 둘러싸여 계셨고 그들의 필요와 욕구를 이해하고 아셨다. 그러나 사람들의 필요나 욕구에 의해 행동하지 않으셨다. 주님은 아버지의 뜻에 따라서만 움직이고 반응하셨다. 내 때가 이르지 않았다는 말의 의미가 무엇인지 이해했는가? 예수님은 그분의 때, 아버지께서 말씀하신 그때만 움직이셨다.

주님은 그 상황에서 바로 문제를 해결하신 것이 아니라 어머니의 말씀을 듣고 하나님 아버지께 이 문제를 가지고 나가서 물어 보셨다. 그리고 아버지의 응답을 들은 후에 그 말씀에 순종함으로 물을 포도주로 바꾸시는 기적의 역사를 일으키신 것이다. 주님은 어떤 상황 가운데 있든지 옳고 그름에 기준을 두고 행하신 것이 아니라, 하나님이 어떻게 말씀하시는지 들으면서 행하셨다. 그 결과 예수님의 모든 사역과 삶 가운데 놀라운 성령의 능력과 기름 부음의 역사가 일어났다. 그래서 주님은 이 땅에서 충성된 증인으로서의 삶을 사셨다. 아버지께 온전히 헌신한 아들의 순종을 통해 가나의 혼인 잔치에 참석했던 모든 사람이 생명을 맛보는 충만한 즐거움이 있었던 것이다.

주님을 따르는 영적 청년들은 사람들의 말이나 상황에 의해서 반응하지 않는다. 정에 이끌리거나 사람들의 필요나 욕구를 따라 움직이는 사람들이 아니다. 자신의 내면에서 말씀하시는 성령의 움직임에 의해서만 반응하는 사람이다.

특별히 영적 지도자들은 사람들이 요구하고 바라는 것들을 채워 주어야 한다는 압박감이나 부담감에 자신을 맡겨서는 안 된다. 사람들의 요구대로 자신의 일정을 짜서도 안 된다. 자신의 일과표는 주님께로부터 나와야 한다. 지도자들은 내면에서 말씀하시는 성령의 음성과 내면에서 역사하시는 영적 움직임 그리고 그분의 손길에 민감한 사람이 되어야 한다.

먼저 주님의 뜻을 알고 순종할 때 우리 삶 가운데 물이 포도주가 되어서 우리가 속한 공동체와 많은 사람에게 기쁨과 생명을 나누어 주는 축복된 삶을 살 수 있다. 청년의 단계에 있는 사람들은 하나님이 금하고 주지 않는 것을 갈망하고 움켜잡으려는 정욕을 끊고, 하나님의 뜻이 무엇인지를 분별하고 순종하는 사람들이다.

영적 청년의 특징 7 하나님의 뜻을 행한다

영적으로 청년의 단계에 있는 이들은 사랑해야 할 것과 사랑하지 말아야 할 것이 무엇인가를 아는 사람들이다. "이 세상이나 세상에 있는 것들을 사랑치 말라 누구든지 세상을 사랑하면 아버지의 사랑이 그 속에 있지 아니하니"(요일 2:15).

청년들은 세상이나 세상에 속한 것을 사랑하지 않는다. 그들은 아버지의 사랑 안에 거하기 때문에 세상과 세상에 속한 것에 유혹을 느끼거나 영향을 받지 않는다. 그들은 세상이 주는 압박감이나 긴장감에 끌려 다니지 않고 오히려 세상에 두려움과 영향을 주는 사람들이다. 하나님을 아는 지식에서 나오는 힘과 권능을 가지고 세상에 도전하는 사람들이다. 하나님을 알기 때문에 세상을 사랑하지 않고 세상적 욕망을 갖지 않는다. 오늘날 많은 사람이 하나님의 사랑을 경험하기 원하지만 그분의 사랑을 경험하지 못하는 이유는 하나님과 세상을 사랑하는 두 마음이 있기 때문이다.

요한일서 2장 16절은 구체적으로 세상의 실체가 무엇인가를 말한다. "이는 세상에 있는 모든 것이 육신의 정욕과 안목의 정욕과 이생의 자랑이니 다 아버지께로 좇아온 것이 아니요 세상으로 좇아온 것이라." 사탄의 통치 아래 있는 세상의 세 가지 실체란 육신의 정욕과 안목의 정욕 그리고 이생의 자랑이다.

보는 것을 통해 우리 마음이 원하는 것을 부당하게 소유하고 싶어하는 것이 안목의 정욕이다. 사탄은 우리의 눈을 통해 우리를 선동한다. 부도덕한 그림이나 장면을 보여 주는 포르노 영화나 외설 잡지를 보는 것은 우리를 정욕에 빠뜨리려는 사탄의 전략에 자신을 던지는 것이다. 어둠에 노출된 이 시대의 문화 속에 살고 있는 우리는 많은 것을 보고 또 그것을 갖고 싶어한다.

사탄은 우리의 눈을 통해 자신의 욕망을 충족시키라고 충동한다. 그래서 시편 기자는 "내 눈을 돌이켜 허탄한 것을 보지 말게 하시고 주의 도에 나를 소성케 하소서"(시 119:37)라고 기도한다.

육신의 정욕이란 눈으로 받아들인 유혹을 자신과 다른 사람들에게 적용하는 것이다. 정욕이란 사탄의 방법을 통해 내 욕구를 충족시키려는 강한 욕망이다. 이것은 우리 몸과 영을 더럽히고 부패시키고 파멸에 이르게 한다.

이생의 자랑이란 가치나 의미가 없는 세상적 자랑을 말한다. 자랑할 것이 없는데 자랑하는 것을 말하며 실제 자기가 가진 것보다 더 많은 것을 가졌다고 허풍 떠는 것을 말한다. 이것은 자신을 교만과 오만의 자리에 앉게 하는 허탄한 자랑이다.

성경은 이런 자랑을 악한 것이요 자기 스스로를 높이는 위험한 자랑이라고 경계하고 있다. 또한 하나님의 사람들은 세상에 살지만 세상에 속하지 않고 하나님께 속한 자로 하나님의 뜻을 행하는 사람들이라고 증거한다. "이 세상도, 그 정욕도 지나가되 오직 하나님의 뜻을 행하는 이는 영원히 거하느니라"(요일 2:17).

하나님 가족 안에 청년들의 관심은 오직 하나님의 뜻을 행하는 일에 자신과 자신의 삶을 헌신하는 것이다. 그래서 하나님의 뜻을 행하는 것만이 아니라 하나님의 뜻을 아는 일에서도 갈등하거나 힘들어하지 않는다. 하나님의 뜻을 알려 달라고 아우성을 치거나 몸부림치며 떼를 쓰지도 않는다. 또한 하나님의 뜻에 순종하는 데 갈등하고 고민하면서 도망가려고 기회를 찾지도 않는다.

그들은 하나님이 하라고 명령하신 일을 의심하거나 변명하지 않고 그 명령에 순종하는 사람들이다. 그것이 자신을 자유롭게 한다는 사실을 알고 있기 때문이다. 하나님이 자신에게 최선의 것을 주시는 분이라는 신뢰가 있기에 그분의 말씀에 즉시, 온전히, 기쁘게 순종한다.

"여호와께서 말씀하시되 오라 우리가 서로 변론하자 너희 죄가 주홍 같을지라도 눈과 같이 희어질 것이요 진홍같이 붉을지라도 양털같이 되리라 너희가 즐겨 순종하면 땅의 아름다운 소산을 먹을 것이요"(사 1:18-19).

하나님이 말씀하시는 것은 죄에 대해 변론하자고 하는 것이지 하나님의 뜻을 가지고 변론하자고 하는 것이 아니다. 그러나 많은 사람이 하나님의 뜻을 가지고 변론하자고 요구한다. 그것은 하나님의 뜻을 바꾸어 달라고 하는 것과 같다. 나의 생각과 길이 하나님보다 더 지혜롭고 탁월하다고 하는 것이다. 하나님이 요구하시는 방법보다 나에게 더 좋은 방법이 있으니 나의 뜻대로 하겠다고 주장하는 것이다. 그것은 하나님을 내가 만들어 놓은 상자 속에 가두고 하나님을 제한하는 것과 같은 것이다. 그러나 하나님은 내가 만들어 놓은 상자 속에 거하기엔 너무 크신 분이다. 우리는 내가 만들어 제시한 어떤 해결책보다 하나님의 길과 방법이 최선이라는 것을 알아야 한다.

하나님의 뜻을 행하는 데 있어서 그것이 합리적이지 않고 타당하지 않기 때문에 그 뜻을 따르거나 순종할 수 없다고 변명하며 이유를 들이대는 사람이라면 성숙한 하나님의 사람이 아니다. 하나님이 그의 가족 안에 거하는 청년들에게 도전하시고 약속하시는 것은 "너희가 내게 즐겨 순종한다면 너희를 보내고 세운 모든 곳에서 성령의 기름 부음과 권위를 나타내겠다"는 것이다. 주께로부터 오는 기름 부음과 영적 권위는 하나님의 뜻에 즐겨 순종하는 자에게 주시는 하나님의 신실한 약속이다.

영적 청년의 특징

―――――

- 하나님과 친밀한 관계를 맺는다는 것이 어떤 것인지 체험을 통해 알고 있다.
- 하나님을 아는 지식으로 인해 얻어진 인생의 지혜들이 많다.
- 영적 전쟁에 대한 지식과 경험이 있고 삶 속에서 구체적으로 적용하고 있다.
- 쉽게 상처받지 않으며 내면의 정서적인 문제들을 어떻게 다뤄야 할지 알고 있다.
- 공동체 안에서 사람들을 보호하고 좋은 관계를 유지하는 것이 중요하지만, 그것을 위해 하나님의 기준을 낮추거나 양보해서는 안 된다고 생각한다.
- 사랑하기 때문에 때로는 다른 사람을 지적하고 강하게 말할 수 있다.
- 삶 속에서 구체적인 성령의 능력이 나타난다.
- 규칙이 아니라 그것이 내 삶을 건강하게 하는 비결임을 알기에 성적, 도덕적으로 순결한 삶을 살려고 노력한다.
- 장래의 부르심이 불확실하다 해도, 변함없이 지금 이 순간에 주어진 일을 성실하게 할 수 있다.
- 내가 가르칠 때 사람들 안에 깨달음과 은혜가 부어지는 일이 자주 있다.
- 다양한 기질과 배경의 사람들(특히 이성)과 건강하고 즐겁게 관계할 수 있다.
- 일을 시작하기 전에 먼저 그것이 하나님께로부터 온 것인지 분별한다.
- 특별한 하나님의 음성이 없어도 성경의 원칙에 따라 어떻게 선택하고 행동해야 할지 알 수 있다.
- 오랫동안 하나님의 음성을 들어왔기 때문에, 이제는 예전만큼 그분의 뜻을 분별하는 데 갈등하거나 힘들어하지 않는다.

1. 영적 청년의 때를 살아가는 사람은 영적 전쟁에서 승리하는 삶을 산다. 말씀에 대한 권위와 능력으로 일상에서 승리하고 있는가? 혹 그렇지 못하다면 그 이유는 무엇인가?

2. 어떤 사람들이 잘못이나 실수를 범했을 때 쉽게 관계를 끊어 버린다면 관계의 가치를 소중히 여기는 사람이 아니다. 인간은 관계의 존재라고 한다. 권면을 통해 무너진 관계를 세워 나간 경험이 있다면 나눠 보자.

3. 자족하는 훈련은 영적 청년들이 반드시 배워야 하는 필수과목이다. 부에 대한 나의 가치관은 어떤지, 자족함의 기준을 어떻게 세우고 있는지 구체적으로 나눠 보자. 나는 돈에 대해 얼마나 자유로운가?

4. 하나님의 사람이 되기 위한 네 가지 영역을 본문에 근거하여 정리해 보자. 현재 내가 좀더 훈련하고, 힘써야 할 부분은 어떤 영역인가?

5. 영적 청년의 때를 살아가는 이들의 관심은 오직 하나님의 뜻을 행하는 데 있다. 내 뜻과 하나님의 뜻을 구별하는 나의 기준이 있다면 나눠 보자.

4
영적 아비, 성숙한 하나님의 사람

       하나님의 가족 안에서 영적 아비가 되는 것은 우리를 향한 하나님의 큰 목표이며 비전이다. 그들은 오랜 시간 주님과 동행하면서 하나님이 어떤 분이신가를 아는, 지혜와 지식이 성숙한 사람들이다. 그들은 어린아이와 청년의 때를 지나면서 배운 진리들을 성령의 능력으로 지키고 순종한 사람들이다. 또한 하나님이 명령하고 지키라고 하는 것에 갈등하지 않고 순종하는 사람들이다. 많은 고난을 통과하면서 하나님을 신뢰하며 하나님 나라의 원칙과 길을 배운 사람들이다. 그래서 하나님의 마음과 길을 그리스도의 몸 안에서 가르치고 친히 앞서 모범이 되는 사람이다.

  그들은 하나님의 성품 안에 거하는 사람들이기 때문에 세상의 유혹에 쉽게 빠지지 않는다. 그들은 세상의 것에 만족하지 않고 하나님과 그분의 뜻을 행하는 것으로 만족하며 살아간다. 에녹이 300년 동안 주님과 함께 믿음의 길을 걸었던 것처럼 주님과 친밀감을 나누면서 하나님의 형상을 자신의 모든 삶 가운데서 드러내며 열매를 맺는다.

  그러나 영적 아비라는 말이 그의 모든 삶과 행위가 완전하다는 것을 의미하지는 않는다. 그들의 삶 가운데 절망이나 갈등이 없다는 것도 아니다.

그들의 삶과 행위에서도 어린아이와 청년의 때에 나타나는 연약한 특징들을 볼 수 있다. 실수나 부족함도 발견할 수 있다. 그러나 어린아이들과 다른 점은 계속해서 실수하는 자리에 머물러 있지 않고 곧바로 진리 안에서 회복한다는 것이다.

영적 아비의 특징 1 지혜가 장성한 사람이다

"형제들아 지혜에는 아이가 되지 말고 악에는 어린아이가 되라 지혜에 장성한 사람이 되라"(고전 14:20). 영적 아비, 즉 성숙한 사람은 무엇보다 하나님의 성품 안에서 지혜가 장성한 사람이다. 그래서 그의 모든 삶과 사역 가운데 지혜가 흘러나온다. 그는 어린아이 시절에 주 안에 거하는 삶의 기반을 세우고 오랜 기간 주님과 동행하는 삶의 길을 걸었기 때문에 주님에게서 오는 깊은 통찰력과 지혜를 가지고 있다. 또한 하나님과의 깊은 사랑과 신뢰의 관계를 통해 개발된 영적 자원이 흘러나와 그리스도의 몸을 부요하고 견고하게 한다. 하나님의 마음에 합한 사람들은 지혜와 명철로 그리스도의 몸을 양육하고 이끌어 가는 성숙한 사람이다.

영적 아비의 특징 2 창조주 하나님을 안다

"아비들아 내가 너희에게 쓰는 것은 너희가 태초부터 계신 이를 앎이요"(요일 2:13). 사람이 세상을 창조하신 분을 경험하고 안다는 것은 놀라운 일이다. 여기서 하나님을 아는 사람들은 지식으로서 아는 것이 아니라 고난과 고통 가운데서 주님을 마음으로 경험했기에 실제적으로 하나님을 알고 또한 그분의 원리원칙과 길을 이해하는 장성한 사람이다.

그들은 하나님과 오랜 시간 동안 교제했기에 하나님을 안다. 그래서 그리스도의 몸 안에서 주의 마음을 흘러 보내며 그의 행사를 가르친다. "잇사갈 자손 중에서 시세를 알고 이스라엘이 마땅히 행할 것을 아는 두목이 이백 명이니 저희는 그 모든 형제를 관할하는 자며"(대상 12:32), "그 행위를 모세에게, 그 행사를 이스라엘 자손에게 알리셨도다"(시 103:7).

모세는 성숙한 하나님의 사람이다. 하나님을 알았고 주님께 순종하는 삶을 살았던 사람이다. 그는 지혜로웠기에 백성들에게 하나님의 행사와 행위를 전하는 통로가 되었다. 하나님은 그를 통해 이스라엘 백성들이 가야 할 길을 보이셨다. 성숙한 믿음의 사람을 통해 온 민족을 향한 하나님의 마음이 드러났다.

이와 같이 우리 나라와 민족 그리고 그리스도의 몸 안에 하나님을 아는 성숙한 사람이 있다면 이 사람의 믿음을 통해 이 나라와 민족이 나가야 할 영적 방향과 길을 알 수 있다. 우리가 속한 공동체를 향한 하나님의 마음과 길도 알게 될 것이다. 그래서 우리는 민족과 교회들 안에 하나님의 마음을 알고 뜻과 길을 아는 성숙한 지도자들을 일으켜 주시도록 기도해야 한다. 특별히 오늘날 교회 안에는 하나님의 때를 알고 백성들이 나가야 할 방향과 길을 제시하는 지혜로운 지도자가 절실하게 필요하다. 그리스도의 몸에 대한 하나님의 청사진과 하나님의 때를 분별하고 볼 수 있는 통찰력을 가진 지도자가 필요하다.

오늘날 일부 교회 지도자들에게 나타나는 안타까운 문제는, 하나님과 시간을 보내며 그분의 마음속에 담겨 있는 비전을 듣기에 너무 분주하다는 것이다. 그들의 관심은 교회를 더 크게 건축함으로써 교회의 권위와 성장을 보여 주려는 데 있다. 그러나 이것이 하나님이 교회에 주신 비전이며 나가야 할 방향인지 심각하게 생각해 보아야 한다.

우리는 성경에서 위대한 하나님의 사람이었던 다윗 왕을 통해 중요한 교훈을 받을 수 있다. 다윗은 하나님의 때를 알았고 그의 나라가 나가야 할 길을 알았던 지혜와 통찰력을 가진 성숙한 사람이었다. 그는 하나님의 성전을 건축하고자 하는 마음의 소원과 꿈과 강한 의지를 가졌었다. 그는 오랫동안 성전을 건축하는 데 필요한 모든 준비를 했다. 그러나 이 일이 아들 솔로몬을 통해 성취되는 것이 하나님의 뜻인 줄 알았을 때 그는 하나님 앞에서 성숙하게 반응했다.

다윗이 하나님의 전을 건축하는 일을 하나님이 금하셔야 하는 특별한 이유가 없어 보인다. 하나님의 전을 건축하는 일이 나쁘다고 말할 사람들이 어디에 있겠는가? 그러나 하나님이 금하시는 것을 알았을 때 다윗은 건축을 위한 모든 조건을 갖추었음에도 불구하고 주저 없이 포기했다.

다윗은 절대적 권세와 부를 소유한 사람이었다. 그러나 그는 하나님 앞에서 자신을 낮추고 아들에게 모든 것을 이양하였다. 그리고 아들을 통해 성전이 건축되도록 모든 후원을 아끼지 않고 격려하며 도와 주었다. 하나님 나라에서 겸손이란 바로 이런 것이다. 하나님의 나라는 겸손의 나라이며 섬김으로 행하는 나라다. 겸손은 자신의 것을 포기하고 다른 사람들에게 헌신적으로 위탁하게 한다.

예수 그리스도의 생애 속에서도 이와 같은 겸손의 원칙을 볼 수 있다. 참된 겸손은 자기의 권위 아래 있는 사람들과 권위를 나누는 것을 두려워하거나 위협을 느끼지 않는 것이다. 주님은 제자들을 부르시고 그들이 나가서 하나님의 나라를 위해 일하는 데 필요한 권위를 위임하셨다. 주님은 자기를 따르는 자들에게 권위를 나누어 주시는 일에 불안해하거나 위협을 느끼지 않으셨다.

오늘날 교회의 많은 지도자들은 자신의 권위 아래 있는 지도자들에게 권위를 위임하지 않는다. 자기의 권위에 위협을 느끼기 때문에 사역을 맡기는 것을 두려워한다. 혼자 권위를 가지고 지배하고 군림하려고 한다. 그러나 성숙한 지도자들은 자기와 함께 일하는 사람들에게 권위를 주장하거나 권위로 위협하지 않는다. 권위를 나누면 나눌수록 더 많은 권위가 주어진다는 사실을 알기 때문이다.

영적 아비의 특징 3 하나님을 섬기는 법을 안다

성숙한 하나님의 사람들은 먼저 하나님을 섬기는 것에 우선권을 두고 그 다음에 자신을 따르는 사람들을 섬긴다. 오늘날 교회 안에 많은 지도자들은 하나님을 예배하고 섬기는 일보다 사람들이 요구하는 것을 채워 주느라고 분주하다. 그러나 지도자들이 알아야 할 중요한 삶의 원칙은 하나님의 뜻을 행하는 것에 우선권을 두어야 한다는 것이다. 이것은 예수님의 삶을 통해서도 분명히 드러난다.

예수님은 먼저 그를 보내신 아버지를 섬겼기 때문에 올바르게 백성들을 인도하실 수 있었다. 예수님의 주변에는 수백 수천의 군중들이 있었고 그들은 주님을 필요로 하는 사람들이었다. 그러나 예수님은 그들의 욕구를 채워주기 전에 먼저 하나님을 섬기는 것에 우선순위를 두셨다. 아버지의 뜻을 따라 그들의 욕구와 필요를 채워 주는 생활을 하신 것이다. 예수님은 수많은 사람을 민망히 여기는 긍휼한 마음을 가졌으나 그들의 욕구가 예수님의 마음과 삶을 지배하도록 하지 않으셨다.

참된 지도자는 사람들이 좋아하든 좋아하지 않든 하나님을 기쁘시게 하기 위해서만 일한다. 수종을 든다는 말은 우리 자신을 먼저 드린다는 뜻이다. 성숙한 사람들은 가장 먼저 하나님께 나가서 그분의 마음을 구한다. 그리고 자신을 주님께 드린다.

에스겔서 44장 12절은 성숙하지 못한 제사장의 실수를 보여 준다. "나 주 여호와가 말하노라 그들이 전에 백성을 위하여 그 우상 앞에서 수종 들어서 이스라엘 족속으로 죄악에 거치게 하였으므로 내가 내 손을 들어 쳐서 그들로 그 죄악을 담당하여."

하나님이 원하시는 사역보다 백성이 원하는 사역을 한 것이 이들의 실수였다. 그들은 하나님을 섬기기보다 사람들의 요구와 뜻에 반응했다. 이것은 사람을 두려워하는 데서 나오는 죄다.

사람을 두려워하는 것은 습관적 전통이나 형식적 제도의 올무이고, 하나님보다 사람들을 섬기는 것으로 자신의 필요와 욕구를 채우려는 우상숭배다. 지도자의 필요는 하나님이 공급하신다. 교회나 사람들이 월급을 주는 것이 아니다. 하나님이 아닌 사람에게 힘과 권세를 실어 주는 것은 사람이 자신을 조정하고 지배하도록 허용하는 것과 같다. 사람들을 두려워하는 유혹에서 벗어나 하나님을 경외하는 마음으로 그분을 섬기며 따를 때 참된 지도자가 될 수 있다.

영적 아비의 특징 4 주님의 고난에 참여한다

제자는 자신을 부르신 주님을 따르기 위해 주의 길을 선택한 사람이다. 그 선택 가운데는 고난과 고통도 포함되어 있다. 주님을 따르기로 선택하고 결단한 사람은 고난을 두려워하거나 피하지 않는다. 오히려 그 고난 속에서 주님의 뜻이 이루어지는 것을 보며 기뻐한다. 주님은 자기를 따르는 사람들에게 물질적 보상이나 축복을 약속하지 않으셨다.

오히려 주님은 때로 그리스도만으로 충분하다는 사실을 교훈하기 위해 자신을 따르는 자들을 가난하거나 초라하게 놓아 두셨다. 또한 자신만을 온전히 사랑하고 신뢰하도록 하기 위해 우리가 사랑하고 아끼는 사람들이나 어떠한 것들을 버리게 하실 때도 있다. 때로는 우리의 영적 유익을 위해 초라하고 비참한 길을 걷게 하시며, 주님처럼 십자가를 지고 멸시와 천대를 받는 사람이 될 것을 요구하신다.

주의 길을 가려는 의지가 우리에게 분명하게 있다면 주님이 걸으셨던 그 길을 걸어야 한다. 주님이 십자가의 길을 걸으셨다는 것은 십자가의 의미가 무엇인가를 아셨다는 것이다. 따라서 제자들에게도 그 의미를 알고 자신을 따르도록 요구하시는 것이다. 제자는 주님의 인격과 삶의 발자취 그리고 사역의 발자취를 따라가야 한다. 그 발자취를 따라가면서 주님이 걸으셨던 고난의 길에 참여하는 자가 되어야 한다. 영적 아비 사도 바울은 "그리스도를 위하여 너희에게 은혜를 주신 것은 다만 그를 믿을 뿐 아니라 또한 그를 위하여 고난도 받게 하심이라"(빌 1:29)고 했다.

바울은 그리스도와 함께 받는 고난을 특권으로 받아들였다. 사람들은 영광을 받으려고 하지 고난을 받으려고 하지 않는다. 그러나 성경은 영광을 받으려면 먼저 고난을 통과해야 함을 강조한다. "자녀이면 또한 후사 곧 하나님의 후사요 그리스도와 함께한 후사니 우리가 그와 함께 영광을 받기 위하여 고난도 함께 받아야 될 것이니라"(롬 8:17). 주님과 함께 고난에 동참했기 때문에 영광에도 함께 참여하고 누릴 수 있는 것이다. 그리스도와 함께 고난에 참여하지 않는 사람들은 그분과 함께 누리는 기쁨을 알 수 없다. 그래서 그리스도를 위해 고난에 참여하는 것은 영광스러운 특권이다.

빌립보서 3장 10절에는 바울이 삶에서 갈망했던 목표가 나온다. 그것은 고난을 통해 그리스도의 성품과 부활의 권능을 알고자 하는 것과 주님을 위해 받은 모든 고난 속에서 자신이 하나님의 택하시고 부르신 일꾼인 것을 증명하는 것이었다. 그래서 그는 고린도후서 6장 4-10절에서 이렇게 고백하고 있다.

"오직 모든 일에 하나님의 일꾼으로 자천하여 많이 견디는 것과 환난과 궁핍과 곤란과 매 맞음과 갇힘과 요란한 것과 수고로움과 자지 못함과 먹지 못함과 깨끗함과 지식과 오래 참음과 자비함과 성령의 감화와 거짓이 없는 사랑과 진리의 말씀과 하나님의 능력 안에 있어 의의 병기로 좌우하고 영광과 욕됨으로 말미암으며 악한 이름과 아름다운 이름으로 말미암으며 속이는 자 같으나 참되고 무명한 자 같으나 유명한 자요 죽은 자 같으나 보라 우리가 살고 징계를 받는 자 같으나 죽임을 당하지 아니하고 근심하는 자 같으나 항상 기뻐하고 가난한 자 같으나 많은 사람을 부요하게 하고 아무것도 없는 자 같으나 모든 것을 가진 자로다."

성숙한 사람은 그리스도의 종으로서 고난을 받으며 섬기는 자이며, 어려움을 당하지만 주님께 대한 사랑과 헌신으로 인해 고난을 부끄러워하거나 피하지 않고 오히려 적극적으로 선택하고 기꺼이 참여하는 사람들이다.

영적 아비의 특징 5 열매를 맺는다

"이제부터는 너희를 종이라 하지 아니하리니 종은 주인의 하는 것을 알지 못함이라 너희를 친구라 하였노니 내가 내 아버지께 들은 것을 다 너희에게 알게 하였음이니라 너희가 나를 택한 것이 아니요 내가 너희를 택하여 세웠나니 이는 너희로 가서 과실을 맺게 하고 또 너희 과실이 항상 있게 하여 내 이름으로 아버지께 무엇을 구하든지 다 받게 하려 함이니라"(요 15:15-16).

이 말씀은 주님과 오랫동안 동행하면서 삶을 나누며 친밀한 관계를 가진 제자들에게 하신 말씀이다. 주님은 삶 속에서 어떻게 열매를 맺는 성숙한 사람이 될 수 있는지 그 길을 15-16절에서 가르치신다. 15절은 관계, 16절은 열매에 대한 말씀으로 두 구절을 서로 연결시켜 보면 어떻게 열매를 맺을 수 있는지 알 수 있다.

주님은 15절에서 두 종류의 관계를 언급하고 있는데, 첫째는 주인과 종의 관계요 둘째는 친구 관계다. 친구 관계가 서로의 마음과 생각과 삶을 나누는 친밀한 관계라면 주인과 종의 관계는 일로 맺어진 의무적 관계다.

종은 주인의 마음을 모르고 주인과 함께 좋은 것을 공유하지도 못하며 주인이 명령하는 것에 무조건 순종해야 한다. 즉, 율법적 관계다. 율법주의의 특성은 자신의 행위를 통해 스스로 만족함에 이르고 그 행위로 하나님의 욕구를 만족시켜 그분에게서 인정과 용납을 받으려는 것이다. 종은 일을 통해 자신의 정체성과 가치를 찾으려고 한다.

하지만 친구 관계는 언약으로 맺어진 관계다. 주님과 나와의 관계는 언약으로 맺은 신랑과 신부의 관계와 같다. 신랑 되신 주님만큼 가치 있는 그리스도의 신부가 된 우리의 신분은 행위로 얻는 결과가 아니라 하나님의 은혜를 통해 우리에게 주어진 선물이다. 그래서 하나님은 우리가 행위로 자신을 평가하거나 반응하지 말고 하나님이 선물로 주신 은혜 안에서 자신을 보기 원하신다.

나의 행위가 악하고 불의함에도 불구하고 주님이 나를 인격적으로 대우하시는 것은 행위로 나를 판단하지 않으시고 내 안에 두신 은혜로 인해 변함없이 나를 존중히 여기며 사랑하시기 때문이다. 하나님은 내가 은혜를 말하는 사람이 아니라, 은혜로운 삶을 살아가는 사람이 되기 원하신다.

다른 사람들과의 관계 속에서도 그들 안에 있는 하나님의 은혜를 발견하지 못하면 우리는 그들의 행위에 대해서 돌을 던지는, 율법에 갇힌 사람이 될 것이다. 하나님은 내가 하나님의 선물인 그 은혜를 통해 나 자신과 그들을 온전히 수용하는 성숙한 사람이 되기를 원하신다. 이 은혜는 우리가 다른 사람과의 관계 속에서 겸손하게 행하게 하는 기반이 된다. 또한 우리로 하여금 종이 아니라 주님과 친구로서 살아가는 사람으로 자라게 할 것이다.

그럴 때 주님은 아버지께 들으신 것을 우리에게도 알려주겠다고 하신다. 우리가 성숙해서 이전보다 더 사랑하시는 것이 아니라, 성숙해서 더 많은 것을 받아들일 수 있기 때문에 더 큰 사명을 주시는 것이다. 하나님은 오래 전부터 우리에게 나누어 주고 싶었으나 장성한 사람들에게만 줄 수 있는 것이기에 때를 기다려야만 하셨다. 그런데 이제 책임을 갖고 많은 사람을 양육하고 성장하게 하는 일에 우리와 마음껏 동역하실 수 있는 것이다.

16절은 열매가 어떻게 맺어지는지 과정을 보여 준다. 하나님이 우리를 택해 보내신 것은 우리가 열매를 맺고 그 열매가 항상 우리 안에 있도록 하기 위함이다. 우리가 얼마나 많은 일, 큰일을 했느냐에 따라서 열매를 맺는 것이 아니라, 주님과의 친밀한 관계를 통해 삶 속에서 그리스도의 성품이 열매로 나타나는 것이다.

성숙한 사람들은 삶을 통해 주님이 어떤 분인지 세상에 알게 하는 사람들이다. 땅 끝까지 이르러 주님의 충성된 증인으로서 그분의 지상 대명령을 성취하는 사람들이다. 성숙한 사람들은 주의 택하심을 알고 보내심을 받은 곳에서 주님의 부르심을 성취한다. 그들은 부르심에 대해 혼란스러워하거나 낙심하지 않는다. 사람들이 부르심에 갈등하며 좌절하는 것은 세상과 세상에 속한 것에 미련이 남아 있기 때문이다. 그러나 성숙한 사람들은 부르심을 받은 곳에서 열매를 맺는다. 한순간 열매를 맺는 것에 삶의 목표를 두지 않고 항상 열매 맺기를 갈망하는 사람들이다. 이것이 성숙한 자들 마음 안에서 일어나는 열망이요 소원이다.

하나님과의 관계는 영원성을 가진다. 그 영원한 관계 속에서 열매를 맺고자 하는 갈망으로 주님께 자신을 헌신하는 것이 성숙한 사람들의 모습이다. 그래서 그들은 잃어버린 영혼들에게 복음을 전하려는 열정과 온 열방을 제자화하는 일에 위탁된 사람들이다.

　언젠가 주님 앞에 섰을 때 그분은 내게 얼마나 크고 많은 일을 하다 왔느냐고 묻지 않으실 것이다. 얼마나 주님과 친밀한 관계 속에서 주님을 알고, 그 관계에서 나오는 생명을 가지고 주님과 사람들을 섬겼는가를 물어 보실 것이다. 무화과나무에서 열매를 찾으신 주님은 그날, 내게서도 풍성한 열매를 찾기 원하신다.

영적 아비의 특징

- 하나님이 오래된 친구처럼 느껴진다.
- 다른 사람에게 하나님이 어떤 분인지, 어떻게 해야 그분을 알아갈 수 있는지 가르칠 수 있다.
- 하나님과 하나님의 뜻을 행하는 것에서 가장 큰 만족감을 느낀다.
- 어떤 사람이나 일에 대한 하나님의 마음과 생각을 느낄 수 있다.
- 선택이나 결정의 순간에 하나님의 뜻을 분별하는 것이 자연스럽고, 다른 사람들에게 그것을 나누는 것도 익숙하다.
- 공동체에 대한 하나님의 청사진을 보고 각각의 때를 분별하여 인도할 수 있다.
- 다른 사람에게 자신의 일과 권위를 위임하는 것을 즐거워한다.
- 불쌍히 여겨 전심으로 사람들을 돌보지만, 그들의 욕구에 휘말려 조종당하지 않는다.
- 그리스도 때문에 고난 받는 것을 특권이라고 생각한다.
- 언제 어디서 무엇을 하든 복음을 전하는 데 관심을 둔다.
- 자신의 소명에 대한 확고하고 일관성 있는 견해를 갖고 있다.

1. 영적 아비의 단계에 있는 사람은 지혜와 통찰력을 가진 성숙한 사람으로서 훌륭한 영적 리더라고 할 수 있다. 주위에서 영적 아비로서 좋은 모델이라고 생각하는 인물이 있다면? 어떤 점에서 그렇게 생각하는가?

2. 나에게 영적 아비가 있는가? 또는 내가 영적 아비로서 역할을 하고 있는가? 오늘날 많은 영적 지도자들이 영적 아비로서 갖춰야 할 덕목을 충분히 갖추지 못하고 있는데, 특히 어떤 부분이 취약하다고 생각하는가?

3. 잘못된 권위주의는 사라져야 하지만, 참된 권위는 필요하다. 이 둘의 차이점이 무엇인지 나눠 보자.

4. "우리가 그와 함께 영광을 받기 위하여 고난도 함께 받아야 될 것이니라"(롬 8:17). 그리스도의 고난에 참여하는 것은 영광스러운 특권이다. 신앙의 자유가 있는 시대를 살고 있는 당신은 고난 받는다는 의미를 어떻게 보는가? 주를 위해 고난 받은 경험이 있으면 나눠 보자.

| 에필로그 |

당신이 있는 그곳에서부터 자라가라

'영적 성숙'이라는 주제를 가르치다 보면, 이 메시지에 다양하게 반응하는 사람들을 만나게 된다. 도전받고 성숙하기를 기대하는 사람도 있고, 이제야 영적 성숙이 뭔지 이해할 수 있게 되었다고 후련해하는 사람도 있다. 하지만 영적으로 미숙한 자기 상태를 들여다본 후, 어찌할 바를 몰라 혼란스러움과 무력감에 빠지는 사람들도 많이 만났다. 그런 사람들을 상담하고 위로할 때마다 나는 이렇게 말해 준다. "자기가 영적 갓난아이였다는 현실 앞에서 고민하고 아파하는 것이야말로 이 메시지에 진지하게 반응하고 있는 것이다. 당신은 잘하고 있다."

겸손은 스스로를 거짓으로 포장하고 방어하는 대신 있는 모습 그대로 인정하고 받아들이는 것이다. 진정한 영적 성숙을 원한다면, 성령께서 하나님의 말씀을 통해 보여 주신 자신의 영적 실체를 겸손히 인정해야 한다. 지금 당신이 영적 갓난아이라는 것은 전혀 '문제'가 아니다. 갓난아이는 더 성숙한 모습으로 자라나게 되어 있다.

진짜 문제는 자기가 갓난아이라는 사실을 모른 채, '어른' 행세를 하며 살아가는 것이다. 그런 이들은 영적 성숙의 메시지를 들어도 요동하거나 도전받지 않는다. 신앙 연륜과 직분과 사역의 결과들이 성숙함의 증거라고 믿기 때문에 오히려 이게 무슨 소리냐고 벌컥 화를 내기도 한다. 자신과 상관없는 얘기라는 것이다.

영적 갓난아이 부분을 마무리하면서 예수님께 달려간 소경 이야기를 했다. 단 한 벌밖에 없었을 겉옷까지 벗어 버릴 정도로 열정적으로 집중하며 주님을 붙잡은 그 사람에게 주님이 하신 말씀이 무엇이었는지 기억하는가? "네게 무엇을 하여 주기를 원하느냐"(막 10:51).

그는 주님 앞에 선 그 순간에 무엇이 필요한지 정확하게 알고 있었다. 그래서 원하던 것을 얻을 수 있었다. 오랜 세월 건강하고 온전한 한 사람의 성인으로 자라가지 못하도록 붙잡고 있던 묶임에서 자유케 된 것이다.

주를 위한다는 생각으로 늘 부르짖고 수고하며 애쓰는 나와 당신은 어떤가? 주님이 우리에게도 계속 이런 질문을 던지고 계신 것은 아닐까? "너희에게 무엇을 하여 주기를 원하느냐?"

우리는 정말 무엇을 원하는가? 우리의 예배와 훈련과 섬김은 진정 무엇을 위한 것인가? 우리가 갓난아이에서 어린아이로, 어린아이에서 청년으로, 그리고 청년에서 아비로 자라가고 싶다면 이렇게 물어 보시는 주님 앞에 언제든지 내놓을 수 있는 대답을 갖고 있기를 바란다. 이 책을 제대로 읽은 사람이라면 누구나 주님의 질문에 대한 답과 나아가야 할 방향에 대한 감을 얻었을 것이다.

하나님은 우리의 방황과 갈등이 하나님의 가족 안에서 성장하는 모든 이들이 겪고 지나가는 자연스러운 과정임을 아신다. 그래서 그분은 책망하고 부끄럽게 하시는 대신 이해와 격려와 새롭게 시작할 수 있는 힘과 소망을 주신다.

우리의 책임은 주님 앞에서 겸손하게 연약함을 인정하고, 계획하신 목적대로 우리를 이끌어 가실 주님을 신뢰하고 믿는 것이다. 그분의 부르심에는 결코 실수와 실패가 없다. 그분의 부르심에 온전히 헌신되어 있다면, 분명히 우리 안에서 행하신 그의 신실하고 선한 일에 풍성한 열매를 보게 될 것이다.

나 역시 오랜 세월 자타가 공인(?)하는 헌신의 길을 걸어왔지만, 영적 갓난아이였음을 깨달았을 때 힘들고 어려운 시간을 보낼 수밖에 없었다. 헌신된 삶으로 위장한 채 하나님보다 나 자신에게 더 초점을 두고 비현실 세계 속에서 만족을 구하던 삶이 빛 가운데 드러난 것이다.

그렇지만 신실하신 주님은 외면하거나 포기하지 않으시고 하나님을 더 깊이 알아갈 수 있도록 은혜를 베푸셨고, 오히려 이런 문제들을 나 자신과 다른 이들을 변화시키는 영적인 자원으로 바꾸시는 축복을 허락하셨다.

하나님은 모든 것이 합력해서 선을 이루도록 섭리하시는 분이다. 나뿐만이 아니라 연약함 가운데에서도 그리스도의 장성한 분량에까지 자라가기 원하는 모든 그리스도인들의 삶 속에서도 그분은 동일하게 일하신다. 이 책을 통해 영적인 성장과 성숙을 갈망하며 도전하는 모든 그리스도인에게 새로운 차원의 기름 부음과 은혜와 위로가 충만하게 임하게 되기를 기도한다.

지금은 선생은 많이 있으나 청년과 아비가 적은 영적 갓난아이들의 시대다. 모든 삶과 사역의 현장 속에서 그리스도의 장성한 분량에 이르는 성숙함이 어떤 것인지 보여 줄 모델들이 필요하다. 그래서 주님은 경건하고 성숙한 하나님의 사람들을 찾으신다. 하지만 그분의 생각은 우리와는 한참 다른 것 같다. 이미 완성된 사람이 아니라, 계속해서 지어지고 있으며 빚어지고 있는 이들을 더 귀하게 보시는 것 같으니 말이다. 그래서 나와 당신에겐 누구도 앗아갈 수 없는 소망이 있다. 이제 우리가 그 부르심에 반응하며 자라갈 때다.

성숙한 그리스도인의 영적 기초

지은이   김순호

2005년 10월 10일 1판 1쇄 펴냄
2022년 1월 28일 1판 26쇄 펴냄

펴낸곳   도서출판 예수전도단
출판 등록   1989년 2월 24일(제2-761호)
주소   서울특별시 마포구 성지 1길 7(합정동)
전화   02-6933-9981 · **팩스** 02-6933-9989
이메일   ywampubl@ywam.co.kr
홈페이지   www.ywampubl.com

ISBN 978-89-5536-208-4
책값은 뒤표지에 있습니다.

본 저작물의 소유권은 도서출판 예수전도단에 있습니다.
잘못된 책은 바꾸어 드립니다.